21世纪普通高校计算机公共课程规划教材

U0062681

计算机辅助教学多媒体课件
设计制作与应用

蔡永华　主编

张琪　尚宇辉　曹雪峰　副主编

清华大学出版社
北京

21世纪普通高校计算机公共课程规划教材

内 容 简 介

本书从实用、易用出发,强调实际操作,面向教学、选材新颖、图文并茂、版面活泼。全书共分 7 章,分别为计算机辅助教学多媒体课件基础知识、CAI 多媒体课件素材的获取与处理、利用 PowerPoint 2010 制作 CAI 多媒体课件、利用 Flash CS5 制作 CAI 多媒体课件、利用 Authorware 7.0 制作 CAI 多媒体课件、利用几何画板制作 CAI 多媒体课件、利用 Dreamweaver CS5 制作 CAI 多媒体课件。

本书适合作为大专院校本、专科学生学习多媒体课件的教材,也可供中、小学教师和 CAI 多媒体课件制作人员学习参考,还适合作为各种成人多媒体软件设计培训教材或自学用书。

本书配有电子教案,使用者可以从清华大学出版社网站(http://www.tup.tsinghua.edu.cn/)下载。

本书为"河北民族师范学院 2012 年度基金项目"(课题编号:201201)。

图书在版编目(CIP)数据

计算机辅助教学多媒体课件设计制作与应用/蔡永华主编.--北京:清华大学出版社,2013
21 世纪普通高校计算机公共课程规划教材
ISBN 978-7-302-32081-4

Ⅰ.①计… Ⅱ.①蔡… Ⅲ.①多媒体课件-制作-高等学校-教材 Ⅳ.①G434

中国版本图书馆 CIP 数据核字(2013)第 082757 号

责任编辑:付弘宇　王冰飞
封面设计:何凤霞
责任校对:李建庄
责任印制:宋　林

出版发行:清华大学出版社
　　　　网　　　址:http://www.tup.com.cn,http://www.wqbook.com
　　　　地　　　址:北京清华大学学研大厦 A 座　　　邮　　编:100084
　　　　社 总 机:010-62770175　　　　邮　　购:010-62786544
　　　　投稿与读者服务:010-62776969,c-service@tup.tsinghua.edu.cn
　　　　质 量 反 馈:010-62772015,zhiliang@tup.tsinghua.edu.cn
　　　　课 件 下 载:http://www.tup.com.cn,010-62795954
印 装 者:北京鑫海金澳胶印有限公司
经　　销:全国新华书店
开　　本:185mm×260mm　　印　张:19.25　　字　数:479 千字
版　　次:2013 年 7 月第 1 版　　　　印　次:2013 年 7 月第 1 次印刷
印　　数:1~2000
定　　价:34.50 元

产品编号:047764-01

出 版 说 明

随着我国改革开放的进一步深化,高等教育也得到了快速发展,各地高校紧密结合地方经济建设发展需要,科学运用市场调节机制,加大了使用信息科学等现代科学技术提升、改造传统学科专业的投入力度,通过教育改革合理调整和配置了教育资源,优化了传统学科专业,积极为地方经济建设输送人才,为我国经济社会的快速、健康和可持续发展以及高等教育自身的改革发展做出了巨大贡献。但是,高等教育质量还需要进一步提高以适应经济社会发展的需要,不少高校的专业设置和结构不尽合理,教师队伍整体素质亟待提高,人才培养模式、教学内容和方法需要进一步转变,学生的实践能力和创新精神亟待加强。

教育部一直十分重视高等教育质量工作。2007 年 1 月,教育部下发了《关于实施高等学校本科教学质量与教学改革工程的意见》,计划实施“高等学校本科教学质量与教学改革工程(简称‘质量工程’)”,通过专业结构调整、课程教材建设、实践教学改革、教学团队建设等多项内容,进一步深化高等学校教学改革,提高人才培养的能力和水平,更好地满足经济社会发展对高素质人才的需要。在贯彻和落实教育部“质量工程”的过程中,各地高校发挥师资力量强、办学经验丰富、教学资源充裕等优势,对其特色专业及特色课程(群)加以规划、整理和总结,更新教学内容、改革课程体系,建设了一大批内容新、体系新、方法新、手段新的特色课程。在此基础上,经教育部相关教学指导委员会专家的指导和建议,清华大学出版社在多个领域精选各高校的特色课程,分别规划出版系列教材,以配合“质量工程”的实施,满足各高校教学质量和教学改革的需要。

本系列教材立足于计算机公共课程领域,以公共基础课为主、专业基础课为辅,横向满足高校多层次教学的需要。在规划过程中体现了如下一些基本原则和特点。

(1) 面向多层次、多学科专业,强调计算机在各专业中的应用。教材内容坚持基本理论适度,反映各层次对基本理论和原理的需求,同时加强实践和应用环节。

(2) 反映教学需要,促进教学发展。教材要适应多样化的教学需要,正确把握教学内容和课程体系的改革方向,在选择教材内容和编写体系时注意体现素质教育、创新能力与实践能力的培养,为学生知识、能力、素质协调发展创造条件。

(3) 实施精品战略,突出重点,保证质量。规划教材把重点放在公共基础课和专业基础课的教材建设上;特别注意选择并安排一部分原来基础比较好的优秀教材或讲义修订再版,逐步形成精品教材;提倡并鼓励编写体现教学质量和教学改革成果的教材。

(4) 主张一纲多本,合理配套。基础课和专业基础课教材配套,同一门课程有针对不同层次、面向不同专业的多本具有各自内容特点的教材。处理好教材统一性与多样化,基本教材与辅助教材、教学参考书,文字教材与软件教材的关系,实现教材系列资源配套。

(5) 依靠专家,择优选用。在制订教材规划时要依靠各课程专家在调查研究本课程教材建设现状的基础上提出规划选题。在落实主编人选时,要引入竞争机制,通过申报、评审确定主题。书稿完成后要认真实行审稿程序,确保出书质量。

　　繁荣教材出版事业,提高教材质量的关键是教师。建立一支高水平教材编写梯队才能保证教材的编写质量和建设力度,希望有志于教材建设的教师能够加入到我们的编写队伍中来。

21 世纪普通高校计算机公共课程规划教材编委会

联系人:魏江江 weijj@tup.tsinghua.edu.cn

前　言

随着计算机的普及和教育教学手段的现代化,为了提高教学水平、教学质量和教学效率,培养学生的综合素质,广大教师和学生迫切需要掌握多媒体课件制作技术,应用多媒体课件辅助教学已经成为当今教师必须具备的一种能力。计算机辅助教学(CAI)是一种将文本、图形、图像、动画、声音、视频等多种媒体信息进行综合处理后,实现双向交流的教学方式。这种方式直观、形象,而且能充分调动学生学习的自主性,大大提高了教学效率。随着素质教育的深入,多媒体课件在教学中的作用日益明显,也获得了广泛应用,成为广大教育工作者改革教学方法、改进教学手段、提高教学质量的突破口。

本书从实用、易用出发,强调实际操作,面向教学、选材新颖、图文并茂、版面活泼。全书共分 7 章,分别为计算机辅助教学多媒体课件基础知识、CAI 多媒体课件素材的获取与处理、利用 PowerPoint 2010 制作 CAI 多媒体课件、利用 Flash CS5 制作 CAI 多媒体课件、利用 Authorware 7.0 制作 CAI 多媒体课件、利用几何画板制作 CAI 多媒体课件、利用 Dreamweaver CS5 制作 CAI 多媒体课件。本书适合作为大专院校本、专科学生学习多媒体课件的教材,也可供中、小学教师和 CAI 多媒体课件制作人员学习参考,还适合作为各种成人多媒体软件设计培训教材或自学用书。

本书的写作大纲以及统稿和审稿工作由蔡永华完成。本书的第 1、5、7 章及附录 A 由蔡永华编写,第 2、6 章由张琪编写,第 4 章由尚宇辉编写,第 3 章由曹雪峰编写。参加本书编写工作的人员还有王云、王永敏、李亚峰、张贝贝、张燕、张耀升、赵新新、高佳正等。在编写过程中,本书得到了许多高校专家、学者的关心和支持,在此向他们表示由衷的感谢。

本书配有电子教案及素材和源程序,使用者可以从清华大学出版社网站下载。

由于时间仓促,加之作者水平有限,书中难免会有不足或疏漏,恳请各位读者不吝指正。

本书为"河北民族师范学院 2012 年度基金项目"(课题编号:201201)。

编　者

2013 年 3 月

目　录

IX

第1章　计算机辅助教学多媒体课件基础知识

随着计算机技术和网络技术的迅速发展和普及，计算机辅助教学系统越来越多地被应用到幼儿园、小学、中学和大学的教学活动中，起到了将"抽象"的知识转化为"具体"的表现的作用，使学习者学习起来容易理解、倍感轻松。

本章主要介绍计算机辅助教学的基本概念和学习模式，了解计算机辅助教学软件的制作规范，掌握计算机辅助教学多媒体课件设计制作的软/硬件环境及多媒体课件的类型、基本构成和设计制作过程等。

1.1　计算机辅助教学

计算机辅助教学(Computer Assisted Instruction,CAI)是利用计算机作为主要的教学媒体进行的教学活动，即利用计算机来辅助教师进行教学，以对话方式与学生讨论教学内容、安排教学进程、进行教学训练的方法与技术。计算机辅助教学具有软件多方位、立体化的开发和利用，以及存储信息量大、画面丰富、多种媒体综合运用等特点，给学生提供一个良好的个性化学习环境，综合应用多媒体、超文本、人工智能、网络通信和知识库等计算机技术，克服了传统教学情景方式上单一、片面的缺点。它的使用能有效地缩短学习时间、提高教学质量和教学效率，实现最优化的教学目标，开拓了学生的视野，丰富了学生的想象力，调动了学生的学习兴趣，从而大大提高了课堂教学的效率。

1.1.1　计算机辅助教学的基本知识

"计算机辅助教学"在教育部制定的《计算机辅助教学软件制作规范》中定义为：以数字方式将表现学科教学内容和教学过程的图、文、声、像、动画及活动影像等信息通过计算机系统存储、加工、传输和呈现，用户可通过人机交互方式使用，以便辅助教师教和学生学。

1. CAI 的组成

CAI 主要由计算机硬件、系统软件和课程软件三部分组成。

(1) 计算机硬件：计算机硬件即硬件环境，在 1.2 节进行详细介绍。

(2) 系统软件：系统软件包括操作系统、语言处理系统、各种工具软件和写作系统，在 1.2 节进行详细介绍。

(3) 课程软件：课程软件即多媒体课件，它是教师或程序设计人员根据教学要求，用计算机语言或课件写作系统编制的教学应用软件。多媒体课件反映了教学内容、教学目标、教学策略和教学经验。

2. CAI 的发展趋势

CAI 的发展趋势主要有以下 4 个方面。

1) 向网络化方向发展

网络化是计算机辅助教学的重要发展趋势。"无机不联"正是当今计算机使用情况的真实写照。因为计算机联网大大提高了计算机信息的共享和利用率,在教育领域,网络已大显身手,并继续大有作为。网络不仅拥有从幼儿教育到当前科学最前沿的所有知识资源,还提供了在校学生和教师通过网络在计算机屏幕上进行公共讨论的场所,学生、教师和其他研究人员在教学科研中可以通过网络获取、交流更多的信息,获得更完善的服务。四通八达、覆盖全球的网络和极高的传输速度缩短了教育之间的距离,中国大学生通过网络可以获得全球其他大学教师的指导。同时,网络也将在促进边远地区教育发展中扮演重要角色,中、小学的各种计算机网络也广泛地建立起来了,每所中学都有其校内的局域网或和其他学校相连的网络。通过网络,不同地区、不同学校的学生和教师可以进行教学交流或者跨地区、跨学校进行教学。

2) 向标准化方向发展

计算机辅助教学是一项复杂的系统工程,在设计开发过程中,开发人员必须制订和遵守统一标准,保证系统的可扩展性;必须建立国家计算机辅助教学的数据编码标准或规范,制定教学应用软件开发和建设规范,规范教学应用软件系统的开发建设,保证应用的有机集成。

3) 向虚拟化方向发展

虚拟化是计算机辅助教学发展的另一主要趋向。随着计算机运行速度的快速提高,大容量、高速度的数据存储工具的发明以及各种人机界面技术和虚拟现实技术的发展,人们使用计算机处理大批量的声音、图像信息将变得随心所欲。在计算机辅助教学中,虚拟现实技术将得到广泛应用,学生不仅能听到或看到各种信息,还可以进入到学习内容中去。例如,地理课将身临其境地感受世界风土人情;历史课将走入时间隧道,重温历史事件;实验课将真实再现遗传变异、原子裂变等。总之,教学中的感性知识与理性知识之间的割裂、直接经验与间接经验之间的脱节等情况,将随着虚拟技术在计算机辅助教学中的推广运用得到较大的改善。

4) 向合作化方向发展

计算机网络为合作学习提供了广阔的空间和可能,教室与教室、实验室与实验室、学校与学校、国家与国家最终将形成一个巨大的计算机网络,把各国的学校和师生联结在一起,计算机网络环境下的合作学习充分开发和利用了教学中的人力资源,把教学建立在了更加广阔的交流背景之上,教师与学生可以足不出户进行教学、交流和讨论,学生可以自主、自助地进行各种学习活动,根据自身情况安排学习内容,通过交流、商议、集体参与等实现合作学习,提高了学生学习的参与度,并在合作中提高学生的学习兴趣和学习效率,通过贡献智慧、分享成果,进而学会合作。

1.1.2 计算机辅助教学的学习模式

计算机辅助教学的学习模式很多,这里仅介绍主要的几种。

1. 教师讲解、演示模式

应用多媒体计算机的功能,根据教学需要,由教师编制课堂演示教学软件或用现成软件将教学的重点、难点用适宜的多媒体信息(如文本、图形、图像、动画、视频等)通过多媒体演示系统表现出来,变抽象的内容为具体、形象、直观的知识,而且可以控制自如,易于学生理解。

这种模式适合将优秀教师的教学经验,用形象、直观的动画配以清晰的讲解,有效地让学生思考和理解概念性的知识。但其教学内容的进程由教师控制,学生无法直接参与交互,而且无法适应学习程度不同的学生。

2. 学生操作、练习模式

这种模式要求学生一人一机,依照自己的进度进行操作与练习,不断检验自己掌握知识的程度,促使学生较好地巩固所学的知识。

(1)针对某一个或某一部分知识进行的操作与练习。按这样的方法,通过让学生回答一组难度渐增的问题,达到巩固所学知识和掌握基本技能的目的。

(2)针对某一部分知识进行系统复习后的练习、测试。这种模式涉及比较完善的操作系统,应有题库,能按要求组卷和编排题目,让学生回答、判断,记录学生成绩并能统计、分析学生的学习情况,甚至指出学生学习的知识点的缺陷,利于教师了解学生的学习情况和学生的自我了解。

学生操作、练习模式的优点:

(1)学生可以根据自己对知识所掌握的深度和广度,以及个人能力水平自我把握练习的进度。

(2)对于某种技能和知识的掌握,需要较长的时间、较大的训练量。以计算机代替人工进行这样的训练较为经济、方便,并能取得较好的效果。

(3)用计算机进行训练和操练,可以方便地收集数据、记录训练的过程,便于进行分析,从而更好地完善训练和改进教学。

3. 网络教学模式

这种教学模式基本上达到了人机交互双向、多向互动式的教学目的,大大提高了教学信息传播的数量、质量和速度,并且通过互动作用提高了传播的有效性,使教师在控制教师机的过程中仍能保障有效的课堂教学管理,突出了学生的主体作用,从而提高了课堂教学效率。

4. 小组合作学习模式

"合作小组"是一种新型的结构,它是由两名以上学生根据性别、才能倾向、个性特征、学业成绩、家庭社会背景、特长爱好、能力等诸多方面的合理差异而建立的相对稳定的学习小组。这种模式能促进学生互助合作,兼有个别化学习的长处,具有更强的教学适应性。

5. 个别化教学、个别化学习模式

个别化教学是旨在满足每一个学生的要求,适应每个学生现有水平的教学形式。在这种教学模式中,教师的任务是进行教学设计,编制出合理的个别化教学软件,以适应不同程度的学生使用,从而实现教学的个别化;或者学生根据自己的需要选择市场上的教学软件,让计算机担当"家庭教师"或"辅导教师"的角色,从而达到个别化学习的目的。

由于多媒体教学软件对问题的表现可以有很多种形式,如声音、文字、图形、图像、动画、视频或它们的结合，教学软件可以进行优化设计，并在其中穿插鼓励性话语，激发学生学习的兴趣，使个别化教学或个别化学习达到较好的效果。

6. 虚拟仿真学习模式

用计算机模仿真实现象（自然的或人为的现象），并加以控制，如模拟化学或物理实验和飞机、车船驾驶训练等。

7. 开放学习模式

开放学习模式是指基于局域网、广域网甚至 Internet 的开放性学习环境的学习模式。由于网络具有信息传播量大、速度快、范围广、双向交互作用强等特点，任何学生均可以通过网络查询相关信息，获取广泛的知识，任何教师均可以在网络上发布讲稿，并可以通过网络广播给学生，真正体现出一切信息向一切学习者开放和教育面向每个人的理想境界。

1.2　计算机辅助教学多媒体课件

计算机辅助教学多媒体课件是一种根据教学目标设计的、表现特定教学内容的、反映一定教学策略的、具备一定教学功能的计算机辅助教学软件。

1.2.1　计算机辅助教学软件的制作规范

计算机辅助教学软件的制作标准问题值得大家关注。本节仅简单介绍 2007 年 12 月 18 日由教育部制定的《计算机辅助教学软件制作规范》的主要内容，详细内容见书后附录。

《计算机辅助教学软件制作规范》引言中指出"本规范规定了计算机辅助教学（CAI）软件的术语、硬件运行环境、软件运行环境、网络运行环境、表现形式以及文件格式、文档编写要求等。本规范适用于各级各类高等学校、出版单位以及计算机软件公司研制、开发、推广和使用的高等教育用计算机辅助教学软件。"

该规范规定了 CAI 教学软件的术语（包括计算机辅助教学、计算机辅助教学软件、课件、脚本、文字脚本和制作脚本等）、硬件运行环境（包括机型、CPU 类型、内存大小、硬盘空间、软盘驱动器、光盘驱动器、是否需要鼠标、显示分辨率与色彩、声卡与音频输出、是否需要 MPEG 视频解压播放卡、是否需要图形加速卡等）、软件运行环境（包括操作系统与中文环境、CAI 软件的安装、运行与卸载等）、网络运行环境（包括网络操作系统、CAI 软件的安装、运行与其他等）、出版要求（包括内容要求、量和单位、自然科学名词、文字和符号、数字的用法等）、CAI 表现形式要求（包括软件界面与呈现形式、文件命名规则、文件格式等）、文档编写（包括文字脚本、系统分析规格说明书、制作脚本、系统设计规格说明书、测评报告、用户手册等）、CAI 软件开发规程等。

本规范由国家教委"计算机辅助教学软件制作规范研究"项目组负责起草。

本规范委托国家教委高等教育文、理、工、农、医 CAI 与试题库协作组共同解释。

1.2.2　计算机辅助教学多媒体课件的设计制作环境和实施环境

如果要进行多媒体计算机辅助教学，重要的是构建与之相适应的教学环境。

1. 计算机辅助教学多媒体课件的设计制作环境

进行计算机辅助教学多媒体课件的设计制作必须具备必要的软、硬件环境，二者缺一不可。

1) 硬件环境

计算机辅助教学系统中所有的设备装置称为硬件。硬件是 CAI 系统的基础,在 CAI 活动中它们呈现具体的教学内容、接受学生的反应,并执行各种具体的教学信息的处理、分析,进行决策判断和控制等。

(1) 多媒体计算机:多媒体计算机指用于开发计算机辅助教学多媒体课件的计算机,其最低配置要求是 CPU 为 PⅡ,主频为 450MHz;内存为 521MB;显卡为 1280×1024 分辨率,24 位真彩色,具备图形、图像处理功能;硬盘为 50GB 及以上和 DVD 刻录光驱等。

(2) 专用板卡:专用板卡主要有音频处理卡、文本/语音转换卡、视频采集/播放卡、VGA/TV 转换卡、视频压缩/解压缩卡和网卡等。

(3) 外部设备:外部设备包括图像输入、输出设备和音频输入、输出设备等。

① 图像输入设备:图像输入设备包括平板扫描仪、优质摄像头、单反数码相机及高质数码摄像机等。

② 图像输出设备:图像输出设备包括高分辨率显示器、彩色激光打印机或高分辨率彩色喷墨打印机、投影仪等。

③ 音频输入设备:音频输入设备包括优质麦克风等。

④ 音频输出设备:音频输出设备包括高保真立体声音箱等。

2) 软件环境

在计算机辅助教学系统中,计算机的软件大致可分为以下三类:

(1) 操作系统软件:操作系统软件包括 Windows XP、Windows 7 等。

(2) 多媒体素材制作软件:多媒体素材主要包括文本、图形、图像、动画、视频和音频等,在多媒体课件的制作过程中,对这些信息的获取、编辑和处理十分重要,多媒体素材制作的优劣将直接影响整个多媒体课件系统的质量。下面介绍几种主要的多媒体素材制作软件。

① 图形、图像处理软件:图形、图像处理软件主要有 Photoshop、Illustrator、CorelDRAW 等。

Photoshop 是点阵设计软件,由像素构成,分辨率越高图像文件容量越大。Photoshop 的优点是具有丰富的色彩及超强的功能;缺点是文件过大,放大后清晰度会降低,文字边缘会不清晰。

Illustrator 是矢量设计软件,可以随意放大、缩小图像而清晰度不变。Illustrator 最大的优点是将图像放大到任何程度都能保持清晰,特别是标志设计、文字、排版等特别出色。

CorelDRAW 是矢量设计软件,可以随意放大、缩小图像而清晰度不变。CorelDRAW 的优点也是将图像放大到任何程度都能保持清晰,适用于标志设计、文字、排版等。

② 音频处理软件:音频处理软件是进行录制、编辑、播放音频的工具软件,主要有 Adobe Audition、录音机等。

Adobe Audition 是一个专业音频编辑和混合环境,其前身为 Cool Edit Pro。Adobe Audition 专为在照相室、广播设备和后期制作设备方面工作的音频和视频专业人员设计,可提供先进的音频混合、编辑、控制和效果处理功能。其最多混合 128 个声道,可编辑单个音频文件,创建回路,并可使用 45 种以上的数字信号处理效果。Adobe Audition 是一个完善的多声道录音室,可提供灵活的工作流程并且使用简便。

录音机对于非专业的多媒体设计者来说是一个简单易学、使用方便的声音处理软件。

③ 动画制作软件：动画通常分为二维动画和三维动画，常见的二维动画制作软件主要有 Flash 等，三维动画制作软件主要有 3ds Max 等。

④ 视频编辑软件：常用的视频编辑软件有 Premiere Video Windows 和 After Effects 等。

(3) 多媒体创作软件：多媒体创作软件是处理和统一管理文本、图形、声音、静态图像、视频图像和动画等多种媒体信息的创作工具，用来编制与生成各种多媒体课件。

① PowerPoint：PowerPoint 是微软公司出品的幻灯片制作软件，它是 Office 成员之一。PowerPoint 是基于帧式的多媒体制作软件，利用它制作出的文件称为"演示文稿"，用户不仅可以在投影仪或者计算机上演示演示文稿，还可以将演示文稿打印出来，制作成胶片，以便应用到更广泛的领域中。

② Authorware：Authorware 是 Macromedia 公司出品的，它是一种解释型、基于流程的图形编辑软件。Authorware 被用于创建交互的程序，其中整合了声音、文本、图形、图像、简单动画，以及数字电影等多种媒体素材。目前，Authorware 7.0 版本的功能非常强大，制作多媒体课件效果非常好。

③ Flash：Flash 也是 Macromedia 公司（Macromedia 公司由 Adobe 公司收购）出品的，它是基于时间线的多媒体制作软件。由于其制作的是矢量动画，放缩时不会失真，而且文件较小，适合网络传输，因此在网络上应用广泛。

④ 几何画板：几何画板是一个通用的数学、物理教学环境，提供丰富且方便的创造功能，使用户可以随心所欲地编写出自己需要的教学课件。该软件提供了充分的手段帮助用户实现其教学思想，用户只需要熟悉该软件的简单的使用技巧即可自行设计和编写应用型课件。

⑤ Dreamweaver：Dreamweaver 是美国 Macromedia 公司（Macromedia 公司由 Adobe 公司收购）开发的集 Web 页制作和管理网站于一身的所见即所得的 Web 页编辑器，它是第一套针对专业 Web 页设计师的视觉化 Web 页开发工具，用户利用它可以轻而易举地制作出跨越平台限制和跨越浏览器限制的充满动感的 Web 页。

2. 计算机辅助教学多媒体课件的实施环境

1）多媒体教室系统

多媒体教室的功能主要是利用教室内配备的多媒体计算机和大屏幕投影等设备向学生呈现多媒体课件，辅助教师进行课堂教学。如果接入校园网，还可以登录到各种教学网站和各种教学资源库，点播所需要的多媒体课件或者下载所需的多媒体课件并在本地进行呈现。

多媒体教室的硬件设备主要包括一台由主讲教师控制的多媒体计算机和相应的投影设备，以及教师所利用的各种教学资源。

2）交互式多媒体教室系统

交互式多媒体教室不仅能实现对多媒体课件的点播功能，而且教师和学生之间可以通过多媒体教室内各自的多媒体计算机进行交流。在交互式多媒体教室中，教师自己控制多媒体计算机播放所需的多媒体教学课件，每台学生用机能同时显示教师用主控机上所播放的教学内容，主讲教师还可以通过主控计算机的控制平台监视每一台学生用机的具体情况。更重要的是，每个学生可以通过学生机根据自己实际的学习情况与教师进行必要的交流。

交互式多媒体教室的设备主要包括教师主控的多媒体计算机、学生用的多媒体计算机和多媒体教学控制设备等。

1.2.3 计算机辅助教学多媒体课件的类型

按计算机辅助教学中所进行活动的特点,计算机辅助教学多媒体课件可分为以下类型。

1. 课堂演示型

课堂演示型课件应用于课堂教学中,其主要目的是揭示教学内容的内在规律,将抽象的教学内容用形象具体的方式表现出来。

此类型课件一般由教师自行编制。

应用 PowerPoint 软件制作的课件适用于直线式顺序教学,用于辅助各科的课堂教学。

应用 Authorware 软件制作的课件可利用图、文、声、像等多种媒体元素,在直线式的基础上实现跳转和链接功能,适用于演示各科的内容提要、数据图表、动态现象和模拟示意等。

2. 自主学习型

自主学习型课件指在多媒体 CAI 网络教室环境下,学生利用学生工作站进行个别化自主学习,目前流行的网络课件多属于这种类型。

3. 技能训练型

技能训练型课件主要通过问题的形式来训练、强化学生某方面的知识和能力。一般是一次一个项目,对每个项目给予反馈,反馈的内容取决于学生的输入,反馈形式包括简单的对错判定、提示继续尝试、动画演示或语言解释等。

4. 资源型

资源型课件指学生在课余时间进行资料的检索或浏览,以获取更多信息,扩大知识面。各种电子工具书、电子字典及各类图形、动画库等多属于这种类型。

5. 教学游戏型

教学游戏型课件寓教于乐,通过游戏的形式使学生掌握学科的知识并具备相应的能力,同时引发学生对学习的兴趣。

6. 模拟型

模拟型课件指用多媒体技术来模拟真实的自然现象或社会现象。

1.2.4 计算机辅助教学多媒体课件的基本构成

多媒体课件的基本构成主要包括登录、帮助、信息呈现和退出等要素。这些要素在不同课件中的重要程度和表现形式并不完全相同。学科教师在编制课件时可以省略或简化某些要素。

1. 登录

多媒体课件的“登录”部分是该课件被开始使用的必要部分,是多媒体课件呈现给用户的第一个起始界面。登录页面主要有“标题页”和“用户身份确认”两种类型。

1)标题页

(1)标题页的主要内容。标题页也称为封面,是多媒体课件登录的必要部分,如图 1-1 所示。

制作标题页的步骤如下:

① 布局好页面，设置合适的背景图片。

② 说明多媒体课件的标题。

③ 设置"帮助"、"开始"和"退出"按钮。

④ 设置"作者及版权信息"。

（2）对标题页的要求。标题页的布局形式多种多样，但总的来说应该简明扼要。具体要求如下：

① 标题页页面应布局合理、精巧、简明。

② 标题页如果包含解说、背景音乐、动画或影像等，应能够控制。

图 1-1　多媒体课件的标题页

③ 标题页要由用户选择"开始"、"帮助"或"退出"按钮，不应一闪就进入主题。

④ 制作人员如果很多，不宜放在标题页，而应放在结束部分。

⑤ 不要把学习内容和菜单放在标题页。

2）用户身份确认

许多多媒体课件要求用户输入"账户"和"密码"等进行身份确认，如果输入错误，则不能使用该课件。具体要求如下：

① 只用一个确认页面。

② 确认过程和方法要简单，不需要进一步提示。

③ 用户输入若发生错误，允许更改。

④ 输入的密码等保密信息能及时隐蔽。

⑤ 能够合作学习的课件允许多人输入。

2. 帮助

1）帮助的主要类型

学习者应该能够随时获得课件的帮助，帮助主要分为"过程帮助"和"信息帮助"。

（1）过程帮助：过程帮助是关于如何使用多媒体课件的帮助，提供帮助的较有效的方法是使用"按钮"或"翻转式提示"。"翻转式提示"是指当鼠标指针移到屏幕的某一区域或按钮上时，会出现文字或声音提示。

（2）信息帮助：信息帮助是关于教学内容的帮助，包括如何找到更详细的描述、更多的实例、更详细的解释等。信息帮助不一定处处存在，用户要根据课件的类型进行设置。

2）对帮助的要求

无论哪一种帮助，首先要让学习者知道该课件设置有"帮助"这一项。最好使用比较明显的方式设置"帮助"，比如使用"帮助"按钮或翻转式提示等。

3. 信息呈现

信息呈现是多媒体课件的核心部分。信息呈现的屏幕元素主要有文本、图形、图像、动画、音频、视频和颜色等。

1）信息呈现元素

（1）文本：文本是多媒体课件最主要的元素，用户应恰当地设置文本的字体、颜色、修饰、格式、布局等。文本内容应简明、重点突出、段落层次清楚、标题鲜明、衔接紧密、表达准确、避免产生歧义性，并且使用正确的语法格式、书写、拼写、标点符号等。

(2) 图形、图像和动画：图形、图像和动画已被广泛应用于多媒体课件中，用户要正确地使用它们，不能让它们干扰学习者的学习。由于图形、图像和动画(尤其是动画)能比文本更多地获得学习者的注意，因此应该用图形、图像和动画来呈现更重要的信息，而不能使其成为干扰源。

(3) 音频：音频主要分为语音、音乐和波形声音3种类型，现在，语音在多媒体课件中的使用日趋重要。在使用音频时，用户应提供充分的控制功能，使学习者能选择是否播放、暂停、重放等。在选择音频时，用户要注意音质、音量、混合、编辑等效果。

(4) 视频：视频主要有对过程的演示、配有画外音的事物的活动变化、事物内部过程的动画、数字电影等。在选择视频时，用户要选择质量好的视频，因为质量差的视频会影响教学效果，还不如不用。视频要用在重要信息上，否则会分散学习者的注意力。视频的长度要根据内容来确定。视频的呈现应该有独立的播放控制，不能与教学软件页相混淆。

(5) 颜色：在多媒体课件中设置不同的颜色，可以区分不同的内容、强调重点、引起学习者的注意等。用户在使用颜色时，要注意颜色的一致性，色调风格与页面用色要统一，用于区分、强调、指示的颜色数要少，要平衡颜色的对比与和谐，保证文本的可读性，并注意颜色使用的社会习惯和文化差异等。

4. 退出

多媒体课件的退出是指学习者全部运行完课件，或是在中途决定退出学习。多媒体课件应允许学习者随时可以退出。

多媒体课件退出的过程如下：

(1) 当学习者要退出时，若课件还没有全部运行，则询问是否返回继续学习。

(2) 当学习者单击"退出"按钮时，再次确认是否退出。

(3) 当学习者确认退出时，多媒体课件显示结束信息，此时会给出该课件的制作者信息，当然，最好再给学习者一次返回学习的机会。

1.2.5 计算机辅助教学多媒体课件的设计制作过程

计算机辅助教学多媒体课件的设计制作过程是一项繁杂的系统过程。用户要制作一个功能全面的多媒体课件，需要经过严密的计划和方案设计才能达到预期的目的。

1. 多媒体课件的设计制作过程

用户要想制作出好的多媒体课件，必须把握好多媒体课件制作中的几个重要环节。多媒体课件设计制作过程包括选题、学习者分析、教学设计、系统结构设计、原型设计、脚本编写、素材制作、系统集成、评价和修改、发布和应用等。

1) 选题

多媒体课件的制作过程比较烦琐，运用多媒体课件进行教学，教师投入的工作量比较大，在制作之前，教师要充分做好选题论证工作，尽量避免不必要的投入。因此，用户必须高度重视选题工作。

在选题时用户要把握以下原则。

(1) 需要性原则：该原则指当前教学急需的，必须要用的。

(2) 可行性原则：该原则指要考虑制作条件和水平，应量力而行，扬长避短。

(3) 创造性原则：该原则指不要选择陈旧的课题，应有所创新，包括概念理论创新、技术手段创新和创作手法创新等。

（4）科学性原则：该原则指符合教育规律，体现先进教育理念，发挥计算机优势。

（5）适宜性原则：该原则指针对学科特点、学生特点来选题。

（6）性价比原则：该原则指常规教法能较好实现的，决不用多媒体课件实现。

2）学习者分析

学习者分析是多媒体课件设计的关键，课件的内容设计应当围绕学习者进行，这也是一种用户至上的设计思想。分析学习者的目的是了解学习者的学习准备（学习准备是指学习者从事新的学习时，其原有的知识水平或原有的心理发展水平对新的学习的适应性）情况及其学习风格，这样，对教育者来说可以做到因材施教，对学生来说可以成为一个有准备的学习者。

学习者分析主要包括三方面的内容：起始能力分析、一般特征分析和认知风格分析。用户可以根据课件开发描述说明中定义的课件服务对象，对学习者的需求有一个总体范围的估计，可以调查和预测学习者的学习动机、操作风格、注意程度等，只有认真分析学习者特征，才能设计出符合学习者需求的多媒体课件。

3）教学设计

搞好教学设计是制作多媒体课件的前提。

进行教学设计是课件制作中的重要环节，课件效果的好坏、课件是否符合教学需求，关键在于教学设计。设计者应根据教学目标和学习对象的特点，合理地选择和组织教学媒体和教学方法，形成优化的教学系统结构；应运用系统论的观点和方法，依照教学目标，分析教学中的问题和需求，确定解决问题有效的步骤；应选择相应的教学策略和教学资源，确定教学知识点的排列顺序，根据教学媒体设计适当的教学环境，安排教学信息与反馈呈现的内容及方式，以及人机交互的方式等，做好教学设计工作。

4）系统结构设计

系统结构设计实际上是对多媒体课件的总体设计，主要包括页面设计、层次结构设计、媒体的应用设计、知识点的表示形式设计、练习方式设计、页面链接设计、交互设计、导航设计等内容的设计。

设计者在进行系统结构设计时，要注意以下两点：

（1）要最大限度地满足学习者在获取学习资源上的要求。

（2）要保证课件结构清晰、界面连贯、运行高效。

5）原型设计

原型设计指在开始制作多媒体课件之前，选择一个相对完整的教学单元，设计制作出这个教学单元的课件原型。通过原型设计，可以确定多媒体课件的总体风格、界面风格、导航风格、素材的规格以及编写脚本的要求和内容。

在课件原型设计完成之后，技术人员在制作课件的过程中依据课件原型和制作脚本进行制作，课件的风格和特点要依据课件原型的风格和特点，技术人员也可充分利用课件原型的模板进行制作，以节省人力和时间投入，但要注意不能完全照搬或千篇一律，要体现出不同学习内容的具体特点。

6）脚本编写

选好一个适宜的课件主题后，随即进行脚本的编写工作。

脚本设计是根据教学内容的特点与系统设计的要求,在一定的学习理论的指导下,对每个教学单元的内容和安排以及各单元之间的逻辑关系进行设计,设计出具体的表现形式,写出讲解的文稿,要显示的文本,所使用的图形、表格、图片、动画、音/视频等,还要写出页与页之间的交互方式等具体内容。脚本描述了学生将要在计算机上看到的细节,它是设计阶段的总结,也是技术制作人员制作课件的依据。

7) 素材制作

媒体素材就是设计和构思为了表达学习内容所需要的各种素材或各种媒体,如文本、图形、图像、声音、动画、视频和虚拟现实等。

8) 系统集成

在前面的工作完成后,用户就可以使用多媒体课件制作软件进行课件的设计制作了,多媒体课件制作软件有很多,如 PowerPoint、Authorware、几何画板、Dreamweaver 和 Flash 等。一般来说,用户从简单到复杂,精通一两种制作软件就可以了。

素材准备好后,用多媒体制作软件把各种素材按照脚本的要求组合起来,形成一个有机的整体。如果发现脚本的某些设计不太理想,还可以相应地修改脚本,反复地修改、调试,以使课件符合教学的要求。

9) 评价和修改

在课件的制作过程中,设计人员要不断地对课件进行评价和修改工作。评价和修改是课件制作过程中的重要组成部分,也是课件质量的保证。评价包括形成性评价和总结性评价,并且是属于面向学习资源的评价。

形成性评价是在课件开发的过程中实施的评价,它为提高课件质量提供依据,其目的在于改进课件的设计,使之更加符合教学的需要,以提高教学质量和性能;总结性评价是在课件开发结束以后进行的评价,其目的是对课件的性能、效果等做出定性、定量的描述,确认课件的有效性和价值,为课件更新提供改进意见,并总结课件制作经验。在课件的制作过程中,设计人员要根据评价结果合理地修改课件,以进一步提高课件的质量和效果。

10) 发布和应用

在课件制作完成后,设计人员可以用磁盘、光盘和网络等方式发布自己的作品。

多媒体课件经过多次修改、完善后,就可以投入使用了,除自己在教学中使用外,还可以进行交流、推广或发行。教师在实际教学中使用课件后,可能会发现这样或那样的不足,因此,课件投入使用后,还需要不断地收集课件在教学应用中的反馈信息,不断地对课件进行修改、完善与升级,使之更加适合教学的要求,达到实用、好用之目的。

2. 设计制作多媒体课件应坚持的基本原则

1) 要依据学习理论和教学理论设计多媒体课件

多媒体课件是为教学服务的,课件的内容和表现形式要符合教学规律,因此要依据学习理论和教学理论来设计和制作多媒体课件。要求课件设计人员要了解教育学、认知心理学、教学设计、美学等方面的基本理论,用这些理论来指导课件的设计制作工作。

2) 要紧紧围绕教学内容选择媒体素材

媒体素材设计就是设计和构思为了表达学习内容所需要的各种媒体,如文本、图形、图像、声音、动画、视频和虚拟现实等。媒体的选择是为所要表达的学习内容服务的,因此,设计人员在选择使用图形、图像、声音、动画、视频等各种媒体时,目的是要表达学习内容、突出学习主题,不能不顾主题思想的表达,只顾追求时髦、好看和花哨,要避免媒体设计与学习内容设计相脱离的常见毛病,避免"为媒体表现而设计媒体"的现象,努力做到"为内容表现而设计媒体"。并非多媒体课件的每一个页面都必须包含图形、图像、动画、声音等所有的媒体元素,能不用则不用,宜简不宜繁。过于烦琐的界面,使用起来也不方便,过于"花哨"的界面容易使学习者分散注意力,因此,界面要力求简洁、突出主题。

3) 导航要清晰

多媒体课件的应用对象不同,他们对计算机知识和技能的掌握程度也各不相同,所以,课件应该尽可能地降低使用者的计算机操作水平。多媒体课件由于信息量大、开放性强,学习者在学习时容易产生迷航现象,为引导学习者更好地利用多媒体课件进行学习,设计人员在设计多媒体课件时应当为学习者提供明确、清晰的导航系统,提高课件的可操作性。

在设计导航时,设计人员应考虑应用系统的观点,综合考虑学习对象、学科特点及课件类型等多方面的因素,遵循导航明确、易于理解、操作方便等原则。

4) 交互性要强

便捷有效的交互设计可实现教与学双方信息实时的和有效的交流,多媒体课件不仅向学习者传授知识,还可提供答疑及考核,并给出相应的反馈信息,从而保证学习者主动积极地参与学习。

交互性是多媒体课件的主要特点之一,它可以提供图文并茂的、丰富多彩的交互方式,而且可以立即反馈,能够有效地激发学生的学习兴趣,使学生产生强烈的学习欲望,从而形成学习动机。人机交互通常采用问答式对话、菜单交互、功能键交互、图符交互等形式,在设计时应当遵循简易性、容错性及反馈性等原则。简易性是指操作简单方便;容错性是指其能对可能出现的错误进行检测和处理,能对错误的操作给以提示,而不至于进入死循环或死机;反馈性是指计算机要对用户的动作作出反馈,反馈分即时反馈和延时反馈两种,即时反馈适用于联想记忆的学习内容,延时反馈适用于对概念、原理等需要理解或思考的内容的学习。

第2章 CAI 多媒体课件素材的获取与处理

CAI 多媒体课件是由文本、图形、图像、声音、动画、视频等多媒体素材组成的有机整体。如果说课件是工厂中的产品,那么,多媒体素材就是制造这个产品的原料。多媒体素材是课件制作的关键,也是难点所在,多媒体课件素材重在用户平时的收集与积累。本章通过实例,介绍各种类型素材的获取与处理方法。

2.1 多媒体素材的基础知识

在制作多媒体课件之前,大家首先要对一些多媒体素材的基础知识有所了解,然后才可以根据需要收集相应的素材,这其中包括文本素材、图片素材、声音素材、动画素材和视频素材等。本节需要了解的内容包括素材类型和素材格式的相关知识。

2.1.1 文本素材

文本主要包括字母、数字、符号和汉字等。与其他媒体相比,文本是最容易处理、占用的存储空间最少、最方便利用计算机输入和存储的媒体。文本显示是多媒体教学课件中非常重要的一部分。多媒体教学课件中的概念、定义、原理的阐述、问题的表述、标题、菜单、按钮、导航等都离不开文本信息,它是准确、有效地传播教学信息的重要媒体元素。按文本素材的使用目的可以将文本素材分为标题文字和描述文字。标题文字主要是为了突出课件题目,注重表现效果,其表现形式要求醒目。描述文字用于描述一些教学内容,或者对图片、动画、视频等多媒体素材进行解说等。描述文字相对于标题文字,篇幅一般较长,如图 2-1 所示。

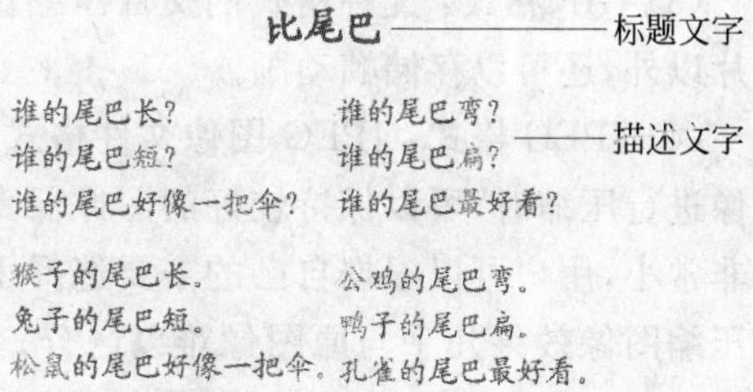

图 2-1 标题文字与描述文字

2.1.2 图片素材

图片素材是多媒体课件制作中最常用的素材,也是学生获取信息的重要来源之一,它是一种直观的教学媒体。

1. 图片素材的分类
按文件格式可以将图片分为矢量图和位图两种。

1) 矢量图
计算机中的图形是数字化的,是矢量图。矢量图是通过一组指令集来描述的,这些指令描述构成一幅图的所有直线、圆、圆弧、矩形、曲线等的位置、维数、大小和形状。显示时需要专门的软件读取这些指令，并将其转换为屏幕上所显示的形状和颜色。矢量图是利用被称为"Draw"的计算机绘图程序产生的。矢量图放大时不失真，主要用于线形的图画、美术字和工程制图等，如图 2-2 所示。

2）位图

位图是由描述图像中各个像素点的强度与颜色的数位集合组成的。位图适合表现比较细致、层次和色彩比较丰富、包含大量细节的图像。位图放大时失真。生成位图的方法有多种，最常用的是利用绘图软件绘制，用指定的颜色画出每个像素来生成图像，如图 2-3 所示。

图 2-2　矢量图

图 2-3　位图

2. 图像文件格式

（1）BMP 格式：最常用的图像文件格式，此种格式的文件几乎不压缩，占用的磁盘空间较大。

（2）PSD 格式：Photoshop 软件的专用格式，可保存图像数据的每一个细节。此种格式的图像文件较大，不适合在课件中使用，需要对文件格式进行转换后使用。

（3）GIF 格式：此种格式的文件压缩比较大，占用的磁盘空间小。GIF 格式除可以存储图片以外，还可以存储帧动画。

（4）JPEG 格式：JPEG 图像文件格式采用的是较先进的压缩算法。这种算法在对数字图像进行压缩时，可以保持较好的图像保真度和较高的压缩比。这种格式的最大特点是文件非常小，用户可以根据自己的需要选择 JPEG 文件的压缩比，当压缩比为 16：1 时，获得的压缩图像效果几乎与原图像难以区分；当压缩比达到 48：1 时，仍可以保持较好的图像效果，仔细观察图像的边缘可以看出不太明显的失真。JPEG 图像的压缩比很高，因此非常适用于要处理大量图像的场合。JPEG 图像格式是目前应用范围非常广泛的一种图像文件格式。

2.1.3　声音素材

声音通常有语音、音效和音乐 3 种形式。语音指人们讲话的声音；音效指声音的特殊效果，如雨声、铃声、机器声、动物叫声等，音效可以从自然界中录音，也可以采用特殊的方法人工模拟制作；音乐则是一种最常见的声音形式。声音是制作多媒体课件常用的一种素材，多媒体课件中的声音具有突出主题、渲染气氛、衬托背景、调节情绪、传播信息、模拟再现等功能。在多媒体课件中恰当地运用声音，可以创造良好的学习情境，增强课件的趣味性,加深学习者对所学知识的理解和印象,所以声音在多媒体课件的开发中显得尤为重要。

在多媒体教学课件中,解说词与背景音乐是多媒体教学课件中重要的组成部分。通常有三类声音,即波形声音、MIDI 和 CD 音乐,而在多媒体教学课件中使用最多的是波形声音。

1. 声音素材的分类

(1) 背景音乐:背景音乐是指有旋律的乐曲,一般作为课件的背景音乐。需要注意的是,背景音乐的音量要小,而且有交互时,可以随时关闭或打开。

(2) 效果声音:效果声音指风声、雨声等效果声,可以作为课件的点缀,增强课件的欣赏性。

(3) 解说词:当介绍一些背景资料时,或者在课件最后做一些总结时,可以用解说词。

2. 声音文件格式和特点

(1) WAV:WAV 是波形声音文件格式,它是通过对声音采样生成的。在软件中存储着经过模数转换后形成的千万个独立的数码组,数码数据表示了声音在不连续的时间点内的瞬时振幅。

(2) MID:MID 是 MIDI 声音文件格式。MIDI(乐器数字接口)是一个电子音乐设备和计算机的通信标准。MIDI 数据不是声音,而是以数值形式存储的指令。一个 MIDI 文件是一系列带时间特征的指令串。实质上,它是一种音乐行为的记录,当将录制完毕的 MIDI 文件传送到 MIDI 播放设备中去时,才形成声音。MIDI 数据是依赖于设备的,MIDI 音乐文件所产生的声音取决于用于播放 MIDI 的设备。

(3) MP3:MP3 是一种音频压缩技术,其全称是动态影像专家压缩标准音频层面 3 (Moving Picture Experts Group Audio Layer Ⅲ),简称为 MP3。MP3 被设计用来大幅度地降低音频数据量。利用 MPEG Audio Layer Ⅲ 的技术,将音乐以 1:10 甚至 1:12 的压缩率压缩成容量较小的文件,而对于大多数用户来说,重放的音质与最初的不压缩音频相比没有明显的下降。它是在 1991 年由位于德国埃尔朗根的研究组织 Fraunhofer-Gesellschaft 的一组工程师发明和标准化的。用 MP3 形式存储的音乐称为 MP3 音乐,能播放 MP3 音乐的机器称为 MP3 播放器。一分钟 CD 音质(44100Hz,16bit,2Stereo,60Second)的 WAV 文件如果未经压缩需要 10MB 左右的存储空间,而一分钟左右的 CD 音乐经过 MP3 格式压缩编码后,可以压缩到 1MB 左右的容量,其音色和音质还可以保持基本完整,不失真。

2.1.4 动画素材

计算机动画指由计算机生成的一系列静止画面(即帧,Frame)按照一定的顺序演示而形成的动态图像效果。动画主要用于对事物运动、变化过程的模拟。

动画分为二维动画、三维动画和 GIF 动画等。动画的制作需要借助专门的动画制作软件。

动画文件的主要格式有 Autodesk 的 Animator 文件(.flc 和.fli)、Macromedia 的 Flash 动画文件(.fla 和.swf)、3ds Max 的动画文件(.3ds)、Microsoft Multimedia Movie 文件(.mmm)和图形交换格式文件(.gif)等。

2.1.5 视频素材

视频(Video)与动画一样,由连续的画面组成,只是画面是自然景物的动态图像。视频一般分为模拟视频和数字视频,电视、录像带是模拟视频信息。当图像以每秒 24 帧以上的速度播放时,由于人眼的视觉暂留特性,看到的就是连续的视频。多媒体素材中的视频指数字化的活动图像。VCD 光盘存储的就是经过量化采样压缩生成的数字视频信息。视频信号采集卡是将模拟视频信号在转换过程中压缩成数字视频,并以文件形式存入计算机硬盘的设备。将视频采集卡的视/音频输入端与视/音频信号的输出端(如摄像机、录像机、影碟机等)连接之后,就可以采集捕捉到的视频图像和音频信息。

视频文件是由一组连续播放的数字图像(Video)和一段随连续图像同时播放的数字伴音共同组成的多媒体文件。其中的每一幅图像都称为一帧(Frame),随视频同时播放的数字伴音简称为"伴音"。

下面介绍主要的视频文件格式及其特点。

(1) AVI:AVI(Audio Video Interleave)是 Microsoft 公司开发的一种伴音与视频交叉记录的视频文件格式。在 AVI 文件中,伴音与视频数据交织存储,播放时可以获得连续的信息。这种视频文件格式灵活,与硬件无关,可以在计算机和 Microsoft Windows 环境下使用。

(2) VOB:VOB 是 DVD 视频文件存储格式。

(3) DAT:DAT 是 VCD 视频文件存储格式。

(4) WMV:WMV 是 Microsoft 公司开发的一种数字视频压缩格式。

(5) MPEG:MPEG 是采用 MPEG 编码的视频文件。

(6) RM:实时声音(Real Audio)和实时视频(Real Video)是在计算机网络应用中发展起来的多媒体技术,它可以为使用者提供实时的声音和视频效果。Real 采用的是实时流(Streaming)技术,它把文件分成许多小块像工厂里的流水线一样下载。用户在采用这种技术的网页上欣赏音乐或视频时,可以一边下载一边用 Real 播放器收听或收看,不用等整个文件下载完毕才收听或收看。Real 格式的多媒体文件又称为实媒体(Real Media)或流格式文件,其扩展名是".rm"、".ra"或".ram"。在多媒体网页的制作中,Real 已成为一种重要的多媒体文件格式。如果要在网页中使用类似 Real 格式文件的"流式播放"技术,不仅要求浏览器的支持,还需要使用支持流式播放的网页服务器。

(7) MOV:MOV 是 Apple 公司为在 Macintosh 微机上应用视频而推出的文件格式。同时,Apple 公司也推出了为 MOV 视频文件格式应用而设计的 QuickTime 软件。这种软件有在 Macintosh 和 PC 机上使用的两个版本,因此,在多媒体计算机上也可以使用 MOV 视频文件格式。现在,QuickTime 软件和 MOV 视频文件格式已经非常成熟,应用范围也非常广泛。

2.2　文本素材的获取与处理

文本是多媒体教学课件中最主要的成分之一,也是现实生活中使用最多的一种信息存储和传递方式。如各种科学原理、概念、计算公式、命题、说明等课程内容,都需要用文本来进行描述和表达。

下面对文本素材的获取与处理方法作详细介绍。

2.2.1 文本素材的获取

计算机中文本素材的获取方法很多,可以用键盘输入进行获取;可以用手写笔、麦克风或扫描识别技术进行获取;也可以从因特网上获取。

键盘输入法的汉字编码主要可分为形码、音码和音形码。五笔字型是形码,它把汉字分解为若干字根,分别由不同字母代表;音码则是根据汉语拼音制作的编码,如全拼输入法、双拼输入法等;音形码是把音码和形码结合起来,将字根转换成拼音进行编码,兼有两者的长处。

双拼(也称双打)输入法是一种建立在拼音输入法基础上的输入方法,可视为全拼输入法的一种改进,它将汉语拼音中每个含多个字母的声母或韵母映射到某个按键上。搜狗双拼输入法方案如图 2-4 所示。

图 2-4 搜狗双拼输入法方案

双拼输入法使得每个音最多按两次键,很大地提高了拼音输入法的打字速度。这种声母或韵母到按键的对应表通常称为双拼方案,这种方案不是固定的,现在流行的大多数拼音输入法都支持双拼,并且有各自不同的方案,还允许用户自定义方案。相比五笔字型的字根,双拼方案要好记得多。例如输入文本"中国"时,如果用全拼输入法,则要输入"zhongguo"共 8 个字母,用双拼输入法,只需要输入"vsgo"4 个字母就可以,大大提高了输入速度。

应用实例:从网上获取文本

"网络就是传媒",互联网的功能之一的网页实质就是出版物,它具有印刷出版物所应具有的基本功能。书中的很多内容都可以从网上轻松找到,例如在网上查找《陋室铭》中关于"铭"的解释。

操作步骤如下:

(1) 打开 IE 浏览器,输入搜索网址"www.baidu.com",再输入文本"铭",然后单击"百度一下"按钮,得到搜索结果,如图 2-5 所示。

(2) 单击"铭_百度百科"超链接,打开"铭"百科名片,选择需要的文本,如图 2-6 所示,按 Ctrl+C 组合键,或右击选中的文本,在弹出的快捷菜单中选择"复制"命令。

CAI 多媒体课件素材的获取与处理

18

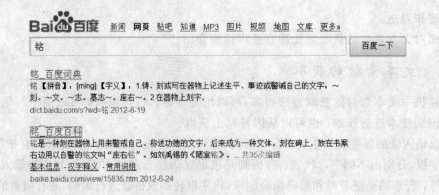

图 2-5　搜索文本"铭"的结果

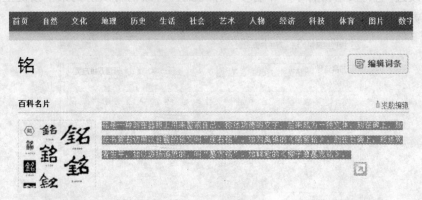

图 2-6　选择文本

（3）打开 PowerPoint，新建一个文档，在某张幻灯片中插入横排文本框，按 Ctrl＋V 组合键或在文本框内右击，在弹出的快捷菜单中选择"粘贴"命令，结果如图 2-7 所示。

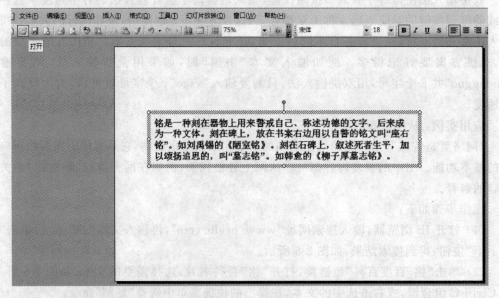

图 2-7　粘贴文字

2.2.2 文本素材的处理

在获取了大量的文本素材之后，还需要对这些文本进行处理，使其格式满足制作课件的需求。有时，为了增加课件的艺术效果，还需要利用合适的软件制作一些漂亮的艺术字等。

1. 设置文本格式

设置文本格式通常利用"格式"工具栏和"字体"对话框进行。

1)"格式"工具栏

在"格式"工具栏上有一排按钮，这些按钮的主要作用就是对文本或段落进行各种设置。当移动鼠标指针在按钮上不动时，鼠标指针旁边会显示出该按钮的名称，如图 2-8 所示。

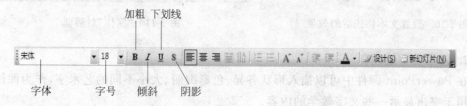

图 2-8 PowerPoint"格式"工具栏

下面对文本进行格式设置，文本内容如图 2-9 所示。

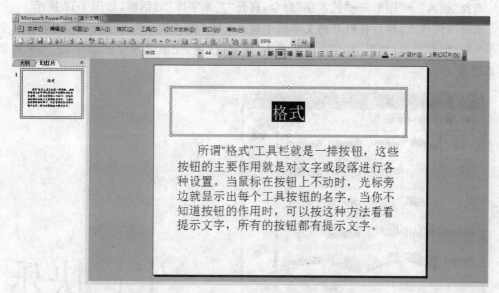

图 2-9 文本内容

选中标题文本"格式"，然后单击"格式"工具栏上的"字体"下拉列表框右侧的下三角按钮，选中某种字体即可。再单击"字号"下拉列表框右侧的下三角按钮，从下拉列表框中选择字号，例如选择 54。如果用户想自己定义文本的大小，单击"字号"下拉列表框中间，该下拉列表框中的内容即被选中，这时输入数值（如 100），按"回车"键确认即可。

接着单击"格式"工具栏上的"加粗"按钮，文字"加粗"显示，单击"倾斜"按钮，文本变成"斜体"，如图 2-10 所示。

CAI 多媒体课件素材的获取与处理

2）"字体"对话框

选择"格式"→"字体"命令，打开"字体"对话框，如图 2-11 所示，在其中可以选择"字体"、"字号"、"字形"、"效果"和"颜色"等。

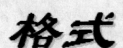

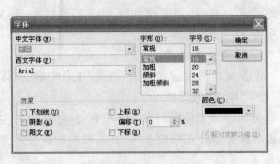

图 2-10　设置文本格式后的效果　　　　　　　　图 2-11　"字体"对话框

2. 艺术文字处理

在 PowerPoint 课件中可以插入形状各异、色彩绚丽、大小不同的艺术字，作为课件的标题或用于突出显示一些文字教学的内容。

下面介绍快捷地制作艺术字的方法。

1）快速制作艺术字

选择"插入"→"图形"→"艺术字"命令，打开"艺术字库"对话框，如图 2-12 所示。

选择所需样式，然后在打开的文本框中输入文本"生日快乐"，设置字体为"宋体"、字号大小为"36"，并单击"加粗"按钮。最后单击"确定"按钮，完成艺术字的制作，艺术字效果如图 2-13 所示。

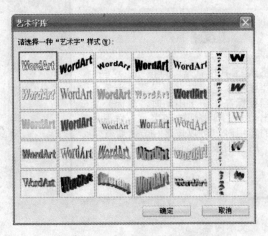

图 2-12　"艺术字库"对话框　　　　　　　　图 2-13　艺术字效果

2）制作反白字

首先插入一个文本框，在文本框中输入文本"反白字"，然后右击该文本框，选择快捷菜单中的"设置文本框格式"命令，打开"设置文本框格式"对话框，如图 2-14 所示。在"颜色和线条"选项卡中设置填充颜色为"黑色"，单击"确定"按钮确认，再设置文本颜色为"白色"，并设置好字体、字号。反白字效果如图 2-15 所示。

图 2-14 "设置文本框格式"对话框 　　　　图 2-15 反白字效果

3）制作阴影渐变字

插入艺术字,在"艺术字库"对话框中选择第一种样式,并输入文本"阴影渐变字",设置好字体、字号后,单击"确定"按钮。然后右击刚才建立的艺术字,选择快捷菜单中的"设置艺术字格式"命令,打开"设置艺术字格式"对话框,如图 2-16 所示。在"颜色和线条"选项卡中设置填充颜色为"填充效果",打开"填充效果"对话框,如图 2-17 所示。选择"底纹样式"为"垂直"方式、"变形"为"从左至右",单击"确定"按钮确认。再单击"绘图"工具栏中的"阴影样式"按钮,选择一种阴影效果,并将阴影设为"深灰色",这样就完成了阴影渐变字的制作。

图 2-16 "设置艺术字格式"对话框

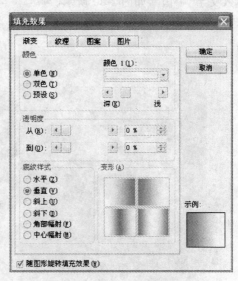

图 2-17 "填充效果"对话框

阴影渐变字的效果如图 2-18 所示。

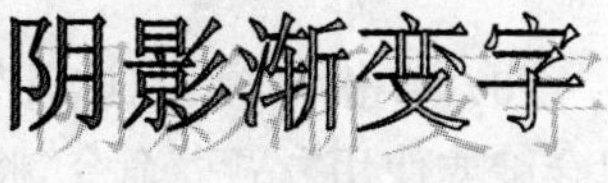

3. 特效文字处理

在制作课件时,经常需要制作一些特殊效果的文字,以增强课件的美感,使课件更具吸引力。

阴影渐变字

图 2-18 阴影渐变字效果

下面介绍利用 Photoshop CS5 制作花样文字的过程。

操作步骤如下：

（1）启动 Photoshop CS5，打开一张图片，如图 2-19 所示。

图 2-19　打开图片

（2）在工具箱中，用鼠标左键按住"文字工具 T "不放，选取" 横排文字蒙版工具"，输入文字"中国"，如图 2-20 所示。

图 2-20　利用"横排文字蒙版工具"输入文字"中国"

（3）单击"移动工具 "出现文字选区，将选区复制下来。然后在幻灯片中按 Ctrl＋V 组合键或使用"粘贴"命令，将选取的内容复制到幻灯片中，花样文字的最终效果如图 2-21 所示。

图 2-21 花样文字效果

2.3 图片素材的获取与处理

图形、图像是制作多媒体 CAI 课件必不可少的素材,如背景、人物、界面、按钮等,而且图形和图像是学习者非常容易接受的信息,一幅图可以胜过千言万语,能够形象、生动、直观地表现出大量的信息,帮助学习者理解知识,比枯燥的文字更能吸引读者。

2.3.1 图片素材的获取

课件制作中需要的图片可以从多种渠道获得,例如,从因特网上下载,从计算机屏幕上直接截取,利用扫描仪或数码相机采集等。

1. 从网上下载图片资源

因特网是一个资源的宝库,从中可以得到很多有用的图片,用于课件制作。用户既可以从专门的图片网站上下载图片,也可以到与课件制作内容相关的网站上去下载。

操作步骤如下:

(1) 打开 IE 浏览器,在地址栏中输入"http://image.baidu.com/",打开图片搜索主页,如图 2-22 所示。在文本框中输入"蛋白质结构",单击"百度一下"按钮,就可以搜索到与"蛋白质结构"相关的图片。

图 2-22 打开图片搜索主页

(2) 在适合课件使用的图片的预览图上单击,打开其原图片,然后在图片上右击,选择快捷菜单中的"图片另存为"命令,保存该图片,如图 2-23 所示。

2. 从剪贴画中插入图片

Microsoft Office 的剪贴画在 Microsoft Word、Microsoft PowerPoint 等软件中有着广泛的应用,它是一种极好的图片素材,矢量的特性使其缩放不失品质,用户可以对它们像搭积木一样进行任意组合。

操作步骤如下:

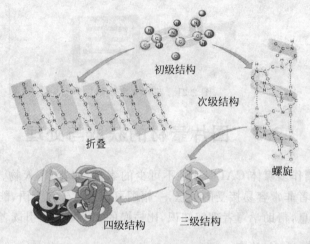

初级结构

次级结构

折叠

螺旋

四级结构

三级结构

图 2-23　保存搜索得到的图片

（1）打开 Microsoft PowerPoint 文档窗口，选择"插入"→"图片"→"剪贴画"命令，打开"剪贴画"任务窗格，如图 2-24 所示。

（2）在"搜索文字"文本框中输入准备插入的剪贴画的关键字（例如"运动"），单击"搜索"按钮即可显示剪贴板中与所输入关键字相关的剪贴画。

（3）单击合适的剪贴画，即可将该剪贴画插入到 PowerPoint 文档中，如图 2-25 所示。

图 2-24　"剪贴画"任务窗格　　　　　图 2-25　插入的剪贴画

2.3.2 图片素材的处理

在制作多媒体 CAI 课件的过程中,需要从网上下载或是扫描图片,甚至有些图片是用相机手工拍摄的,很多图片不是直接就能用的,需要进行适当的处理,如调整大小、变换格式、调整清晰度等。使用 Photoshop 等软件可以完成此类任务。

1. 改变图像文件容量大小和格式

如果使用的图像非常大,或是文件格式采用的不当,会使制作的课件存储空间变大,而且课件运行的速度也会相应地变慢。这时,就需要将图像大小和格式作适当的调整,然后再使用。

改变图像大小有两种方法:一是设置图像的尺寸大小;二是使用压缩的图像格式。这样可以大大减少文件所占的磁盘空间,从而加快课件的运行速度。

1)改变图像的大小,使文件容量变小

在 Photoshop CS5 中打开一个图像文件,选择"图像"→"图像大小"命令,打开"图像大小"对话框。在对话框中输入图像的宽度,并选中"约束比例"复选框,按原图的纵横比进行图像的缩放,如图 2-26 所示。

2)使用压缩的图像格式,使文件容量变小

普通的图片均为位图,像素点是图像中最小的图像元素。一幅位图包含的像素可以达到百万个,因此,位图的大小和质量取决于图像中像素点的多少,通常来说,每平方英寸的面积上所含的像素点越多,颜色之间的混合越平滑,同时文件容量也越大。在保存文件时,选择"JPEG 格式",打开"JPEG 选项"对话框,调节滑块设置品质的高低,可以改变文件的容量大小,如图 2-27 所示。

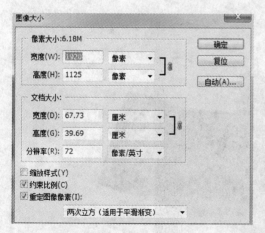

图 2-26 "图像大小"对话框

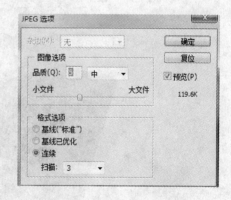

图 2-27 "JPEG 选项"对话框

2. 旋转图像

在拍摄或扫描照片时,有时会出现倾斜、倒置等现象,直接将这些素材插入课件,可能会影响课件效果。所以,用户在进行课件制作前要对其进行处理,以满足课件制作的需要。处理前的图像如图 2-28 所示。

操作步骤如下：

（1）在 Photoshop CS5 中打开"雷峰塔"图像，利用"度量工具"从塔尖向下沿中轴线画出一条辅助线。

（2）选择"图像"→"旋转面布"→"任意角度"命令，打开"旋转画布"对话框，如图 2-29 所示。

图 2-28　处理前的图像　　　　　　　　　　　　图 2-29　"旋转画布"对话框

在"角度"文本框中输入旋转的角度值，单击"好"按钮，则软件根据辅助线确定图像旋转的角度，如图 2-30 所示。

图 2-30　利用"度量工具"标识并旋转画布后的效果

（3）利用"裁剪工具 ⊡"裁剪图像，得到一个完整的雷峰塔图像，裁剪前后的效果，如图 2-31 所示。

(a) 裁剪前效果   (b) 裁剪后效果

图 2-31   裁剪前后效果

2.4   声音素材的获取与处理

  在多媒体 CAI 课件中合理地加入一些声音,可以更好地表达教学内容,有利于学习者的大脑保持兴奋状态,使视觉思维得以维持。

  声音素材可以从多种渠道获得,如从因特网上下载;用话筒录制;将录音磁带、CD、VCD、DVD 中的声音转换成课件中可以使用的素材。

  目前流行的音频编辑软件很多,常用的音频编辑软件如表 2-1 所示。

表 2-1   常用音频编辑软件

序号	软 件 名 称	特 点
1	CD Menu 2.15	可以创作 CD 自动启动菜单,使用 CD Menu 使用户在不需要任何程序知识的条件下能创造自己单独的菜单界面
2	Sound Effect Maker 1.0	可以为声音文件创造各种不同的效果,该软件支持合唱、失真畸变、回声、边缘、Gargle、参数的均衡器和 Reverberation
3	MP3 Media Studio 6.0	该软件可以播放 MP3,编辑 MP3 的 ID3 标签,支持 M3U 歌曲播放清单
4	Flexi Music Wave Editor Nov 2005	该软件能够打开和保存标准的 WAV 文件
5	AV Voice Changer 4.0.57	这是一款很强的变声工具,可实时对声音进行变声处理,自带 100 多种高品质的男声和女声发音及多种声音特效
6	MP3 Cutter Joiner 2.0	这是一款强大的、简单易用的、能够对音频文件进行分割和组合的音频编辑软件
7	Dexster 3.0	Dexster 3.0 支持许多流行的音频格式,并且特别推出音频光盘刻录功能的音频生成工具,可以可视化地编辑音频
8	AV Music Morpher 2.0.106	这是一个全功能的音乐编辑软件,集音乐点唱和音频编辑于一身,可以进行现场录音,通过复制、剪辑、分割和变音等操作来编辑音频文件
9	Cool Edit Pro 2.0	非常优秀的音频编辑软件,可以用它为自己的动画配上动听的对白,用它编辑一段自己喜欢的音乐,甚至可以用它制作自己的唱片
10	Sound Forge 6.0	Sonic Foundry 公司开发的功能齐全的软件

在这里，以 Cool Edit Pro 2.0 中文版为例，介绍音频编辑软件的使用方法。

Cool Edit Pro 2.0 是一款非常出色的数字音乐编辑器和 MP3 制作软件。不少人把 Cool Edit 形容为音频"绘画"程序，可以用声音来"绘"制音调、歌曲的一部分、声音、弦乐、颤音、噪音或调整静音等，而且它还提供了多种特效为作品增色，如放大、降低噪音、压缩、扩展、回声、失真、延迟等。用户可以同时处理多个文件，轻松地在几个文件中进行剪切、粘贴、合并、重叠声音操作。使用该软件可以生成的声音有噪音、低音、静音、电话信号等。

打开 Cool Edit Pro 2.0，其工作界面如图 2-32 所示。

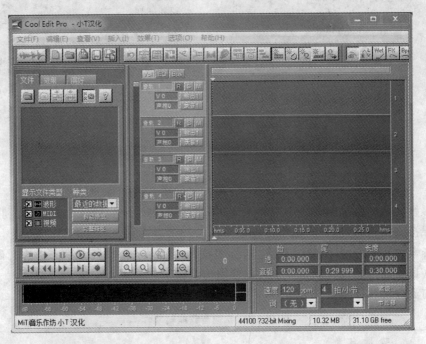

图 2-32　Cool Edit Pro 2.0 工作界面

控制栏中各功能键的作用如图 2-33 所示。

1. 打开一个音乐文件

操作步骤如下：

（1）单击文件管理器中的"打开文件"按钮，从"打开波形文件"对话框中选择相应路径、要打开的文件类型及音乐文件，如图 2-34 所示。

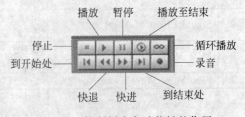

图 2-33　控制栏中各功能键的作用

（2）在文件管理器中右击"最浪漫的事伴奏"文件，在快捷菜单中选择"插入到多轨中"命令，即可将音乐插入到"音轨 1"中。单击"播放"按钮，可以试听一下音乐效果，如图 2-35 所示。

注意：插入到"音轨 1"中的音乐，可能并没有放到时间轴的初始位置，这时可以用鼠标指针指向音轨 1 的波形，按住鼠标左键进行拖曳，使波形到时间轴的起始位置，也可以采用这种方法把音轨 1 的波形拖曳到其他音轨中。

2. 录音

操作步骤如下：

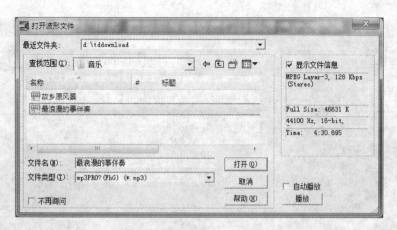

图 2-34 "打开波形文件"对话框

图 2-35 将文件插入到"音轨 1"中并播放

(1) 单击"音轨 2"的"录音控制"按钮,再单击控制栏上的红色的"录音"按钮,即可开始录音,如图 2-36 所示。

(2) 当要停止录音时,单击"停止"按钮,屏幕显现出整段声音的波形。单击"播放"按钮,可以试听声音效果。"音轨 2"即为所录的声音音轨,如图 2-37 所示。

(3) 按住鼠标左键拖动鼠标选中一段声音,可以对它单独进行编辑,如果按 Delete 键将删除这段声音,但只是将"音轨 2"的这段声音删除,对"音轨 1"并不产生影响,如图 2-38 所示。

3. 调节音量

录音时,多数情况下音量都过小,不能满足需要,那么需要将音量调大一些。

图 2-36　录音

图 2-37　对"音轨 2"录音并播放录音

操作步骤如下：

（1）切换到波形编辑模式，选择"效果"→"波形振幅"→"音量标准化"命令，打开"标准化"对话框，如图 2-39 所示。

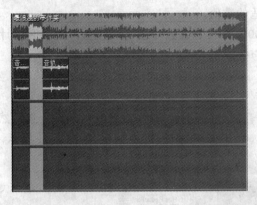

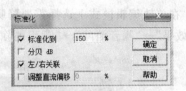

图 2-38　将"音轨 2"中的选中部分删除　　　　图 2-39　"标准化"对话框

（2）在"标准化到"右侧的文本框中输入一个数值，再单击"确定"按钮，即完成了音量的调节。

4．降低噪音

1）降噪器

由于录音条件的限制，如果声音增大了，背景噪音往往也随之增大，这时候就需要降低噪音。

操作步骤如下：

（1）按 Ctrl＋A 组合键选中整个波形，然后选择"效果"→"噪音消除"→"降噪器"命令，打开"降噪器"对话框，如图 2-40 所示。

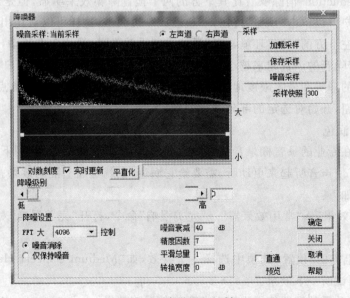

图 2-40　"降噪器"对话框

CAI 多媒体课件素材的获取与处理

（2）在"降噪器"对话框中单击"噪音采样"按钮，并调节"降噪级别"，然后单击"确定"按钮。

① 降噪级别：其数值越大，降噪的程度越大，但是对于有用的波形的损害也越大，用户必须慢慢地从小到大调试，寻找到一个合适的数值。

② FFT 大：其范围是从 1 024 到 24 000，有几个数值可选，该值越大，去噪时的计算就越精细，但是如果设置的太大，会产生"回声效应"。

提示：一边设置参数，一边监听。

2）嘶声消除

在单轨编辑模式下选择需要降噪的录音部分（若不做选择，系统默认的是全选），然后选择"效果"→"噪音消除"→"嘶声消除"命令，打开"嘶声消除器"对话框，如图 2-41 所示。

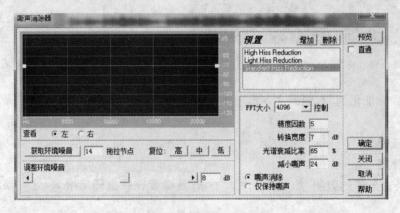

图 2-41 "嘶声消除器"对话框

简单来说，可以从右上方给出的 3 个"预置"选项中选择一个效果进行试听，最上方的"High Hiss Reduction"消除噪音比其下方的两个预置降噪效果明显，但是原声音会有一些明显损失。用户可以单击"预览"按钮，一边播放一边调整，这样可以对比出听到的效果；也可以通过调整左下方的"调整环境噪音"滑块进行手动降噪，滑块向左移动，会听到噪音越来越小，但是随着噪音的声音越来越小，原声音也会越来越失真。所以，用户在降噪的时候要掌握好尽可能的降噪和最大限度地保持原声音不要明显失真之间的平衡点。调节完毕后，单击"确定"按钮，开始对选定的部分进行处理。

5. 给声音润色

如果不是在专业的录音棚录音，经过音量放大和降低噪音的过程，剩下的声音效果可能不是很好，为了使声音听起来更动听，需要给它润色，也就是加上混响效果。

操作步骤如下：

（1）选择"效果"→"常用效果器"→"完美混响"命令，打开"完美混响"对话框，如图 2-42 所示。

（2）在右上方的"预置"选项中选择一个特效，如"Medium Concert Hall(open)"，单击"预览"按钮，可试听一下效果。

通常，混响效果处理器能做出以下 4 种自然混响效果：

① Room（房间混响效果）。

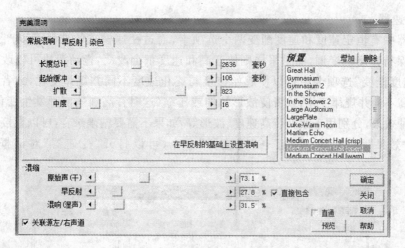

图 2-42 "完美混响"对话框

② Plate(金属板混响效果)。

③ Chamber(密室混响效果)。

④ Hall(厅堂混响效果)。开放的中厅(Open),一般声音会短促;柔和的大厅(Warm),声音柔和且持续时间长。

6. 变速/变调

"变速/变调"有 3 个效果类别,即变调器、变速器和多普勒效应。

1) 变调器

变调器中的 5 个预置代表 5 种不同的音调变化方式,用户也可以直接拖动鼠标改变音调的变化方式,满意后单击"增加"按钮保存为预置。

选择"效果"→"变速/变调"→"变调器"命令,可以打开"变调器"对话框,如图 2-43 所示。

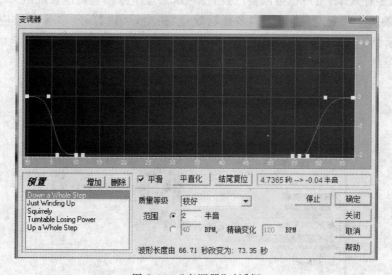

图 2-43 "变调器"对话框

CAI 多媒体课件素材的获取与处理

2）变速器

变速器中有恒定速度和速度渐变两个选项卡,通过变速模式的选择可以产生保持音高的变速或保持速度的变调,而重采样则使音高和速度都会改变,拖动滑块可以改变速度或音高。在"速度渐变"选项卡中可以使起始速度与终止速度不同并规律变化,或者使起始音高与终止音高不同并规律变化,或者使波形拉伸或压缩(这时音高和速度都发生变化)。变速器预置了 8 种效果,分别用于改变音高速度、波形等,如果不需要精确录音,可以直接应用预置。

选择"效果"→"变速/变调"→"变速器"命令,可以打开"变速器"对话框,如图 2-44 所示。

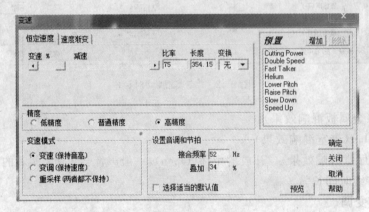

图 2-44　"变速器"对话框

3）多普勒效应

多普勒效应用来营造声音由远及近或由近及远的效果。在"多普勒效应"对话框中有一个坐标轴,坐标轴的原点就是听者所处的位置,图形代表物体的运动方向和距离。物体的运动方式有"直线"和"圆环"两种。直线的感觉就是一去不回,圆环表示会循环的。多普勒效应预置了很多种效果,用户也可以自己设置参数,通过坐标轴直观地表现出来。

选择"效果"→"变速/变调"→"多普勒效应"命令,可以打开"多普勒效应"对话框,如图 2-45 所示。

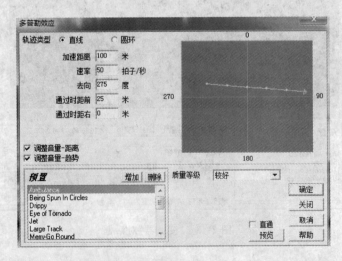

图 2-45　"多普勒效应"对话框

7. 合成

在录音完毕，效果处理完之后，要将"音轨 1"和"音轨 2"合成双声道的 MP3 文件，以便在其他播放器上播放。

操作步骤如下：

（1）在多轨模式下选择"文件"→"混缩另存为"命令，打开"另存 16 位混缩音频"对话框，如图 2-46 所示。

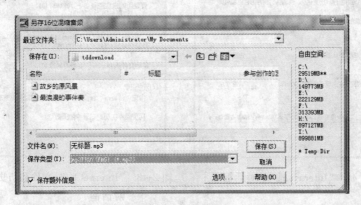

图 2-46　"另存 16 位混缩音频"对话框

（2）在该对话框中选择相应的文件夹、文件名，将"保存类型"选为"MP3PRO？（FhG）（＊.mp3）"，再单击"保存"按钮。

2.5　动画素材的获取与处理

在课件的制作过程中，利用动画可以使课件更具吸引力，使问题分析得更透彻、更形象直观。

2.5.1　动画素材的获取

动画是多媒体 CAI 课件制作过程中常用的素材，与图片和声音素材一样，动画也可以从因特网上或光盘中获取。

在因特网上用得最多的是 Flash 动画，Flash 动画素材的下载需要借助下载工具。

从网上获取动画素材主要有以下几种方法：

（1）如果网页上提供了一个动画文件".swf"的超链接地址，则右击该地址，在快捷菜单中选择"目标另存为"命令，将其保存到素材文件夹中。

（2）打开 IE 浏览器，找到含有 Flash 动画素材的网页，选择"工具"→"Internet 选项"命令，打开"Internet 选项"对话框，如图 2-47 所示。

单击"浏览历史记录"栏中的"设置"按钮，打开"Internet 临时文件和历史记录设置"对话框，如图 2-48 所示。

接着单击"查看文件"按钮，打开 Internet 临时文件夹（如 C:\Documents and Settings\Administrator\Local Settings\Temporary Internet Files），找到想要的 Flash 动画，复制到素材文件夹中即可。

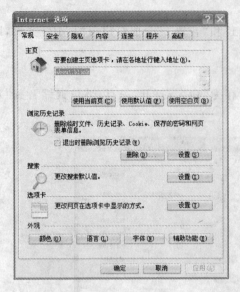

图 2-47 "Internet 选项"对话框　　　图 2-48 "Internet 临时文件和历史记录设置"
　　　　　　　　　　　　　　　　　　　　　　对话框

（3）利用专门软件 Flash2X Flash Hunter 保存 Flash 动画素材。启动 Flash2X Flash Hunter 3.0.2,其工作界面如图 2-49 所示。在地址栏中输入要下载的 Flash 动画所在的网址,单击地址栏右边的 GO 按钮,在"网络影片"选项卡的"文件"列表中就会显示出网页上所有的 Flash 动画文件,在下面的预览窗口中就会出现该 Flash 动画的预览效果。选择 File→Save as 命令,即可将该 Flash 动画文件保存下来。

图 2-49 Flash2X Flash Hunter 工作界面

（4）利用下载工具网际快车（FlashGet）软件自动下载 Flash 动画文件（＊.swf）。这个方法比较简单、快捷，前提是计算机中已经安装有 FlashGet，要用 FlashGet 下载"＊.swf"文件，还需要对其进行一些设置。

设置方法如下：

启动 FlashGet，选择"工具"→"选项"命令，打开"选项"对话框，如图 2-50 所示。选择"基本设置"中的"监视"选项，在"监视类型"列表框中添加"swf"项，设置完毕后，当浏览包含 Flash 文件的网页时，FlashGet 就会自动弹出"下载任务栏"对话框，只要单击"确定"按钮，FlashGet 就会把网页上的 Flash 动画下载下来，并保存到设定的文件夹中。

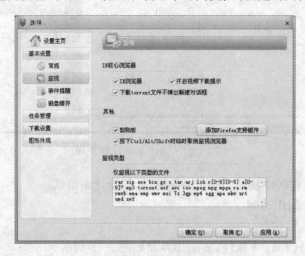

图 2-50　"选项"对话框

2.5.2　动画素材的处理

从网上下载的或者通过其他方式获取的动画不一定完全满足需要，这时候就要对动画进行适当的处理，以满足个性化需求。这里的处理包括动画的全新制作和动画的修改。

1. 二维动画素材处理

常见的二维动画文件格式主要有 GIF 和 SWF 两类，这两类动画分别可用 Ulead GIF Animator 和 Flash 等软件来制作。其中，用 Flash 制作出来的 SWF 动画是矢量的，不管怎样放大，都不失真。

下面介绍另一款非常实用的二维动画制作软件——SWiSH。

SWiSH 是一款相当容易的动画制作软件，是一个快速、简单且经济的方案，可以在网页中加入 Flash 动画，可以创造形状、文字、按钮以及移动路径，也可以选择内建的超过 230 种诸如爆炸、漩涡、3D 旋转及波浪等预设的动画效果，还可以新增动作到对象来建立特殊效果或制作一个互动式电影。

下面介绍 SWiSH 软件的工作环境。

打开 SWiSH Max 的工作界面，如图 2-51 所示。

（1）时间线：时间线类似于 Flash 中的时间轴，用于设置动画效果。

（2）浮动面板：浮动面板用于进行各种相应的详细设置。

（3）工具箱：SWiSH 提供了比 Flash 更好用的作图工具，利用它们，可以很轻松地画出五角星、椭圆按钮等，工具箱下部的几个按钮用来改变场景的显示比例。

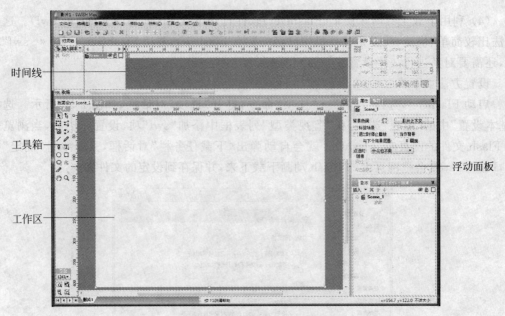

时间线

工具箱

工作区

浮动面板

图 2-51　SWiSH Max 工作界面

（4）工作区：工作区也就是 Flash 中的场景，即设计编辑区。

2．利用 SWiSH 制作动画

操作步骤如下：

（1）启动 SWiSH Max 3 软件，其工作界面如图 2-52 所示。

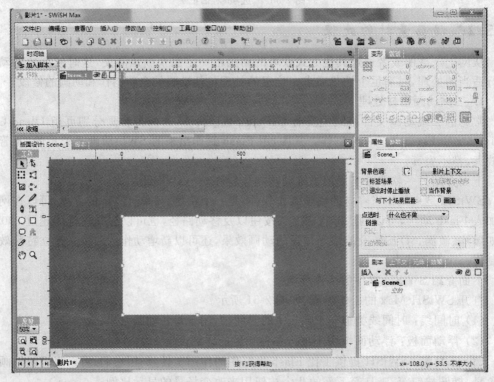

图 2-52　SWiSH Max 3 工作界面

（2）设置舞台大小。单击"属性"面板上的"影片上下文"按钮，打开"影片上下文"对话框，如图 2-53 所示，设置背景彩色、宽度及高度等。

（3）输入文本。选择文本工具，输入文本"同步卫星发射过程平面示意图"，并设置文本颜色为"白色"，如图 2-54 所示。

（4）插入图片。选择"插入"→"导入图片"命令，插入一张图片，并拖动图片到工作区的中央，如图 2-55 所示。

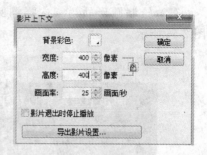

图 2-53 "影片上下文"对话框

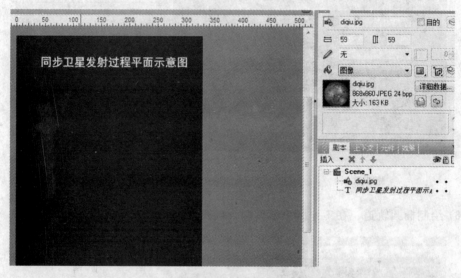

图 2-54 输入文本并设置格式

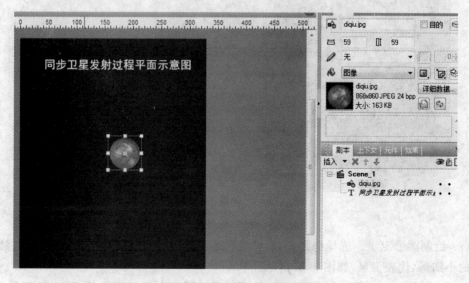

图 2-55 插入图片

CAI 多媒体课件素材的获取与处理

（5）绘制圆形轨道。选择椭圆工具，设置椭圆参数，在工作区中绘制一个圆形，如图 2-56 所示。

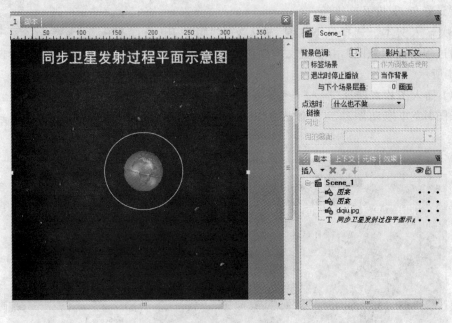

图 2-56　绘制一个圆形

（6）绘制椭圆轨道。在工作区中绘制两个椭圆，如图 2-57 所示。

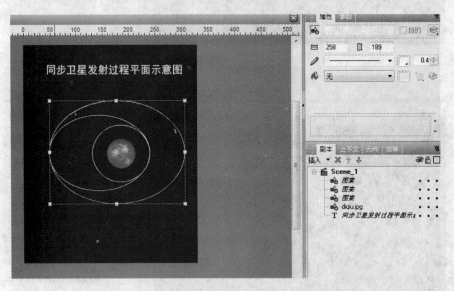

图 2-57　绘制两个椭圆

（7）绘制圆形卫星。选择椭圆工具，设置椭圆参数，在工作区中绘制一个具有过渡填充颜色的小圆形，代表卫星，如图 2-58 所示。

（8）绘制路径。选择动作路径工具，沿圆形及椭圆逐点绘制路径，如图 2-59 所示。

（9）保存文件。选择"文件"→"保存"命令，将文件保存为"同步卫星发射过程平面示意

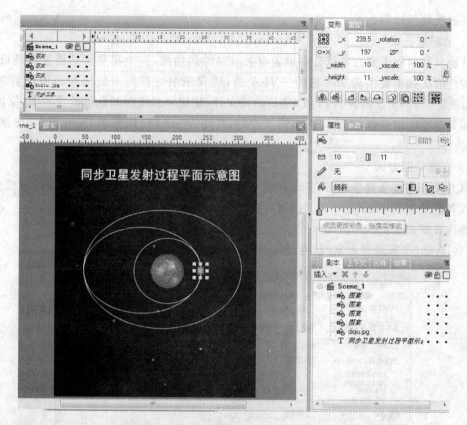

图 2-58　绘制小圆形代表卫星

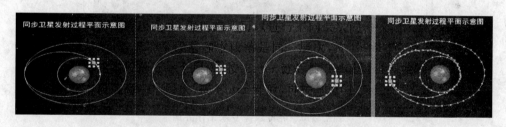

图 2-59　沿圆形及椭圆逐点绘制路径

图.swi",然后选择"文件"→"导出"→SWF 命令,导出 SWF 文件。

2.6　视频素材的获取与处理

　　课件中的视频,可以是用摄像机拍摄的,还可以是从网上下载的,还可以是从 VCD 或 DVD 光盘中截取的视频片段。

　　"屏幕录像专家"是一款专业的屏幕录像制作工具,使用它可以轻松地将屏幕上的软件操作过程等录制成 Flash 动画、AVI 动画、ASF(微软流媒体格式)动画或者自播放的 EXE 动画。本软件采用直接录制方式或者先录制再生成方式录制屏幕,使用户对制作过程更加容易控制,并支持后期配音和声音文件导入,使录制过程和配音分离。

录制视频的过程如下：

1）录制准备

开始录制时除了要在本软件中设置有关录制的属性外，一个很重要的设置就是设置显示的颜色值。如果要生成 256 色的 AVI 动画，建议录制之前将系统的颜色值设置为 256 色；如果要生成 16 位色的 AVI 或 EXE 动画文件，建议将系统的颜色值设置为 16 位色。

如果需要同期录音，还要注意将话筒连好，并用 Windows 附带的"录音机"程序测试是否正常。

2）直接录制方式

该方式可直接录制生成 EXE 动画或 AVI 动画，由于生成这两种动画的操作方法相似，下面以直接录制生成 EXE 动画为例进行介绍。

操作步骤如下：

（1）启动"屏幕录像专家"软件，其工作界面如图 2-60 所示。

图 2-60　屏幕录像专家工作界面

选中"基本设置"选项卡中的"直接录制生成"复选框，选中"EXE"单选按钮，单击"设置"按钮，打开"视频压缩"对话框，如图 2-61 所示。选择"压缩程序"下拉列表框中的"Microsoft Video 1"（或者其他压缩程序）选项。

图 2-61　压缩程序选择界面

（2）按 F2 键开始录制，再次按 F2 键停止，在左下角的列表中可以找到录制的"EXE"文件，双击可以播放。

3）先录制再生成方式

先录制再生成的方式不直接生成动画文件，录制后会形成一个录像文件，会在"录像文件"列表框中显示出来，之后利用这个录像文件就可以生成动画文件了，此时生成的中间文件格式为".1x"。注意，操作时不选中"直接录制生成"复选框，如图 2-62 所示。

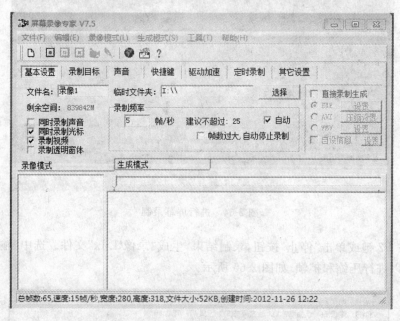

图 2-62　不选中"直接录制生成"复选框

切换到"录制目标"选项卡，选中"范围"单选按钮，X1、Y1 文本框中的数值设定的是录制范围的左上角坐标，X2、Y2 文本框中的数值设定的是录制范围的右下角坐标（以像素为单位）。调整此数值，观察淡绿色边框所设定的范围。在输入数值后，按"Enter"键确认，或者用鼠标拖动淡绿色边框进行直接设定，如图 2-63 所示。

图 2-63　"录制目标"选项卡

CAI 多媒体课件素材的获取与处理

按 F2 键或单击"录制"按钮 🔲 进行录制。在录制时，淡绿色边框不停地闪烁，如图 2-64 所示。

图 2-64　进行屏幕录制

再次按 F2 键或单击"停止"按钮，录制结束，生成"录像 1.1x"文件。选中"输出 AVI"单选按钮，可以进行压缩和扩帧，如图 2-65 所示。

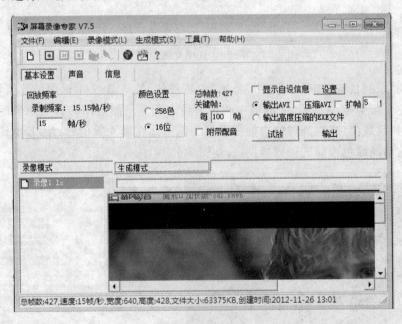

图 2-65　选择输出

在输出时，用户也可以选中"输出高度压缩的 EXE 文件"单选按钮，单击"设置"按钮，打开"EXE 播放设置"对话框进行设置，如图 2-66 所示。

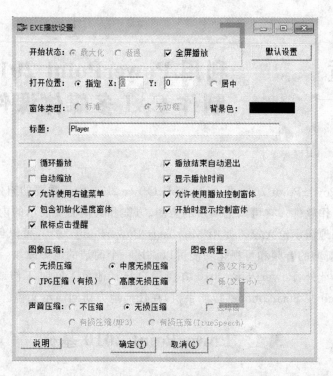

图 2-66 "EXE 播放设置"对话框

CAI 多媒体课件素材的获取与处理

第3章 利用 PowerPoint 2010 制作 CAI 多媒体课件

Microsoft PowerPoint 2010 是 Microsoft Office 2010 中最重要的组件之一,是简单、易用的演示文稿制作软件。它可以把用户的意图、方案和其他需要展示的内容,变成类似幻灯片的图片一幅幅地演示给大家。使用 Microsoft PowerPoint 2010,可以创建动态演示文稿并与观众共享,新增的音频和可视化功能可以讲述一个简洁的电影故事,该故事既易于创建又极具观赏性。此外,PowerPoint 2010 方便用户与其他员工同时工作或联机发布演示文稿,并可使用 Web 或 Smartphone(智能手机)在任何地方访问演示文稿。

3.1 PowerPoint 2010 基础

PowerPoint 2010 是基于 Microsoft Windows 操作系统的演示文稿设计软件,使用它可以快速创建各种样式精美、动感很强的演示文稿。

3.1.1 启动 PowerPoint 2010

启动 PowerPoint 2010 的方法很多,这里仅介绍两种常用的方法。

1. 从开始菜单启动 PowerPoint 2010

操作步骤如下:

单击"开始"按钮,选择"程序"→Microsoft Office→Microsoft PowerPoint 2010 命令,即可启动 PowerPoint 2010,如图 3-1 所示。

2. 用快捷方式图标启动 PowerPoint 2010

这是一种最简单的启动方法,直接用鼠标双击桌面上的 PowerPoint 2010 快捷方式图标,即可启动 PowerPoint 2010。

3.1.2 PowerPoint 2010 的工作界面

PowerPoint 2010 启动后,其工作界面如图 3-2 所示。

工作界面中包含控制菜单按钮、标题栏、选项卡、功能区(包含了以前版本的菜单和工具栏)、工作区、备注窗格、状态栏、大纲与幻灯片切换、快速访问工具栏和帮助等。

1. 标题栏

标题栏位于工作界面的顶端,用于显示当前编辑的演示文稿的名称和应用程序的名称。在标题栏的左端依次是控制菜单按钮、快速访问工具栏(包含保存、撤销、重复和自定义快速访问工具栏),右端有最小化、最大化(还原)、关闭按钮。

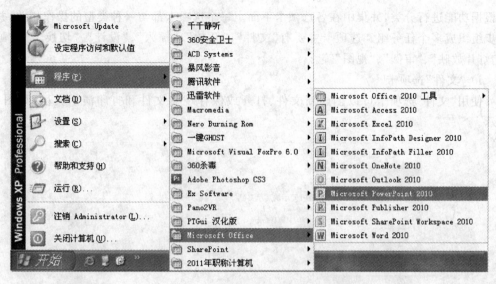

图 3-1　启动 PowerPoint 2010

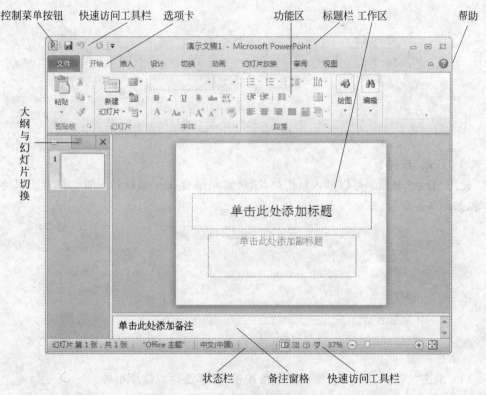

图 3-2　PowerPoint 2010 工作界面

2. 选项卡及功能区

在 PowerPoint 2010 中，以前版本中的"编辑"、"视图"、"插入"、"格式"、"工具"、"幻灯片放映"、"窗口"、"帮助"等菜单和相应的工具栏都被选项卡及相应功能区代替了。

功能区位于选项卡的下面，用于帮助用户快速找到完成某一特定任务所需的命令。命

利用 PowerPoint 2010 制作 CAI 多媒体课件

令根据功能进行分类，并集中在各选项卡下面。每个选项卡都与一种类型的操作相关，并进一步组织成多个任务组。选项卡主要有"文件"、"开始"、"插入"、"设计"、"切换"、"动画"、"幻灯片放映"、"审阅"、"视图"等。

1）"文件"选项卡

使用"文件"选项卡可以创建新文件、打开或保存现有文件和打印演示文稿，如图3-3所示。

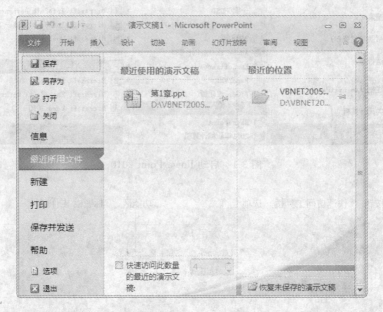

图3-3 "文件"选项卡

2）"开始"选项卡

使用"开始"选项卡可以插入新幻灯片、将对象组合在一起以及设置幻灯片上文本的格式等，如图3-4所示。

图3-4 "开始"选项卡

（1）单击"新建幻灯片"右侧的下三角按钮，可以选择幻灯片布局。

（2）"字体"组中包括"字体"、"加粗"、"倾斜"和"字号"等选项，根据需要进行设置。

（3）"段落"组中包括"文本左对齐"、"居中"、"文本右对齐"、"两端对齐"和"分散对齐"等，根据需要进行选择。

（4）若要组合对象，单击"排列"按钮，在下拉菜单中选择"组合"命令即可。

3）"插入"选项卡

使用"插入"选项卡可以将表格、图片、剪贴画、文本框、页眉或页脚、艺术字、符号及媒体等插入到演示文稿中，如图 3-5 所示。

图 3-5 "插入"选项卡

4）"设计"选项卡

使用"设计"选项卡可以自定义演示文稿的背景、主题和页面设置等，如图 3-6 所示。

图 3-6 "设计"选项卡

（1）单击"页面设置"按钮可打开"页面设置"对话框。

（2）在"主题"组中，单击某主题可将其应用于演示文稿。

（3）单击"背景样式"可为演示文稿选择背景色和设计。

5）"切换"选项卡

使用"切换"选项卡可以对当前幻灯片应用、更改或删除切换，如图 3-7 所示。

图 3-7 "切换"选项卡

（1）在"切换到此幻灯片"组中，单击某切换方案可将其应用于当前幻灯片。

（2）在"声音"下拉列表框中，可以从多种声音中选择一种声音，以在"切换"过程中播放该声音。

（3）在"换片方式"下可选中"单击鼠标时"复选框，以在"单击"时切换幻灯片。

6）"动画"选项卡

使用"动画"选项卡可以对幻灯片上的对象应用、更改或删除动画，如图 3-8 所示。

（1）单击"添加动画"按钮，然后选择应用于选定对象的动画。

（2）单击"动画窗格"按钮，可打开"动画窗格"任务窗格。

（3）"计时"组中包括用于设置"开始"和"持续时间"的选项，根据需要进行设置。

图 3-8　"动画"选项卡

7)"幻灯片放映"选项卡

使用"幻灯片放映"选项卡可以开始幻灯片放映、自定义幻灯片放映的设置和隐藏单个幻灯片等,如图 3-9 所示。

图 3-9　"幻灯片放映"选项卡

(1) 在"开始放映幻灯片"组中包括"从头开始"和"从当前幻灯片开始"等按钮。

(2) 单击"设置幻灯片放映"按钮,可以打开"设置放映方式"对话框。

(3) 在"设置"组中,可以设置"隐藏幻灯片"、"排练计时"及"录制幻灯片演示"等。

(4) 在"设置"组中,可以选中"播放旁白"、"使用计时"或"显示媒体控件"复选框。

8)"审阅"选项卡

使用"审阅"选项卡可以检查拼写、更改演示文稿中的语言或比较当前演示文稿与其他演示文稿的差异,如图 3-10 所示。

图 3-10　"审阅"选项卡

(1)"校对"组用于启动拼写检查程序。

(2)"语言"组用于选择不同的语言。

(3)"比较"组用于比较当前演示文稿与其他演示文稿的差异。

(4)"批注"组用于添加一些批注信息。

9)"视图"选项卡

使用"视图"选项卡可以查看幻灯片母版、备注母版、幻灯片浏览,还可以打开或关闭标尺、网格线和参考线等,如图 3-11 所示。

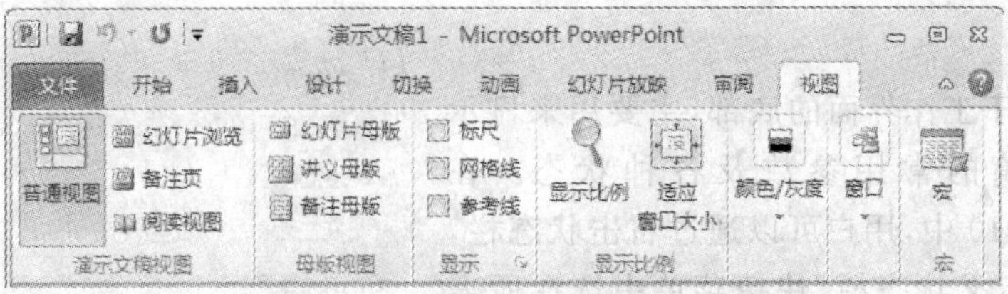

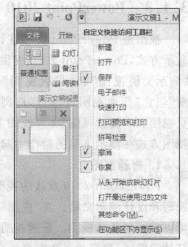

图 3-11 "视图"选项卡

（1）"演示文稿视图"组用于设置"普通视图"、"幻灯片浏览"、"备注页"和"阅读视图"等。

（2）"母版视图"组用于设置"幻灯片母版"、"讲义母版"和"备注母版"等。

（3）"显示"组用于设置"标尺"、"网格线"和"参考线"等。

3. 快速访问工具栏

使用快速访问工具栏可以快速地进行"保存"、"撤销"、"重复"和各种视图之间的切换，以及显示大小比例的调整等。

快速访问工具栏是一个可以自定义的工具栏，单击快速访问工具栏右侧的下拉按钮，可以打开"自定义快速访问工具栏"设置菜单，如图 3-12 所示。

图 3-12 "自定义快速访问工具栏"设置菜单

若想获得以前版本中的命令，在该菜单中选择"其他命令"，打开"PowerPoint 选项"对话框，如图 3-13 所示。

图 3-13 "PowerPoint 选项"对话框

51

4. 状态栏

状态栏位于工作界面的底部,主要用来显示当前演示文稿的常用参数及各种状态。在PowerPoint 2010中,用户可以通过右击状态栏,从弹出的"自定义状态栏"快捷菜单中选择所需的功能,如图3-14所示。

✓	自定义状态栏	
✓	视图指示器(V)	幻灯片第1张,共1张
✓	主题(T)	"Office 主题"
✓	正在编辑的作者数(A)	
✓	拼写检查(S)	
✓	语言(L)	中文(中国)
✓	签名(G)	关
✓	信息管理策略(I)	关
✓	权限(P)	关
✓	上载状态(U)	
✓	可用的文档更新(M)	否
✓	视图快捷方式(V)	
✓	显示比例(Z)	46%
✓	缩放滑块(Z)	
✓	缩放至合适尺寸(F)	

3.1.3　PowerPoint 2010 的视图方式

视图是 PowerPoint 文档在计算机屏幕上的显示方式,PowerPoint 2010 提供了两类视图,即"演示文稿视图"和"母版视图"。"演示文稿视图"包含"普通视图"、"幻灯片浏览视图"、"备注页视图"和"阅读视图"4 种视图方式,4 种不同的视图方式在演示文稿的制作中起着不同的作用。

图 3-14　"自定义状态栏"快捷菜单

1. 普通视图

PowerPoint 2010 默认的视图是普通视图,如图 3-15 所示。普通视图是编辑视图,用于撰写和设计演示文稿。在"视图"选项卡中单击"演示文稿视图"组中的"普通视图"按钮,就可以切换到普通视图。普通视图主要有 3 个区域:左侧是大纲/幻灯片浏览窗格,右侧是幻灯片编辑区,底部是备注窗格。在大纲/幻灯片浏览窗格中有两个选项卡,分别是"大纲"选项卡和"幻灯片"选项卡,在大纲视图中,幻灯片以文本大纲形式显示,在幻灯片视图中,幻灯片以缩略图的形式显示。在幻灯片编辑区,可以添加文本,插入图片、表格、绘图对象、文本框、电影、声音、超链接和动画等。在备注窗格,可以添加与每张幻灯片内容相关的备注,并且在放映演示文稿时,将它们作为打印形式的参考资料,或者希望观众以打印形式在网页中

图 3-15　普通视图

看到的备注内容。

2. 幻灯片浏览视图

在"视图"选项卡中单击"演示文稿视图"组中的"幻灯片浏览"按钮,便切换到幻灯片浏览视图,如图 3-16 所示。在幻灯片浏览视图中,可以显示出同一演示文稿中的所有幻灯片。在这个视图中,可以方便地浏览所有幻灯片,并且可以移动、剪切、复制或删除任意一张幻灯片。但是,在该视图下,用户不能修改演示文稿的内容。

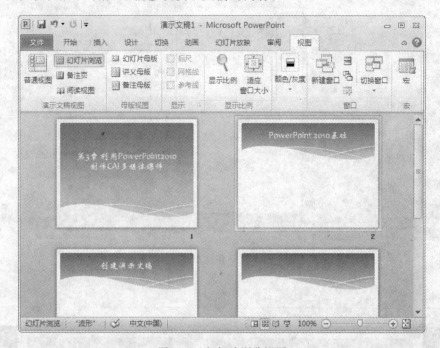

图 3-16　幻灯片浏览视图

3. 备注页视图

在"视图"选项卡中单击"演示文稿视图"组中的"备注页"按钮,可切换到备注页视图,如图 3-17 所示。该视图分为上、下两部分,上面是一个缩小了的幻灯片,在下面的方框中可以输入幻灯片的备注信息,供演示幻灯片的过程中使用。备注信息在幻灯片放映时不被一起放映,只作为讲解的参考资料。

4. 阅读视图

阅读视图用于向用计算机查看演示文稿的人员而非受众(例如通过大屏幕)放映演示文稿,如图 3-18 所示。如果希望在一个设有简单控件以方便审阅的窗口中查看演示文稿,而不想使用全屏的幻灯片放映视图,也可以在计算机上使用阅读视图。如果要更改演示文稿,可随时从阅读视图切换至某个其他视图。

以上 4 种视图的切换也可以在状态栏下直接进行。

"母版视图"包含"幻灯片母版"、"讲义母版"和"备注母版" 3 种视图方式。它们是存储有关演示文稿信息的主要幻灯片,其中包括背景、颜色、字体、效果、占位符大小和位置等。使用母版视图的一个主要优点在于,在幻灯片母版、备注母版或讲义母版上可以对与演示文稿关联的每个幻灯片、备注页或讲义的样式进行全局更改。

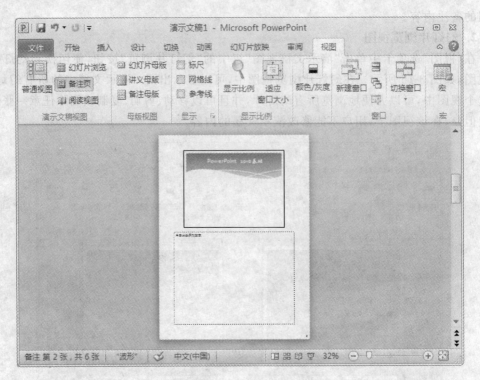

图 3-17 备注页视图

图 3-18 阅读视图

3.1.4　保存文件及退出 PowerPoint 2010

1. 保存 PowerPoint 文件

1）新创建文件的保存

若 PowerPoint 文件是新创建的,保存文件的操作步骤如下:

(1) 选择"文件"选项卡中的"保存"命令或直接单击快速访问工具栏中的"保存"按钮,打开"另存为"对话框,如图 3-19 所示。

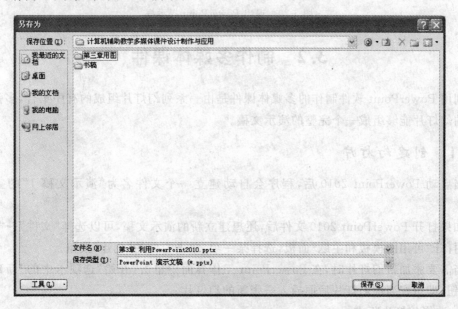

图 3-19　"另存为"对话框

(2) 在"文件名"文本框中输入文件的名称,可以不输入文件的扩展名,PowerPoint 2010 默认的文件扩展名为".pptx"。在"保存位置"下拉列表框中为目标文件选择一个驱动器和文件夹。

(3) 单击"保存"按钮,完成第一次保存。

2）再次保存

若 PowerPoint 文件是一个已经保存过的文件,按以下方法操作:

选择"文件"选项卡中的"保存"命令或直接单击快速访问工具栏中的"保存"按钮,将当前文件用原文件名保存在原文件夹中。

若需要更换文件夹或更改文件名,选择"文件"选项卡中的"另存为"命令,打开如图 3-19 所示的"另存为"对话框,选择新的文件夹或输入新的文件名后,单击"保存"按钮完成再次保存。

2. 退出 PowerPoint

1）利用"关闭"按钮退出

单击标题栏右端的"关闭"按钮,即可退出 PowerPoint 2010。

2）利用"文件"选项卡中的"退出"命令退出

选择"文件"选项卡中的"退出"命令,即可退出 PowerPoint 2010。

在退出 PowerPoint 时,若当前文件已被修改且尚未保存,将打开退出 PowerPoint 提示框,如图 3-20 所示,根据需要单击"保存"或"不保存"按钮,即可退出 PowerPoint 2010。

图 3-20　退出 PowerPoint 提示框

3.2　制作多媒体课件

利用 PowerPoint 软件制作的多媒体课件是由一系列幻灯片组成的有序集合,多张内容相关的幻灯片能够组成一个完整的演示文稿。

3.2.1　创建幻灯片

当启动 PowerPoint 2010 后,程序会自动建立一个文件名为"演示文稿 1"的空演示文稿。

如果打开 PowerPoint 2010 文件后,还想建立新的演示文稿,可以选择"文件"→"新建"命令,打开"可用的模板和主题"面板,选择某一项,单击右侧的"创建"按钮。

当需要添加新幻灯片时,在 PowerPoint 工作界面中单击"开始"选项卡中的"新建幻灯片"按钮,即可在当前幻灯片后面插入一张新的幻灯片。

1. 选择幻灯片版式

在插入新幻灯片后,单击"开始"选项卡中的"幻灯片版式"按钮,打开"幻灯片版式"面板,选择某幻灯片版式,如图 3-21 所示。

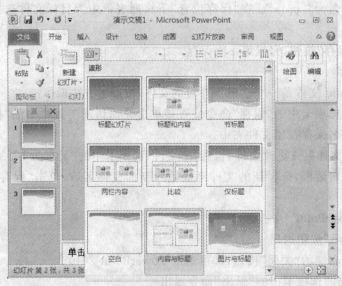

图 3-21　选择幻灯片版式

2. 添加标题

在普通视图中单击"单击此处添加标题"处，然后输入标题文字"第3章 利用PowerPoint 2010 制作 CAI 多媒体课件"，如图 3-22 所示。

图 3-22　添加标题

3. 编辑幻灯片

正文可包含文字、图形、剪贴画、图片、图表、表格、组织结构图、艺术字、声音、视频和动画等，它们的输入（或插入）、编辑都是在幻灯片编辑区中完成的。

1）添加文本

如果幻灯片上有"单击此处添加标题"或"单击此处添加文本"等信息的"占位符"（实际上是文本框），则单击占位符可以输入文本。如果某个占位符不理想，可在选中后将其移动或删除。如果幻灯片上没有占位符而又需要添加文本，则需要先添加占位符，即插入一个文本框，然后输入文本。

正文部分的段落是有层次的，根据需要可以进行不同层次的输入。

输入一个段落后，若下一个段落和本段落是同一层次，按 Enter 键，然后输入第二段文本。若下一个段落比本段落低一个层次，按 Enter 键后按 Tab 键，再开始输入文本。相反，若下一个段落比本段落高一个层次，按 Enter 键后，再按 Shift＋Tab 键。

按照这种方式，根据需要安排文本的段落及层次。输入完毕后，在文本框外的任意位置单击，文本框边框便会消失。

2）绘制图形

操作步骤如下：

单击"插入"选项卡中的"形状"按钮，打开"形状"面板，如图 3-23 所示。

单击"形状"面板中的工具按钮，如"椭圆"按钮，然后将鼠标指针移至幻灯片编辑区，此时鼠标指针变为"十"字形状。

拖动鼠标，在屏幕上会出现一个图形，当图形大小合适时松开鼠标，就在幻灯片编辑区中绘制出了一个图形，如图 3-24 所示。

如果图形的大小、位置和格式不合适，还可以继续对它进行编辑修改，最后单击其他位置，结束图形的编辑。

3）插入剪贴画

操作步骤如下：

58

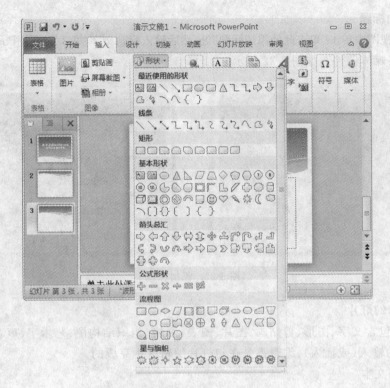

图 3-23 "形状"面板

单击"插入"选项卡中的"剪贴画"按钮,打开"剪贴画"任务窗格,如图 3-25 所示。

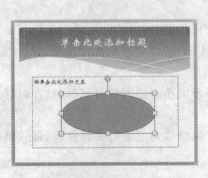

图 3-24 绘制椭圆图形　　　　　图 3-25 "剪贴画"任务窗格

在"搜索文字"文本框中输入剪贴画的关键字，如"人物"、"动物"、"运输"等，在"结果类型"下拉列表框中选择剪贴画的文件类型，单击"搜索"按钮，则在结果列表框中将显示主题中包含该关键字的剪贴画。

单击选择需要插入的剪贴画，则所选择的剪贴画就被插入到幻灯片中。同时，"图片"工具栏自动出现在窗口中，以方便用户编辑剪贴画。

4）插入图片

操作步骤如下：

单击"插入"选项卡中的"图片"按钮，打开"插入图片"对话框，如图 3-26 所示。

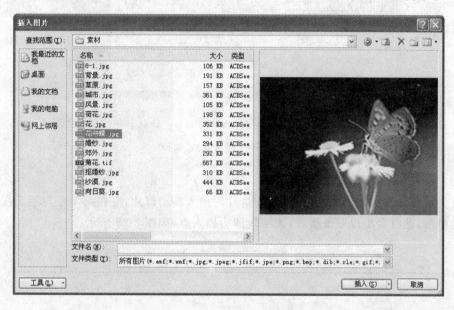

图 3-26 "插入图片"对话框

在"查找范围"下拉列表框中找到图片文件所在的文件夹，然后选择某个图片，单击"插入"按钮，即可把图片插入到当前幻灯片中。如果要让图片链接到幻灯片中，单击"插入"按钮右侧的下三角按钮，在下拉菜单中选择"链接到文件"命令。

5）插入表格

单击"插入"选项卡中的"表格"按钮，打开"插入表格"面板，如图 3-27 所示。用户可以根据需要对所插入的表格进行格式设置。

6）选择、插入、复制、移动、删除幻灯片

（1）选择幻灯片。选择幻灯片在幻灯片浏览视图方式下进行。

① 选择单张幻灯片：单击要选择的幻灯片。

② 选择多张连续的幻灯片：单击第 1 张幻灯片，然后按住 Shift 键，单击最后一张幻灯片。

③ 选择多张不连续的幻灯片：单击第 1 张幻灯片，然后按住 Ctrl 键，单击其他每一张幻灯片。

④ 取消选中的幻灯片：在窗口的空白处单击，则取消选中所有的幻灯片。若按住"Ctrl"键单击选中的某一张幻灯片，则取消该张幻灯片的选中状态。

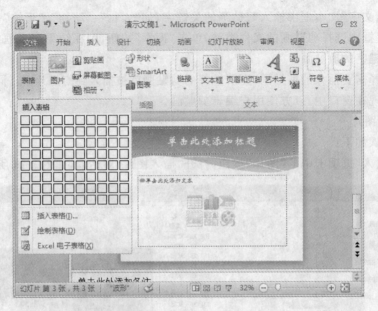

图 3-27　"插入表格"面板

（2）插入幻灯片。其操作步骤如下：

首先定位插入点。例如，在第 1 张幻灯片后插入新幻灯片，应在第 1 张与第 2 张之间的空白处单击，此时会出现一条横线，该横线即为插入点，如图 3-28 所示。

图 3-28　定位插入点

单击"开始"选项卡中的"新建幻灯片"按钮，然后选择所需版式，即可插入一张新幻灯片，如图 3-29 所示。

（3）插入"其他演示文稿"中的幻灯片。

首先定位插入点，如图 3-28 所示。

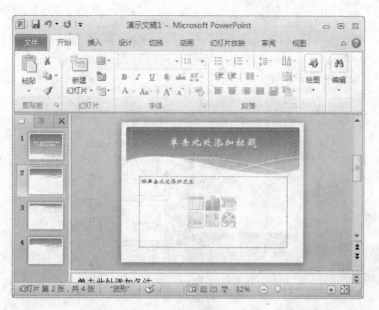

图 3-29　插入新幻灯片

　　然后单击"开始"选项卡中的"新建幻灯片"按钮右侧的下三角按钮,选择"重用幻灯片"命令,打开"重用幻灯片"任务窗格,如图 3-30 所示。

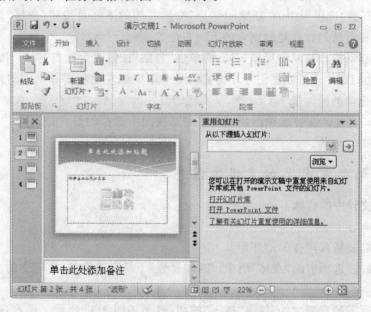

图 3-30　"重用幻灯片"任务窗格

　　单击"浏览"按钮或"打开 PowerPoint 文件"链接,选择已存在的演示文稿,如图 3-31 所示。单击已存在的演示文稿中的某张幻灯片,即可将此张幻灯片插入到当前正编辑的演示文稿的插入点之后。

　　(4) 复制、移动幻灯片。用户可以将已经制作好的幻灯片复制、移动到其他位置。

　　幻灯片的复制有两种方法:

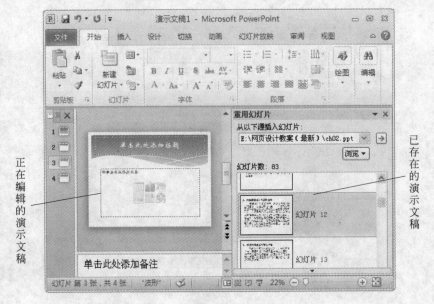

正在编辑的演示文稿

已存在的演示文稿

图 3-31　选择已存在的演示文稿

① 选择要复制的幻灯片，单击"复制"按钮，然后在复制的目标位置上单击鼠标定位，最后单击"粘贴"按钮，即可完成操作。

② 单击"开始"选项卡中的"新建幻灯片"按钮右侧的下三角按钮，选择"复制所选幻灯片"命令，即可将所选幻灯片复制到它的下一张位置。

幻灯片的移动操作与复制操作相同，将单击"复制"按钮改为单击"剪切"按钮即可。

另外，移动幻灯片还可以在幻灯片浏览视图中用鼠标左键将要移动的幻灯片拖曳到目标位置。若在拖动的同时按下 Ctrl 键，则实现幻灯片的复制。

（5）删除幻灯片。在普通视图或幻灯片浏览视图中选择幻灯片以后，按"Delete"键，即可删除被选中的幻灯片。

3.2.2　在幻灯片中添加多媒体信息

1. 插入"文件中的音频"

操作步骤如下：

（1）选择需要插入声音的幻灯片。

（2）在"插入"选项卡的"媒体"组中，选择"音频"下拉菜单中的"文件中的音频"命令，如图 3-32 所示。

（3）选择所需的音频文件，单击"插入"按钮，效果如图 3-33 所示。插入音频后，用户可以对该音频进行"播放"、"裁剪"、"淡化持续时间"设定及"音频播放"设置等。

2. 插入"剪贴画音频"

（1）选择需要插入声音的幻灯片。

（2）在"插入"选项卡的"媒体"组中，选择"音频"下拉菜单中的"剪贴画音频"命令，打开"剪贴画"任务窗格，如图 3-34 所示。

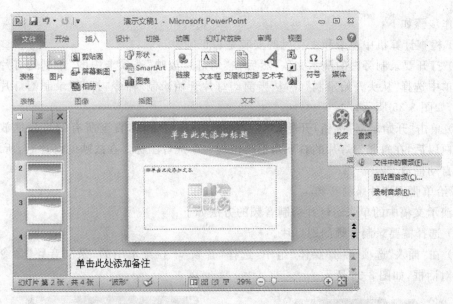

图 3-32 插入"文件中的音频"

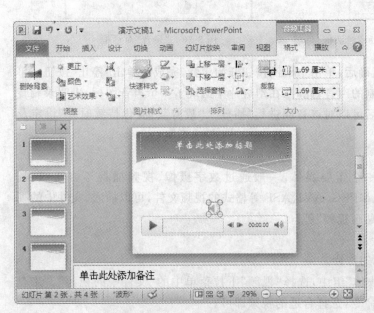

图 3-33 插入音频后的效果

图 3-34 "剪贴画"任务窗格

（3）选择所需的音频。

同样,插入音频后可以对该音频进行"播放"、"裁剪"、"淡化持续时间"设定及"音频播放"设置等。

3. 录制音频

1）给演示文稿录制旁白

如果希望在幻灯片放映时自动讲解每张幻灯片的内容,可以通过给演示文稿录制旁白的方法,把声音加进幻灯片中。

操作步骤如下：

（1）检查计算机中声卡和麦克风的安装是否正确。

（2）打开要录制旁白的演示文稿，然后在"幻灯片放映"选项卡中的"录制幻灯片演示"下拉菜单中选择"从头开始录制"或"从当前幻灯片开始录制"命令，打开"录制幻灯片演示"对话框，如图 3-35 所示。

（3）单击"开始录制"按钮，开始幻灯片放映，并录制旁白，直至所有幻灯片播放结束。录制旁白以后，在每张幻灯片的右下角都会出现一个声音图标。在放映幻灯片时，所录制的旁白会自动播放。

2）给单张幻灯片录制音频

给演示文稿中的单张幻灯片录制音频的方法如下：

（1）选择需要录制音频的幻灯片。

（2）在"插入"选项卡的"媒体"组中，选择"音频"下拉菜单中的"录制音频"命令，打开"录音"对话框，如图 3-36 所示。

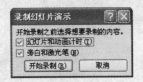
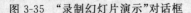

图 3-35 "录制幻灯片演示"对话框

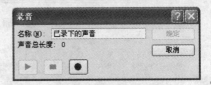

图 3-36 "录音"对话框

检查声卡和麦克风安装正确后，单击"录音"按钮开始录音，完成后单击"停止"按钮。单击"播放"按钮，可以播放所录制的声音，此时，在幻灯片中出现了一个声音图标，表明录制音频已经完成。同样，录制音频后可以对该音频进行"播放"、"裁剪"、"淡化持续时间"设定及"音频播放"设置等。

4. 插入视频

视频是多媒体课件中的一个重要媒体，一般通过数字摄像、视频捕捉等方法获得。PowerPoint 2010 支持 WMV、MPEG、AVI、ASF 等格式的视频文件，可以插入"文件中的视频"、"来自网站的视频"和"剪贴画视频"等。

操作步骤如下：

（1）选择需要插入视频的幻灯片。

（2）在"插入"选项卡的"媒体"组中，选择"视频"下拉菜单中的"文件中的视频"、"来自网站的视频"或"剪贴画视频"命令，选择合适的视频即可。

3.3 设计多媒体课件的外观

设计多媒体课件的外观可以增加幻灯片的视觉效果，达到烘托主题的作用。

3.3.1 使用模板和主题

使用 PowerPoint 2010 提供的模板和主题，可以方便、快捷地创建出具有统一格式和统一风格的演示文稿。

1. 使用模板和主题新建演示文稿

使用模板和主题新建演示文稿的操作步骤如下：

（1）选择"文件"选项卡中的"新建"命令，打开"可用的模板和主题"面板，如图 3-37 所示。

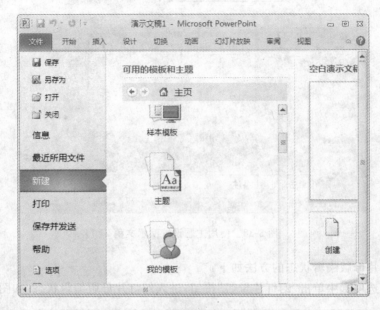

图 3-37 "可用的模板和主题"面板

（2）选择某一模板或主题，单击"创建"按钮即可。

2. 使用主题设置演示文稿

操作步骤如下：

（1）打开需要使用主题设置的演示文稿。

（2）在"设计"选项卡的"主题"组中选择某一主题，即可将其应用于当前演示文稿，如图 3-38 所示。

3.3.2 母版

母版是一张特殊的幻灯片，用于定义演示文稿中所有幻灯片的视图和页面格式，包括每张幻灯片的标题、正文文字的位置和大小、项目符号的样式、背景图案和页眉/页脚等。使用同一母版的幻灯片具有统一的风格，任何对模板的更改都将影响基于该母版的所有幻灯片。

PowerPoint 2010 中的母版有 3 种，包含幻灯片母版、讲义母版和备注母版。幻灯片母版是最常用的母版，常用于幻灯片的外观设置。讲义母版用来控制讲义的打印格式，利用讲义母版可以将多张幻灯片制作在一张幻灯片中，以便打印。备注母版用来设置备注的格式，使备注具有统一的外观。

1. 幻灯片母版

在幻灯片母版中，可以设置文本特征（字体、字号、颜色等），还可以设置占位符的大小和位置，添加主题、背景设计、切换和动画效果等。

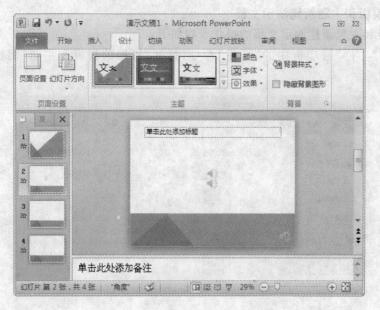

图 3-38　使用主题设置演示文稿

进入幻灯片母版编辑状态的方法如下：

在"视图"选项卡中单击"幻灯片母版"按钮，进入幻灯片母版编辑状态，如图 3-39 所示。

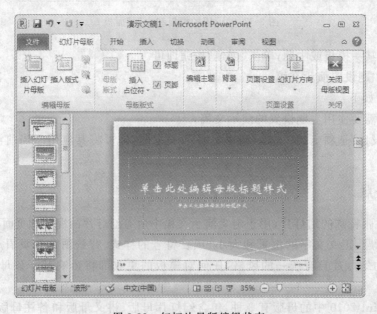

图 3-39　幻灯片母版编辑状态

2. 讲义母版

讲义母版影响讲义的风格，用于显示母版的排列顺序。它包括讲义的页面布局、页眉和页脚、日期和时间以及页码等。讲义母版的设置大多与打印页面有关。

进入讲义母版编辑状态的方法如下：

在"视图"选项卡中单击"讲义母版"按钮，进入讲义母版编辑状态，如图 3-40 所示。

图 3-40　讲义母版编辑状态

3.4　演示文稿的放映与发布

制作完演示文稿的所有幻灯片以后,下一步便是如何进行幻灯片的放映和发布了。

3.4.1　演示文稿的放映设置

为了使幻灯片的放映更加生动和更具吸引力,可以给幻灯片中的标题、正文和图片等对象设置动画效果以及设置幻灯片的切换效果等。

1. 设置幻灯片动画效果

设置幻灯片动画效果的步骤如下:

(1) 打开需要添加动画的演示文稿,选择需设置动画的某张幻灯片中的文本或图片。

(2) 单击"动画"选项卡中的"添加动画"按钮,选取合适的动画效果。选择好动画效果之后,还需设置"动画样式"、"效果选项"、"触发"、"开始"、"持续时间"、"延迟"等,如图 3-41 所示。

2. 设置幻灯片切换效果

幻灯片切换效果是指放映幻灯片时,一张幻灯片显示完毕后,切换到另一张幻灯片的特殊方式。

设置幻灯片切换效果的步骤如下:

(1) 打开需要添加切换效果的演示文稿,选择需设置切换效果的某张幻灯片。

(2) 单击"切换"选项卡中的"切换方案"按钮,选取合适的切换效果。选择好切换效果之后,还需设置"效果选项"、"声音"、"持续时间"和"换片方式"等,如图 3-42 所示。

3.4.2　演示文稿的放映

演示文稿制作完成后,用户需对演示文稿进行放映。

利用 *PowerPoint 2010* 制作 *CAI 多媒体课件*

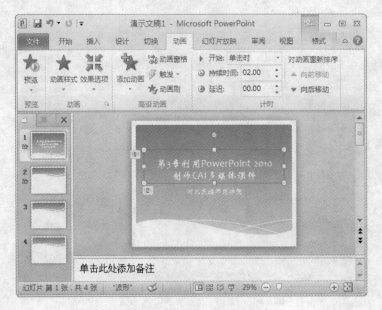

图 3-41　设置幻灯片动画效果

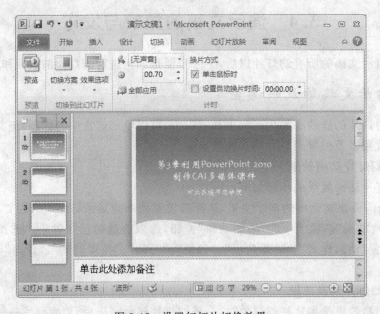

图 3-42　设置幻灯片切换效果

　　PowerPoint 2010 在"幻灯片放映"选项卡中有 3 个任务组,即"开始放映幻灯片"、"设置"和"监视器",它们为用户提供了多种放映幻灯片和控制幻灯片的方式,如图 3-43 所示。

　　在 PowerPoint 2010 中放映幻灯片的方法如下:

　　(1) 在"开始放映幻灯片"组中,单击"从头开始"或"从当前幻灯片开始"按钮。

　　(2) 在 PowerPoint 2010 工作界面的状态栏上单击"幻灯片放映"按钮,从当前幻灯片开始放映。

　　(3) 按 F5 键,从演示文稿的第 1 张幻灯片开始放映。

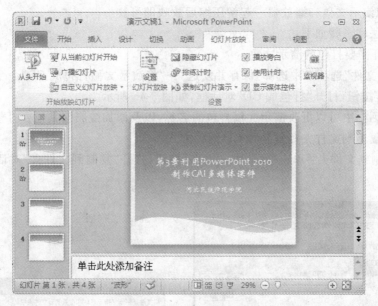

图 3-43　"幻灯片放映"选项卡

在"设置"组中单击"设置幻灯片放映"按钮,可以打开"设置放映方式"对话框,如图 3-44 所示。其中,"演讲者放映"是最常用的放映方式,在该方式下演讲者具有较高的控制权。"观众自行浏览"方式将演示文稿放映在一个窗口内,用户通过移动滚动条即可浏览每张幻灯片,并且提供了编辑、复制、打印等命令。"在展台浏览"适用于展览会场或会议,在这种方式下,演示文稿为自动放映方式,而且每次放映完毕后会自动重放。自动放映的前提是,用户必须在"切换"选项卡的"计时"组中设置"换片方式"为"设置自动换片时间"。

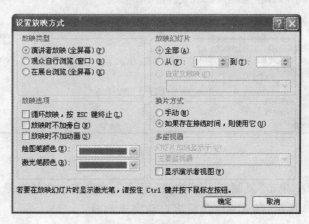

图 3-44　"设置放映方式"对话框

3.4.3　演示文稿的发布

演示文稿在制作完成后,如果需要在其他计算机上运行,就要对演示文稿进行发布(打包)。用户可以将演示文稿和播放器打包存放在存储设备中,也可以打包到网络中的另一台计算机中。如果需要在其他计算机上观看演示文稿,只需将打包后的演示文稿安装到其他计算机中,把演示文稿和播放器一起解压缩后放映即可。

具体方法和步骤如下:

(1) 打开需要打包的演示文稿。

(2) 在"文件"选项卡中选择"保存并发送"→"将演示文稿打包成 CD"命令,单击右侧的"打包成 CD"按钮,打开"打包成 CD"对话框,如图 3-45 所示。

在该对话框中可以更改演示文稿打包的名称,以及添加或删除其他要打包的文件。

打包有复制到文件夹和复制到 CD 两种方式。

(1) 复制到文件夹:单击"复制到文件夹"按钮,打开"复制到文件夹"对话框,如图 3-46 所示。

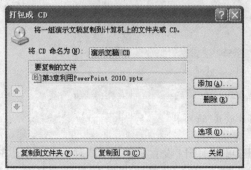
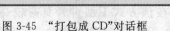

图 3-45 "打包成 CD"对话框   图 3-46 "复制到文件夹"对话框

单击"确定"按钮,开始打包,打包完成后显示结果,如图 3-47 所示。

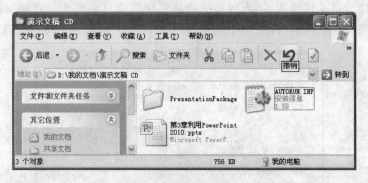

图 3-47 打包结果

(2) 复制到 CD:单击"复制到 CD"按钮,程序自动将演示文稿刻录到 CD 盘中,要求插入 CD 盘,如图 3-48 所示,插入 CD 盘后将自动完成刻录。

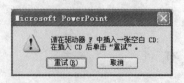

图 3-48 插入 CD 盘

3.5 综合实例

在前 4 节中,主要阐述了 PowerPoint 2010 的工作界面和基本操作方法,本节将以"承德避暑山庄一日游"为例讲述利用 PowerPoint 2010 制作多媒体课件的具体方法。

"承德避暑山庄一日游"是《承德传统文化》中的主要内容,通过制作该课件,用户可以了解多媒体课件的制作过程,掌握多媒体课件制作的一般方法。

1. 多媒体课件制作的基本思想和教学目标

在《承德传统文化》的教学中,"承德避暑山庄一日游"是一项主要内容,用于介绍避暑山庄平原区和湖区的主要景点及每个景点的主要情况等。

该课件的教学目标是使旅游者(如果按照课件所提供的线路游览)能够了解避暑山庄平原区和湖区的主要景点,能够先睹为快,从而产生游览避暑山庄的极大兴趣。

2. 素材准备

1) 背景图案的准备

(素材保存在"第 3 章素材"的"背景图"文件夹中)

准备 3 个背景图案,即"背景 1.jpg"、"背景 2.jpg"和"背景 3.jpg",如图 3-49 所示。

(a) 背景1.jpg   (b) 背景2.jpg   (c) 背景3.jpg

图 3-49 背景图案

2) 旅游景点图的准备

(素材保存在"第 3 章素材"的"各景点图"文件夹中)

"承德避暑山庄一日游"主要游览平原区和湖区,游览线路为"德汇门"→"水心榭"→"金山亭"→"热河泉"→"六和塔"→"烟雨楼"→"丽正门"。

根据以上游览线路准备各景点图,如图 3-50 所示。

3) 旅游景点介绍的准备

(素材保存在"第 3 章素材"的"景点介绍"文件夹中)

• 德汇门

在丽正门的东侧,东宫的前面宫墙上另辟大门,称德汇门,为重台城门,与丽正门相仿。

• 水心榭

水心榭在避暑山庄东宫的最北部,是宫殿区与湖区的重要通道。其建于康熙四十八年(1709),初建山庄时,这里只是湖区界墙上的出水闸。山庄扩建,在下湖与银湖间架石为桥,桥上建了一座亭榭。榭在水中,东为青翠荷叶接天碧,映日荷花点点红,西为银涛万叠,波光粼粼,楼台倒影,恰似空中楼阁,构成一幅色彩丰富的图画。

(a) 德汇门　　　　　　(b) 水心榭　　　　　　(c) 金山亭　　　　　　(d) 热河泉

(e) 六和塔　　　　　　　　　(f) 烟雨楼　　　　　　　　　(g) 丽正门

图 3-50　各景点图

- 金山亭

金山亭在避暑山庄澄湖东侧,是仿江苏镇江的金山而建,包括"康熙三十六景"第十八景的"天宇咸畅"和第三十二景"镜水云岑"两组建筑。山之南麓有石阶通水溪,石阶北为门殿,山半有镜水云岑殿,山上有天宇咸畅殿,山巅有上帝阁。自西侧水溪芳洲亭起,有形如半月的爬山廊将各殿宇连通,上帝阁当年中层供奉真武,上层供奉玉帝。循阁内木梯登阁,宛如置身于镇江金山的妙高峰上。

- 热河泉

热河泉在避暑山庄湖区东北隅,是山庄湖泊的主要水源。其地流泉四涌,汇成碧波千顷,源远流长。严冬季节,热气蒸腾,有云蒸霞蔚之状;夏季清澈晶莹,冷砭肌骨。清帝曾夸它:"名泉亦多览,未若此为首"。湖畔立一块自然石,上刻"热河泉"三个秀美的大字。这里是热河泉的源头,清澈的泉水从地下涌出,流经澄湖、如意湖、上湖、下湖,自银湖南部的五孔闸流出,沿长堤汇入武烈河。因此,1933 年泉旁曾树一碑,上刻"热河"二字,被当作世界上最短的河而列入《大英百科全书》,一时名扬于世。

- 六和塔

六和塔又称永佑寺,位于万树园东侧,建于乾隆十六年(1715 年),是山庄内九处寺庙之中规模最大的一处。永佑:取其永远保佑安宁的意思。它坐北朝南,沿中轴线依次排列山门、牌坊、天王殿、正殿、后殿、舍利塔及御容楼等建筑。原殿中供奉弥勒、三世佛、八大菩萨和无量寿佛等。御容楼是专门供奉清代已亡皇帝画像的地方。康熙皇帝死后,他的画像即供于这所楼上;每年,乾隆到山庄的第一项活动,就是到这里祭拜。后来雍正和乾隆的画像也供奉于此。现永佑寺除舍利塔及四座石碑外均已无存。四座碑文分别是《永佑寺碑文》、《永佑寺舍利塔记》、《避暑山庄后序》、《避暑山庄百韵诗序》。

- 烟雨楼

烟雨楼在避暑山庄如意洲之北的青莲岛上,是乾隆十五年(1780)仿浙江嘉兴南湖(鸳鸯湖)之烟雨楼而建的。楼自南而北,前为门殿,后有楼两层,红柱青瓦,面阔五间,进深二间,单檐,四周有廊。上层中间悬有乾隆御书"烟雨楼"匾额。楼东为青阳书屋,是皇帝读书的地方,楼西为对山齐,两者均三间,楼、斋、书屋之间有游廊连通,自成精致的院落。东北为一座八角轩亭,东南为一座四角方亭,西南叠石为山,山上有六角凉亭,名翼亭,山下洞穴迂回,可沿石磴盘旋而上,也可穿过嵌空的六孔石洞,出日嘉门,到烟雨楼。烟雨楼为澄湖视高点,凭栏远望,万树园、热河泉、永佑寺等历历在目。夏秋时湖中荷莲争妍,湖上雾漫,状若烟云,别有一番景色。

- 丽正门

丽正门建于乾隆 19 年(1754 年),在建筑风格上,继承了我国明代"门上筑墩起楼以壮奇观"的作法,下设三开间门洞,上建城堞(堞,城上如齿状的矮墙)和阙楼(供瞭望的楼),不管是远望还是近观,都给人以雄伟壮观之感。在中门上额的石匾上,刻着用满、藏、汉、维、蒙五种字题写的"丽正门"门额,其中汉文为乾隆皇帝御笔。用五种文字雕刻同一块匾,象征清王朝是一个统一的多民族国家。

4)其他辅助素材的准备

(素材保存在"第 3 章素材"的"辅助素材"文件夹中)

3. 多媒体课件制作

1)第 1 张幻灯片

新建一个空白演示文稿,幻灯片版式为"空白"。在"设计"选项卡的"背景样式"下选择"设置背景格式"命令,打开"设置背景格式"对话框,在"填充"选项下选中"图片或纹理填充"单选按钮,单击"文件"按钮,打开"插入图片"对话框。然后选择"背景 1.jpg"文件并单击"插入"按钮,输入文本"承德避暑山庄一日游"并设置格式,如图 3-51 所示。

2)第 2 张幻灯片

插入一张新幻灯片并设置背景,背景图片文件为"背景 3.jpg"。再插入"图片 1.jpg"和"图片 2.jpg",输入文本"教学目标"、"重点难点"、"教学小结"和"教学过程"并设置格式,如图 3-52 所示。

图 3-51　第 1 张幻灯片

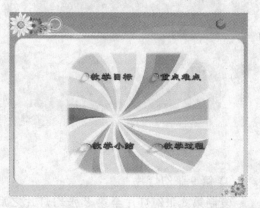

图 3-52　第 2 张幻灯片

3)第 3 张幻灯片

插入一张新幻灯片并设置背景,背景图片文件为"背景 2.jpg",然后输入文本"教学目标",如图 3-53 所示。

4)第 4 张幻灯片

复制第 2 张幻灯片至第 3 张幻灯片之后,并修改相应内容,如图 3-54 所示。

利用 *PowerPoint 2010* 制作 *CAI* 多媒体课件

图 3-53　第 3 张幻灯片　　　　　　　图 3-54　第 4 张幻灯片

5）第 5 张幻灯片

复制第 3 张幻灯片至第 4 张幻灯片之后，并将"教学目标"改为"重点、难点"。

6）第 6 张幻灯片

复制第 4 张幻灯片至第 5 张幻灯片之后，并修改相应内容，如图 3-55 所示。

7）第 7 张幻灯片

复制第 3 张幻灯片至第 6 张幻灯片之后，并将"教学目标"改为"教学过程"。

8）第 8 张幻灯片

复制第 4 张幻灯片至第 7 张幻灯片之后，并修改相应内容，如图 3-56 所示。

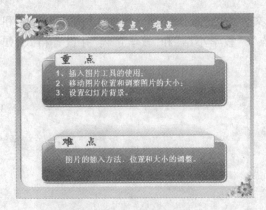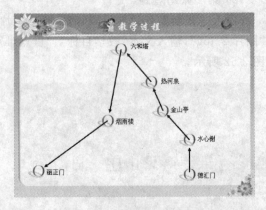

图 3-55　第 6 张幻灯片　　　　　　　图 3-56　第 8 张幻灯片图

9）第 9 张幻灯片

复制第 8 张幻灯片至第 8 张幻灯片之后，并插入图片"五星. gif"，放在"德汇门"图标处，如图 3-57 所示。

10）第 10 张幻灯片

复制第 9 张幻灯片至第 9 张幻灯片之后，并插入图片"德汇门. jpg"，输入文本"德汇门"，如图 3-58 所示。

11）第 11 张幻灯片

复制第 10 张幻灯片至第 10 张幻灯片之后，删除"德汇门"图片，将"德汇门"的介绍文本

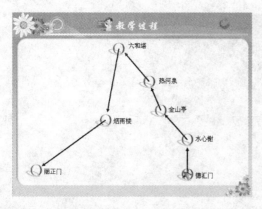
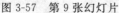

图 3-57 第 9 张幻灯片

图 3-58 第 10 张幻灯片

复制到本幻灯片中,并设置格式,如图 3-59 所示。

12) 第 12 张幻灯片

复制第 9 张幻灯片至第 11 张幻灯片之后,将图片"五星"移动到"水心榭"图标处。

13) 第 13~29 张幻灯片

根据上述方法,依次制作"水心榭"、"金山亭"、"热河泉"、"六和塔"、"烟雨楼"、"丽正门"的图片显示幻灯片和景点介绍幻灯片,这里不再赘述。

14) 第 30 张幻灯片

复制第 3 张幻灯片至第 29 张幻灯片之后,并将文本"教学目标"改为"教学小结"。

15) 第 31 张幻灯片

复制第 4 张幻灯片至第 30 张幻灯片之后,并修改相应内容,如图 3-60 所示。

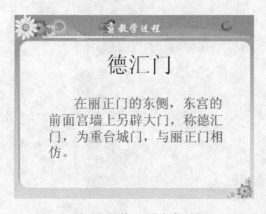

图 3-59 第 11 张幻灯片

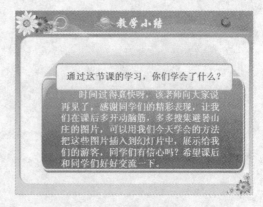

图 3-60 第 31 张幻灯片

16) 第 32 张幻灯片

复制第 1 张幻灯片至第 31 张幻灯片之后,并将文本"承德避暑山庄一日游"改为"谢谢大家!",如图 3-61 所示。

17) 其他操作

(1) 根据需要设置幻灯片的"切换"效果和每张幻灯片中的文本及图片的动画效果。

(2) 根据需要录制旁白。

图 3-61   第 32 张幻灯片

（3）放映多媒体课件。

（4）发布打包多媒体课件。

第4章 利用 Flash CS5 制作 CAI 多媒体课件

4.1 Flash 概述

Flash 是一种多媒体网络交互动画制作软件,设计人员和开发人员可以利用它来创建演示文稿、应用程序和其他允许用户交互的内容。Flash 支持动画、声音及交互,具有强大的多媒体编辑功能,可以包含简单的动画、视频内容,复杂的演示文稿和应用程序,以及介于它们之间的任何内容。用户可以通过添加图片、声音、视频和特殊效果,构建包含丰富媒体的 Flash 应用程序。本章以 Flash CS5 为工具,介绍 Flash 在计算机辅助教学多媒体课件设计中的应用。

4.1.1 Flash 的特点

Flash 动画结合了流控制技术和矢量技术,Flash 动画记录的是关键帧和控制动作,生成的动画文件非常小。与传统的动画相比,Flash 动画具有图文并茂、流媒体传输和受限制小等特点,同时还具有强大的交互功能。

1. 使用矢量技术,文件短小精悍

用 Flash 软件制作的动画是矢量动画。矢量图与分辨率无关,它是由矢量的数学对象所定义的直线和曲线组成的,将它缩放到任意大小或以任意分辨率在输出设备上输出,都不会遗漏细节或降低清晰度,同时动画文件在放大和缩小时不会失真。在创建同等效果的动画时,Flash 动画文件要比其他格式的动画文件小得多,便于存储和网络传输。这主要是因为 Flash 是矢量动画,它利用数学函数及一定的参数来生成图形。例如,一条抛物线可以用一个一元二次方程来表示,这个方程式就是这条抛物线的矢量表示,绘制这条抛物线只需要这个方程即可,而其他动画文件则要记录抛物线上的每一个点的位置。因此,矢量动画文件的大小比其他动画文件小得多。

2. 使用流媒体技术,易于网络传播

Flash 播放器在下载 Flash 影片时采用了流媒体技术,这意味着动画文件在没有下载完毕之前就可以播放,即边下载边播放,而不用等到整个动画文件全部下载完成后才可以播放,大大缩短了等待的时间。

3. 具有强大的多媒体交互性

Flash 可以把声音、动画、图片、文字等多媒体元素交互融合在一起,既可以利用 Flash 创作出令人心动的动画电影、小巧的游戏软件,也可以利用 Flash 创作出"虚拟现实"的优秀的多媒体教学课件。

4. 通用性好

Flash 动画依靠其特有的 Flash Player 进行播放。Flash Player 作为一种插件可以嵌入

到不同类型、不同版本的浏览器中。

4.1.2 Flash 的应用

目前,Flash 已经成为网页动画的标准,在互联网中得到了广泛的应用,其应用涉及商业、娱乐、教育领域等。

(1) 网站动画:在网页中加入 Flash 动画可以起到修饰网页的作用,提高网页的动态效果。

(2) 多媒体教学课件:多媒体教学是一种现代教学手段,利用文字、实物、图像、声音等多种媒体元素向学生传递信息。使用 Flash 制作的语文、数学、化学、物理等课件极大地丰富了课堂教学的表现手法和表现方式。

(3) 动画卡片:利用 Flash 制作的艺术卡片,互动性强,具有极强的感染力,能够很好地表达亲人、朋友之间的问候和祝福。

(4) Flash 游戏:利用 Flash 的交互性可以制作小巧的寓教于乐的 Flash 游戏。

4.1.3 Flash CS5 的工作环境

在 Windows 操作系统下,双击桌面上的 Flash 应用程序图标,或单击"开始"按钮,选择"程序"→Adobe Flash Professional CS5 命令即可打开 Flash CS5 应用程序。

1. 开始界面

在 Flash CS5 启动完成后,界面中将首先显示开始页。开始页将启动 Flash CS5 后常用的操作集中放在一起,供用户随时调用。用户可以在该页面中选择从模板创建文档、新建文档、打开文档及学习等操作,如图 4-1 所示。

图 4-1　Flash CS5 开始界面

2. 工作界面

在开始界面中单击“新建”列表中的 ActionScript 3.0 选项，Flash 会创建一个空白的 Flash 文档。Flash CS5 的工作界面主要包括菜单栏、主工具栏、场景和舞台、时间轴、工具箱、“属性”面板和浮动面板等，如图 4-2 所示。

菜单栏
时间轴
主工具栏
工具箱
场景和舞台
浮动面板
属性面板

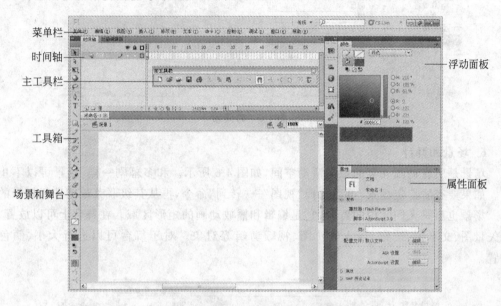

图 4-2　Flash CS5 的工作界面

3. 菜单栏

Flash CS5 的菜单栏中依次为“文件”、“编辑”、“视图”、“插入”、“修改”、“文本”、“命令”、“控制”、“调试”、“窗口”和“帮助”菜单，如图 4-3 所示。在每个菜单中包含与该菜单有关的菜单项，选择相应的菜单项或级联菜单项，可以完成相应的操作。

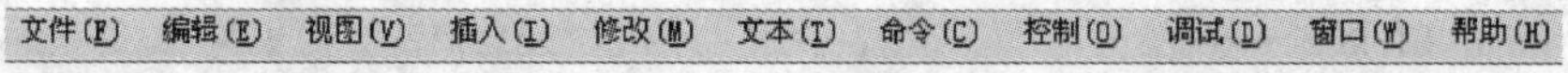

文件(F) 编辑(E) 视图(V) 插入(I) 修改(M) 文本(T) 命令(C) 控制(O) 调试(D) 窗口(W) 帮助(H)

图 4-3　菜单栏

4. 主工具栏

为方便使用，Flash CS5 将一些常用命令以按钮的形式组织在一起，置于工作界面的上方。主工具栏中依次为“新建”、“打开”、“转到 Bridge”、“保存”、“打印”、“剪切”、“复制”、“粘贴”、“撤销”、“重做”、“贴紧至对象”、“平滑”、“伸直”、“旋转与倾斜”、“缩放”和“对齐”按钮等，如图 4-4 所示。

主工具栏

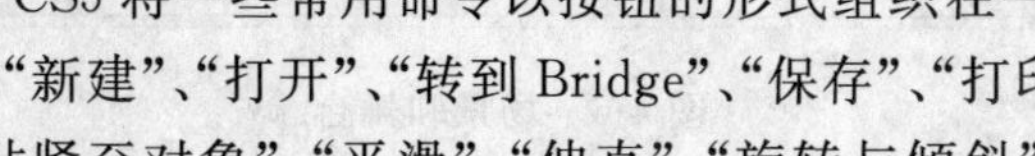

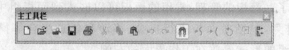

图 4-4　主工具栏

5. 时间轴

时间轴用于组织和控制文件内容在一定时间内播放。按照功能的不同，时间轴分为左、右两部分，分别为图层控制区、时间轴控制区。用户可以通过图层控制区来完成对图层的所有操作,可以通过时间轴控制区完成对帧的所有操作。这两部分是密切联系,不可分割的,如图 4-5 所示。

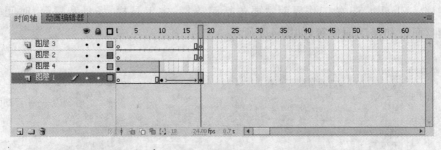

图 4-5　时间轴

6. 场景和舞台

场景是所有动画元素的最大活动空间,如图 4-6 所示。和多幕剧一样,场景可以不止一个。如果要查看特定场景,可以选择"视图"→"转到"命令,再从其级联菜单中选择场景的名称。场景也就是人们常说的舞台,它是编辑和播放动画的矩形区域。在舞台上可以放置、编辑矢量图、文本框、按钮、导入的位图、视频剪辑等对象。对于舞台可以进行大小、颜色等设置。

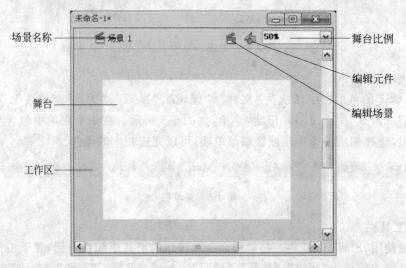

图 4-6　场景和舞台

7. "属性"面板

Flash CS5 加强了对面板的管理,常用的面板可以嵌入到面板组中。使用面板组,可以对面板的布局进行排列,包括对面板进行折叠、移动和任意组合等操作。在默认情况下,Flash CS5 的面板以组的形式停放在工作界面的右侧。

对于正在使用的工具或资源,使用"属性"面板可以很容易地查看和更改它们的属性,从而简化文档的创建过程。当选定某个对象时,如文本、组件、形状、位图、视频、组、帧等,"属性"面板可以显示其相应的信息和设置,如图 4-7 所示。

8．工具箱

工具箱提供了图形绘制和编辑的各种工具，如图 4-8 所示，它分为"工具"、"查看"、"颜色"和"选项"4 个功能区。

（1）"工具"功能区：该功能区中提供选择、创建、编辑图形的工具。

（2）"查看"功能区：使用该功能区中的工具可以改变舞台画面，以便更好地观察。

（3）"颜色"功能区：使用该功能区中的工具可以选择绘制、编辑图形的笔触颜色和填充颜色。

（4）"选项"功能区：不同工具有不同的选项，通过"选项"功能区可以为当前选择的工具进行属性设置。

图 4-7 "属性"面板

图 4-8 工具箱

9．动画编辑器

Flash CS5 使用动画编辑器来对每个关键帧的参数进行完全控制，这些参数包括旋转角度、大小、缩放、位置和滤镜等。在动画编辑器中，操作者可以借助曲线以图形的方式来控制缓动，如图 4-9 所示。

图 4-9 动画编辑器

4.1.4 设置 Flash CS5 的工作环境

在设计制作动画之前，首先需要将工作环境设置好，主要包括设置首选参数、自定义工具面板和设置工作区等。

1. 设置首选参数

在 Flash CS5 中,选择"编辑"→"首选参数"命令,打开"首选参数"对话框,如图 4-10 所示。"首选参数"对话框中主要有"常规"、ActionScript、"自动套用格式"、"剪贴板"、"绘画"、"文本"、"警告"、"PSD 文件导入器"和"AI 文件导入器"等类别。

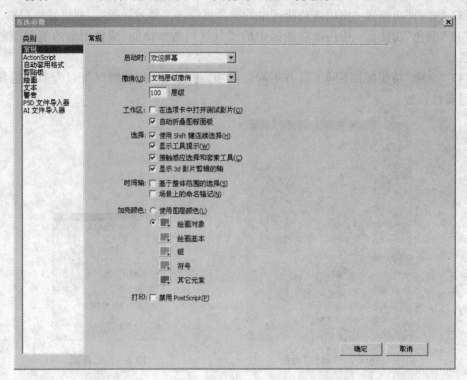

图 4-10 "首选参数"对话框

应用"首选参数"对话框,用户可以自定义一些常规操作的参数选项。

2. 自定义工具面板

选择"编辑"→"自定义工具面板"命令,打开"自定义工具面板"对话框,如图 4-11 所示。在该对话框左侧的"可用工具"列表框中,选择某工具,单击"增加"按钮,该工具将添加

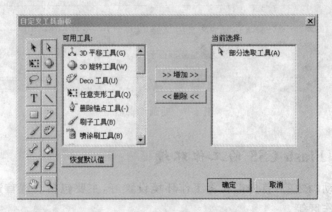

图 4-11 "自定义工具面板"对话框

到右侧的"当前选择"列表框中。在该对话框右侧的"当前选择"列表框中选择某工具,单击"删除"按钮,该工具将从"当前选择"列表框中删除。

单击"确定"按钮关闭"自定义工具面板"对话框,此时,"当前选择"列表框中的工具将出现在同一个工具组中。

3. 设置工作区

Flash CS5 提供了 6 种样式的工作区布局,分别为动画、传统、调试、设计人员、开发人员和基本功能。操作者可以根据不同的操作任务来选择工作区布局,并且操作者也可以建立自己的工作区,并在以后的工作中使用。

4.1.5 文档的基本操作

文档的操作内容很多,本节仅介绍有关文档的基本操作。

1. 创建空白文档

选择"文件"→"新建"命令,打开"新建文档"对话框,如图 4-12 所示。

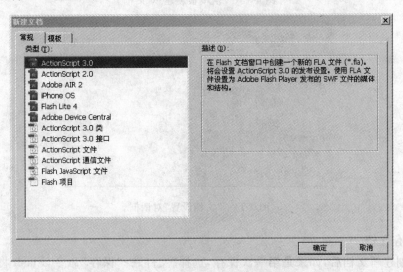

图 4-12 "新建文档"对话框

在"常规"选项卡的"类型"列表框中选择需要创建的新文档类型,单击"确定"按钮即可创建一个新文档。

2. 从模板创建文档

Flash CS5 提供了各种类型的应用模板供用户选择使用,将"新建文档"对话框切换到"模板"选项卡,此时对话框变为"从模板新建"对话框,如图 4-13 所示。

在该对话框的"类别"列表框中选择需要使用的模板类型,在"模板"列表框中选择需要使用的模板,单击"确定"按钮,即可使用该模板创建新文档。

3. 设置文档属性

在默认情况下,新建文档的舞台大小是 550 像素×400 像素,舞台背景色为白色。实际上,用户可以根据需要对新文档的属性进行设置。选择"修改"→"文档"命令,打开"文档设置"对话框进行设置即可,如图 4-14 所示。

图 4-13 "从模板新建"对话框

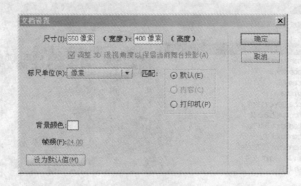

图 4-14 "文档设置"对话框

4. 保存文档

用户创建新文档后,如果是第一次保存,选择"文件"→"保存"命令,Flash 将打开"另存为"对话框,如图 4-15 所示。

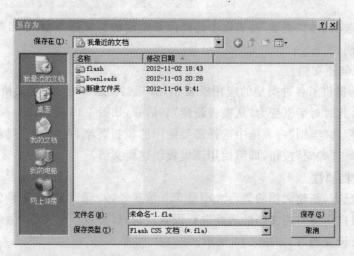

图 4-15 "另存为"对话框

使用该对话框用户可以设置动画文件保存的位置和文件名，完成设置后，单击"保存"按钮文档即被保存。

如果文档已经被保存，修改后，选择"文件"→"保存"命令，不再打开"另存为"对话框，直接覆盖原文档。此时，只有选择"文件"→"另存为"命令，才打开"另存为"对话框。

5. 将文档保存为模板

Flash 允许将文档保存为模板，选择"文件"→"另存为模板"命令，打开"另存为模板"对话框，如图 4-16 所示。

在该对话框的"名称"文本框中输入模板的名称，在"类别"下拉列表框中选择模板类型，在"描述"文本框中输入对模板的描述。完成设置后，单击"保存"按钮，即可将动画以模板的形式保存。

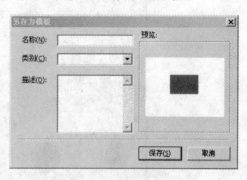

图 4-16 "另存为模板"对话框

6. 打开文档

启动 Flash CS5 后，选择"文件"→"打开"命令，打开"打开"对话框，如图 4-17 所示。在该对话框中选择需要打开的文件后，单击"打开"按钮，即可在 Flash 中打开该文件。

图 4-17 "打开"对话框

7. 关闭文档

在 Flash CS5 中，文档在程序界面中以选项卡的形式打开，单击文档标签上的"关闭"按钮，可以关闭该文档。

4.1.6 影片的测试和发布

1. 预览和测试动画

选择"控制"→"测试影片"→"测试"命令，或直接按 Ctrl＋Enter 组合键，即可在 Flash 播放器中预览动画效果，如图 4-18 所示。

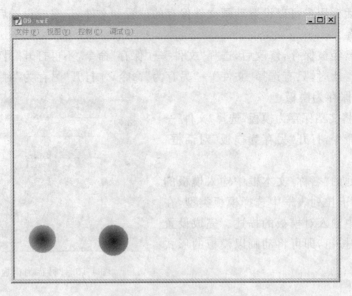

图 4-18　Flash 播放器

　　选择"窗口"→"工具栏"→"控制器"命令，打开"控制器"面板，如图 4-19 所示。单击其中的"播放"按钮，动画将在舞台上播放。用户通过面板上的其他按钮，可以对动画的播放进行控制，如单击"前进一帧"按钮，可以使动画向前进行逐帧播放。

2. Flash 文件的导出

　　选择"文件"→"导出"→"导出影片"命令，打开"导出影片"对话框，如图 4-20 所示。

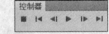

图 4-19　"控制器"面板

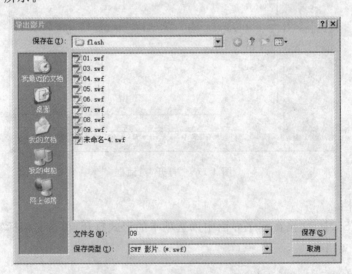

图 4-20　"导出影片"对话框

　　在该对话框中选择文件的保存路径并设置导出文件的文件名，将导出文件的类型设置为"SWF 影片（＊.swf)"，完成设置后，单击"保存"按钮即可将作品导出为 Flash 影片文件。

3. Flash 文件的发布设置

Flash 文件能够导出为多种格式,为了提高制作效率,避免在每次发布时都进行设置,可以在"发布设置"对话框中对需要发布的格式进行设置。选择"文件"→"发布设置"命令,打开如图 4-21 所示的"发布设置"对话框进行设置,设置完成后,只需要选择"文件"→"发布"命令,即可按照设置直接将文件导出发布了。

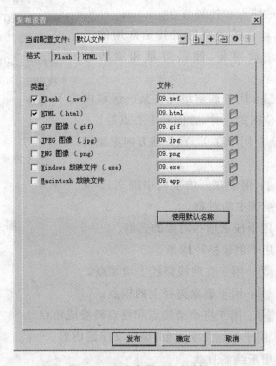

图 4-21 "发布设置"对话框

4.2 图形的绘制与编辑

在 Flash CS5 中,可以使用线条、椭圆、矩形和多角星形等工具绘制基本图形,可以使用钢笔、铅笔等工具进行精细图形的绘制,还可以对已经绘制的图形进行旋转、缩放、扭曲等变形操作。另外,使用 Deco 工具可以使绘图工作效率更高。这些工具被放置在工具箱中,工具箱如图 4-22 所示。

在 Flash CS5 中,把功能相近的几个工具放置在同一个工具按钮中,按钮右下角带有小黑三角的表示其下有多个工具,用鼠标按住该按钮不放,停留片刻后会把该按钮下的所有工具显示出来,把鼠标拖动到想用的工具上松开,即选中该工具。

使用工具的方法是,单击工具箱中的工具按钮或直接在键盘上按下工具名称后括号中的字母,使该工具成为当前工具,然后在工作区中进行操作。

下面介绍各工具的使用方法。

- 选择工具 ▶ :选择工具是 Flash 工具箱中最常用的工具,除钢笔工具和部分选取工具外,在使用其他任何绘图工具时,都可以用按下 Ctrl 键的方法暂时切换成选择工具,在对动画编辑区外的对象进行正常操作时有时也需要切换成选择工具。选择工具可以用来选择对象、移动对象、复制对象和修改对象。

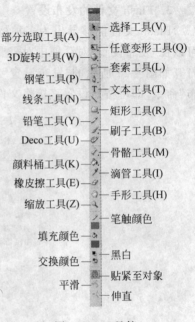

部分选取工具(A)—
3D旋转工具(W)—
钢笔工具(P)—
线条工具(N)—
铅笔工具(Y)—
Deco工具(U)—
颜料桶工具(K)—
橡皮擦工具(E)—
缩放工具(Z)—
填充颜色—
交换颜色—
平滑—

—选择工具(V)
—任意变形工具(Q)
—套索工具(L)
—文本工具(T)
—矩形工具(R)
—刷子工具(B)
—骨骼工具(M)
—滴管工具(I)
—手形工具(H)
—笔触颜色
—黑白
—贴紧至对象
—伸直

图 4-22　工具箱

- 部分选取工具 ：部分选取工具用于移动路径和调整路径上的锚点和控制节点。
- 任意变形工具 ：任意变形工具是常用的工具,可以用来缩放对象、倾斜对象和旋转对象等。
- 渐变变形工具 ：用于调整填充在某一区域内的渐变色或者位图的尺寸、方向和中心点等。
- 3D 旋转工具 ：用于在 X、Y、Z 轴方向上旋转被选中的对象。
- 3D 平移工具 ：用于在三维空间中的 X、Y、Z 轴方向上移动被选中的对象。
- 套索工具 ：用于任意形状对象的选取。
- 钢笔工具 ：用于创建路径线条。
- 添加锚点工具 ：用于在曲线路径上增加点。
- 删除锚点工具 ：用于删除路径上的锚点。
- 转换锚点工具 ：用于将平滑锚点和拐点转换成角点。
- 文本工具 T ：用于创建文字对象,编辑文字的内容。
- 线条工具 ：用于绘制直线。
- 矩形工具 ：用于绘制矩形和正方形,直接拖动绘制矩形,按下 Shift 键拖动绘制正方形。
- 椭圆工具 ：用于绘制椭圆和圆形,直接拖动绘制椭圆,按下 Shift 键拖动绘制圆形。
- 基本矩形工具 ：同矩形工具,绘制的是非矢量图形,不可以用橡皮擦、选择等工具直接编辑。
- 基本椭圆工具 ：同椭圆工具,绘制的是非矢量图形,不可以用橡皮擦、选择等工具直接编辑。
- 多角星形工具 ：用于绘制多边形和多角星形。
- 铅笔工具 ：用于绘制任意形状的笔触线条。
- 刷子工具 ：用于填涂和绘制任意形状的填充色块。
- 喷涂刷工具 ：用于以喷雾的方式绘制图形。
- Deco 工具 ：用于在区域范围内绘制图案。
- 骨骼工具 ：用于连接多个对象,使对象间产生类似骨骼的运动效果。
- 绑定工具 ：用于编辑单个骨骼和形状控制点之间的连接。
- 墨水瓶工具 ：用于修改笔触颜色。

- 颜料桶工具 🪣：用填充颜色填充由笔触线条围成的封闭区域或修改填充色块的颜色。
- 滴管工具 ✏：用于获取动画编辑区中对象的笔触颜色或填充颜色。
- 橡皮擦工具 ✐：用于擦除矢量图对象上的内容。
- 手形工具 ✋：用于移动舞台上对象的位置，以便于观察和编辑对象。
- 缩放工具 🔍：用来改变舞台上所有对象的显示比例。
- 笔触颜色 ✐■：用于修改工具箱中可以绘制笔触颜色的着色工具(线条、铅笔、钢笔、矩形、椭圆、墨水瓶等工具)的笔触颜色，也可以修改选中对象的笔触颜色。
- 填充颜色 🪣■：用于修改工具箱中可以绘制色块的着色工具(矩形、椭圆、颜料桶等工具)的填充颜色，也可以修改选中对象的色块颜色。
- 黑白 ▣：用于将笔触颜色设置为黑色，将填充颜色设置为白色。
- 交换颜色 ▣：用于交换笔触和填充颜色。
- "选项"功能区："选项"功能区中的按钮会随着绘图工具的不同而变化。

4.2.1 绘制简单图形

Flash 动画由基本图形组成，若想制作出高质量的动画效果，用户必须熟练掌握 Flash CS5 中各种绘图工具的使用。每一个 Flash 形状都有各自的构成元素，其中基本的构成元素包括线条、椭圆、矩形和多角星形等。

1. 使用线条工具

在 Flash CS5 中，线条工具主要用于绘制不同角度的矢量直线。在工具箱中选择线条工具，将鼠标指针移动到舞台上，其显示为"十"字形状，按住鼠标左键向任意方向拖动，即可绘制出一条直线。如果要绘制垂直或水平直线，按住 Shift 键，然后按住鼠标左键拖动即可，用此方法还可以绘制以 45°为角度增量倍数的直线。

2. 使用矩形和基本矩形工具

选择工具箱中的矩形或基本矩形工具，在工作区中按住鼠标左键拖动，即可开始绘制矩形。如果在绘制时按住 Shift 键，可以绘制正方形。

3. 使用椭圆和基本椭圆工具

选择工具箱中的椭圆或基本椭圆工具，在工作区中按住鼠标左键拖动，即可绘制出椭圆。如果在绘制时按住 Shift 键，可以绘制圆形。

4. 使用多角星形工具

在绘制几何图形时，多角星形工具也是常用的工具。使用多角星形工具可以绘制多边形和多角星形，在实际动画的制作过程中，这些图形应用较多。

应用实例 1：绘制长方体

具体步骤如下：

(1) 新建文档。

(2) 选择工具箱中的矩形工具，绘制黑色线条的矩形，然后使用选择工具，按住 Alt 键复制出另一个矩形，如图 4-23 所示。

使用线条工具，将两个矩形的顶点一一对应地连接起来，然后切换到选择工具，判断长方体各个面的可见性,将不可见的线条删除,结果如图 4-24 所示。

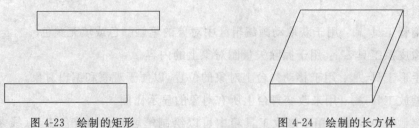

图 4-23 绘制的矩形   图 4-24 绘制的长方体

应用实例 2:绘制月亮和星星

最终效果如图 4-25 所示。

具体步骤如下:

(1)新建文档。

(2)通过"属性"面板设置背景颜色为"蓝色"。

(3)选择椭圆工具,设置笔触颜色为"无"、填充颜色为"白色",按住 Shift 键,在舞台上绘制一个圆形。

(4)更改笔触颜色为"无"、填充颜色为"红色"(只要不是白色均可),在舞台上再绘制一个圆形。

(5)使用选择工具选中红色的圆形,将其拖到白色的圆形上,如图 4-26 所示,在舞台空白处单击鼠标(取消选中)。再用选择工具选中红色的圆形,按下 Delete 键,得到月亮图形,如图 4-27 所示。

图 4-25 绘制的月亮和星星   图 4-26 将红色圆形拖动到白色圆形上

(6)单击矩形工具的下三角按钮,选择多角星形工具。然后在"属性"面板中单击"选项"按钮,打开"工具设置"对话框进行设置,如图 4-28 所示。

(7)设置笔触颜色为"无"、填充颜色为"黄色",在舞台上绘制多个星形。

4.2.2 绘制复杂图形

在使用 Flash CS5 绘制动画对象时,大多数情况下动画对象不会是规则图形,这时候需要用钢笔工具和铅笔工具进行图形的自由绘制。另外,使用部分选取工具可以对图形的节点进行调整,从而编辑图形;使用橡皮擦工具不仅可以修改绘制错误,还可以起到编辑图形的作用。

图 4-27　绘制的月亮图形

图 4-28　"工具设置"对话框

1. 使用钢笔工具

钢笔工具常用于绘制比较复杂、精确的曲线。在 Flash CS5 中,钢笔工具分为普通钢笔、添加锚点、删除锚点和转换锚点工具。在使用钢笔工具绘制路径的过程中,当将钢笔工具放置在选中的路径上时,鼠标指针会变为添加锚点形状;当将钢笔工具放置在锚点上时,鼠标指针会变为删除锚点的形状。默认情况下,选定的曲线点显示为空心圆圈,选定的转角点显示为空心正方形。如果要将线条中的线段从直线段转换为曲线段或者从曲线段转换为直线段,可以将转角点转换为曲线点或者将曲线点转换为转角点。

2. 使用部分选取工具

部分选取工具主要用于选择线条、移动线条,以及编辑节点和调整节点方向等。其使用方法和作用与选择工具类似,区别在于使用部分选取工具选中一个对象后,对象的轮廓线上将出现多个控制点。

3. 使用铅笔工具

在 Flash CS5 中,使用铅笔工具可以绘制任意线条。在工具箱中选择铅笔工具后,在所需位置按下鼠标左键拖动即可,在绘制时按住 Shift 键,可以绘制出水平或垂直方向的线条。

4. 使用橡皮擦工具

使用橡皮擦工具,可以快速擦除舞台上的任何矢量对象,包括笔触和填充区域。在使用该工具时,用户可以在工具箱中自定义擦除模式,以便只擦除笔触、多个填充区域或单个填充区域,还可以在工具箱中选择不同的橡皮擦形状。

应用实例:绘制波浪线

最终效果如图 4-29 所示。

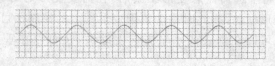

图 4-29　波浪线

具体步骤如下:

(1) 选择"视图"→"网格"→"显示网格"命令,舞台上显示出水平和垂直方向均为 10 个像素（默认值）的网格。

（2）在工具箱中选择钢笔工具，并在"属性"面板中设置笔触颜色、高度和样式。

（3）在舞台上按下鼠标左键沿网格的对角线进行拖曳绘制波浪线，如图 4-30 所示。

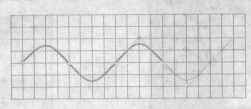

图 4-30 绘制波浪线

4.2.3 变形图形

对图形进行变形操作，可以调整图形在工作区中的比例，或者协调其与其他工作区中元素的关系。对象的变形主要包括翻转对象、缩放对象、任意变形对象、扭曲对象和封套对象等操作。

1. 使用"变形"命令

选择舞台上的图形对象，然后选择"修改"→"变形"命令，打开"变形"级联菜单，在其中选择需要的变形命令对图形变形即可。这里的变形命令与"变形"面板中的按钮和任意变形工具的功能相同。

2. 使用"变形"面板

选择对象后，选择"窗口"→"变形"命令，可以打开"变形"面板。使用"变形"面板不仅可以对图形对象进行较为精准的变形操作，还可以利用其"重制选区和变形"功能，依靠单一图形对象，创建出复合变形效果的图形。

3. 使用任意变形工具

任意变形工具可以用来对对象进行旋转、扭曲、封套等操作。选择工具箱中的任意变形工具，在工具箱中将显示"贴紧至对象"、"旋转与倾斜"、"缩放"、"扭曲"和"封套"等按钮。

- 旋转与倾斜：使用该按钮可以在垂直或水平方向上缩放对象，还可以在垂直和水平方向上同时缩放对象。倾斜对象是使选择对象沿着一个或两个轴倾斜。使用任意变形工具单击图形，将鼠标指针放到变形框的上下边框上，当其变为"‖"形状后，拖动鼠标即可实现对象的水平倾斜变形。将鼠标指针放到变形框的左右边框上，当其变为"⇌"形状后，拖动鼠标即可实现对象的垂直倾斜变形。

- 缩放：在工具箱中选择任意变形工具后，在需要变形的对象上单击，对象即被含有控制柄的变形框包围，此时拖动位于变形框上的控制柄可以对对象进行缩放操作。缩放对象可以在垂直或水平方向上缩放，还可以在垂直和水平方向上同时缩放。

- 扭曲：使用该按钮可以对对象进行锥化处理。选择工具箱中的任意变形工具，然后单击"扭曲"按钮，对选中对象进行扭曲变形即可。

- 封套：使用该工具可以对对象进行任意形状的修改。选择工具箱中的任意变形工具，然后单击"封套"按钮，选中对象，此时对象被一个带有锚点的边框包围，对于这个边框可以像矢量线条那样通过拖放锚点或是调整锚点拉出的方向线来修改形状。

应用实例：绘制花朵。

(1) 选择椭圆工具，在舞台上绘制一个椭圆。

(2) 选择任意变形工具，单击椭圆，并调整注册点到椭圆的下端。

(3) 选择"窗口"→"变形"命令，打开"变形"面板，如图 4-31 所示。

(4) 在"旋转"文本框中输入 30，然后单击"重制选区和变形"按钮 11 次，绘制出一个花朵图形。

(5) 选择部分选取工具，对花朵进行修饰，如图 4-32 所示。最后保存文件为"花朵"。

图 4-31　"变形"面板　　　　　　　　图 4-32　花朵

4.2.4　辅助绘图工具的使用

在 Flash CS5 中要想较好地完成绘图工作，仅仅使用绘图工具是不够的，还必须熟练使用辅助绘图工具，如手形工具、缩放工具和"对齐"面板等，这些工具在绘图时经常会用到。

1. 使用手形工具

当视图被放大或者舞台面积很大，整个场景无法在视图窗口中完整显示时，要查看场景中的某个局部，可以使用手形工具。

2. 使用缩放工具

缩放工具是最基本的视图查看工具，用于缩放视图的局部和全部。

3. 使用"对齐"面板

打开"对齐"面板，在该面板中可以进行排列对象的操作，当在舞台中有多个对象需要进行对齐与分布操作时尤其有用。选择"窗口"→"对齐"命令或者按 Ctrl＋K 组合键，可以打开"对齐"面板。

4.2.5　使用 Deco 装饰性绘画工具

Deco 工具是装饰性绘画工具，可以将创建的图形形状转变为复杂的几何图案。Deco 工具使用算术计算（称为过程绘图），这些计算将应用于"库"面板中创建的影片剪辑或图形元件。

1. "藤蔓式填充"效果

选择"藤蔓式填充"效果,可以用藤蔓式图案填充工作区、元件或封闭区域。用户还可以选择"库"中的元件替换叶子和花朵的插图,生成的图案将包含在影片剪辑中,而影片剪辑本身包含组成图案的元件。

2. "网格填充"效果

选择"网格填充"效果,可以用元件填充工作区、元件或封闭区域。将网格填充应用到工作区中后,如果移动填充元件或调整其大小,则网格填充将随之移动或改变大小。

3. "对称刷子"效果

选择"对称刷子"效果,可以围绕中心点对称排列元件。在工作区中绘制元件时将显示一组手柄,使用手柄,通过增加元件数、添加对称内容或者编辑和修改效果的方式可以控制对称效果。

4. "装饰性刷子"效果

"装饰性刷子"效果在进行 Flash 绘图时很有用,用户可以通过应用"装饰性刷子"效果,绘制出多种装饰线,例如梯形图案、绳形、星形、波浪线等。

5. "粒子系统"效果

使用"粒子系统"效果可以创建火、烟、水、气泡及其他效果的粒子动画。

6. 树刷子效果

通过"树刷子"效果可以快速创建树状插图,选择 Deco 工具后,在"属性"面板中选择"树刷子"效果,可以打开该效果的"属性"面板。打开"高级选项"卷展栏,在其下拉列表框中可以选择多种树的效果。

4.2.6 文本的创建与编辑

文本在 Flash 创作中很重要,本节仅介绍有关文本的基本操作。

1. 创建 TLF 文本

在 Flash CS5 中,默认的文本引擎是 TLF,使用工具箱中的文本工具可以创建两种类型的 TLF 文本,即点文本和区域文本。点文本容器的大小由其包含的文本所决定,而区域文本容器的大小与包含的文本量无关。在 Flash CS5 中,默认创建的是点文本。

1) 点文本

在工具箱中选择文本工具,在舞台上单击,就会出现一个文本框。在文本框中输入文本,文本框会随着文本的输入向右扩大。此时,文本框中的文字不会自动换行,在需要换行时,按 Enter 键即可。

2) 区域文本

在工具箱中选择文本工具,在舞台上向右拖动鼠标获得一个文本框,这个文本框就是一个文本容器。在文本框中输入文本时,文本的输入范围将被限制在这个容器中,即当文本超出了这个范围时将会自动换行。

2. 创建传统文本

在 Flash CS5 中,用户可以创建 3 种传统文本,它们是静态文本、动态文本和输入文本。其中,静态文本显示不会动态改变字符的文本,动态文本显示可以动态更新的文本,输入文本可以使用户将文本输入到文本框中。

在文档中创建文本有两种方式,一种是不断加宽的文本,这种文本类似于 TLF 文本的点文本。另一种是固定宽度的文本,这种文本类似于 TLF 文本的区域文本。

3. 文本的选择

1）选择文本框中的文本

与常用的文本处理软件一样,在 Flash CS5 中要选择文本框中的文本,可以从要选择的第一个字符开始拖动鼠标到需要选择的最后一个字符。此时,鼠标指针拖动过的文本被选择,文本背景呈蓝色。

2）选择文本框中的所有文本

在工具箱中选择选择工具,在舞台上单击文本框,则该文本框被选择,文本框显示为蓝色的线框。此时,文本框中所有的文本被选择。

4. 文本的类型

根据文本在动画播放时的表现形式不同,TLF 文本包括 3 种类型的文本块,它们是只读、可选和可编辑。选择在舞台上创建的文本,在"属性"面板的"文本类型"下拉列表框中可以选择文本的类型,如图 4-33 所示。

- 只读:当文档作为 SWF 文件发布时,文本无法被选择或进行编辑。
- 可选:当文档作为 SWF 文件发布时,文本可以被选择并能被复制到剪贴板中,但不能进行编辑。
- 可编辑:当文档作为 SWF 文件发布时,文本可以被选择并可以进行编辑。

5. 文本的方向

在 Flash 文档中,文本有两种排列方向,它们是水平方向和垂直方向。对于文本的排列方向,可以在"属性"面板的"改变文本方向"下拉列表框中进行选择,如图 4-34 所示。

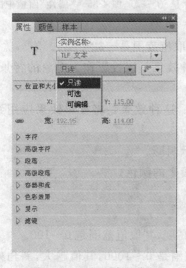

图 4-33　选择文本的类型

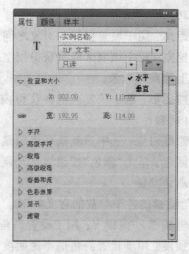

图 4-34　改变文本的方向

6. 设置字符样式

字符样式是应用于单个或多个字符的属性,其决定了字符的外观表现。在 Flash 中,要设置字符的样式,可以在文本的"属性"面板的"字符"和"高级字符"卷展栏中进行选择。

4.2.7 滤镜的使用

滤镜是一种特殊的软件处理模块,对某对象进行滤镜处理,可以产生特殊的艺术效果。

1. 滤镜的操作

Flash CS5 的滤镜可以应用于文本、影片剪辑和按钮等。为对象添加滤镜,可以通过"属性"面板的"滤镜"卷展栏进行设置。在"滤镜"卷展栏中,可以对滤镜进行添加、复制、粘贴,以及启用和禁用等操作,还可以对滤镜的参数进行修改。

在舞台上选择对象,在"属性"面板中展开"滤镜"卷展栏,单击"添加滤镜"按钮,在打开的菜单中单击需要使用的滤镜即可,如图 4-35 所示。

2. Flash 的滤镜效果

1)投影滤镜

投影滤镜的各个参数的含义如下。

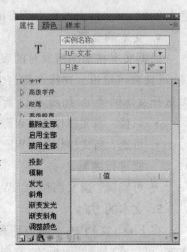

图 4-35 "属性"面板中的滤镜

- 模糊 X 和模糊 Y:用于设置投影的模糊程度,其值决定了投影的宽度和高度。其取值范围是 0～100,用户可以直接在数值上拖动鼠标或单击数值在文本框中输入数值来进行调整。
- 强度:用于设置投影的强烈程度,其取值范围是 0～100,数值越大,投影越强。
- 品质:用于设置投影的品质。在其下拉列表框中有 3 个选项,它们是"高"、"中"和"低",将品质设置得越高,投影就越清晰。
- 角度:用于设置投影的角度,其取值范围是 0～360。
- 距离:用于设置投影与对象之间的距离,其取值范围是-32～32。
- 挖空:选中该复选框将获得挖空效果。这种效果是以投影作为对象的背景,从视觉上隐藏源对象。
- 内阴影:选中该复选框将获得内阴影效果。这种效果是将投影效果应用到对象的内侧。
- 隐藏对象:选中该复选框将隐藏对象只显示阴影。
- 颜色:单击"颜色"按钮将打开调色板选择投影的颜色。

2)斜角滤镜

斜角滤镜的各个参数的含义如下。

- 模糊 X 和模糊 Y:用于设置斜角的宽度和高度,其取值范围是 0～100。
- 强度:用于设置斜角的不透明度,其取值范围是 0～1000,其值越大,斜角效果越明显,但值的大小不会影响其宽度。
- 品质:设置斜角的品质,有"高"、"中"和"低"3 个选项供用户选择,品质越高,斜角越明显。
- 阴影:单击该按钮可以打开调色板拾取阴影的颜色。
- 加亮显示:设置斜角加亮的颜色。

- 角度：设置斜角的角度，其取值范围是 0～360。
- 距离：设置斜角的宽度，其取值范围是 -32～32。
- 挖空：选中该复选框，将从视觉上隐藏源对象，只显示对象上的斜角。
- 类型：该下拉列表框用于设置应用到对象的斜角类型，其选项包括"内侧"、"外侧"和"全部"。

3）渐变发光滤镜

渐变发光滤镜的各个参数的含义如下。

- 模糊 X 和模糊 Y：用于设置斜角的宽度和高度，其取值范围是 0～100。
- 强度：用于设置斜角的不透明度，其取值范围是 0～1000，其值越大，斜角效果越明显，但值的大小不会影响其宽度。
- 品质：设置斜角的品质，其有"高"、"中"和"低"3 个选项供用户选择，品质越高，斜角越明显。
- 角度：设置斜角的角度，其取值范围是 0～360。
- 距离：设置斜角的宽度，其取值范围是 -32～32。
- 挖空：选中该复选框，将从视觉上隐藏源对象，只显示对象上的斜角。
- 类型：该下拉列表框用于设置应用到对象的斜角类型，其选项包括"内侧"、"外侧"和"全部"。如果选择"内侧"或"外侧"，则在对象的内侧或者外侧应用斜角效果。如果选择"全部"，则在对象的内侧和外侧都应用斜角效果。
- 渐变：用于设置发光的渐变颜色。

4）调整颜色滤镜

调整颜色滤镜的各个参数的含义如下。

- 对比图：调整对象的对比度，其取值范围是 -100～100。
- 亮度：调整对象的亮度，其取值范围是 -100～100。
- 饱和度：调整对象颜色的饱和度，其取值范围是 -100～100。
- 色相：调整颜色的色相，其取值范围是 -100～100。

4.2.8　辅助工具

1. 标尺

标尺是丈量物体尺寸的工具，在 Flash 中使用标尺可以获知光标所在的坐标位置、动画角色放置的坐标位置，还可以大概预测动画角色的大小尺寸。

选中"查看"→"标尺"命令，即可启动标尺功能。

2. 网格

在 Flash 创作环境中，网格具有控制对象定位的功能，同时也为用户绘制矢量图提供了方便。

选中"查看"→"网格"→"显示网格"命令，即可在舞台上显示网格。

3. 辅助线

辅助线用来定位、辅助整个动画的创建，并且可以随时移动定位。

在显示标尺的情况下，将鼠标指针定位在标尺上按住鼠标左键，向舞台位置进行拖动即可添加辅助线。

4.3 元件、实例和库

1. 元件和实例

元件和实例是 Flash 动画中的重要元素。元件是可以重复使用的图形、按钮或影片剪辑,而实例则是元件在舞台中的具体体现。

使用元件的优点如下:

(1) 使用元件可以使影片的编辑简单化。如果对某个元件进行修改,那么应用到影片中的所有实例也会做相应的修改。

(2) 使用元件可以缩减影片文件的大小,因为对同一个元件多次使用所占用的空间要比保存全部具体对象所占用的空间小得多。

(3) 使用元件还可以加快电影的播放速度,因为元件下载到浏览器中只需要一次,无须重复下载。

2. 元件的类型

(1) 图形元件(Graphic):图形元件是动画制作的基本元素之一,是元件的一种最原始的形式,其与影片剪辑元件类似,可以放置其他元件和各种素材。图形元件也有自己的独立的时间轴,可以创建动画,但其不具有交互性,无法像影片剪辑元件那样添加滤镜效果和声音。

(2) 按钮元件(Button):按钮元件用于创建交互式按钮。按钮用于在动画中实现交互,有时也可以使用它来实现某些特殊的动画效果。一个按钮元件有 4 种状态,即弹起、指针经过、按下和点击,每种状态可以通过图形或影片剪辑来定义,同时可以为其添加声音。在动画中一旦创建了按钮,就可以通过 ActionScript 脚本来为其添加交互动作。

(3) 影片剪辑元件(Movie Clip,MC):影片剪辑元件实际上是可重复使用的动画片段,其拥有相对于主时间轴独立的时间轴,也拥有相对于舞台的主坐标系独立的坐标系。它是一个容器,可以包含一切素材,如用于交互的按钮、声音、图片和图形等,甚至可以是其他的影片剪辑元件。同时,在影片剪辑中也可以添加动作脚本来实现交互和复杂的动画操作。通过对影片剪辑元件添加滤镜或设置混合模式,可以创建各种复杂的效果。在影片剪辑元件中,动画是可以自动循环播放的,当然也可以用脚本来进行控制。

创建元件的方法是,选择“插入”→“新建元件”命令,打开“创建新元件”对话框进行设置,如图 4-36 所示。

转换元件的方法是,选择“修改”→“转换为元件”命令,打开“转换为元件”对话框进行设置,如图 4-37 所示。

3. 库及公用库

在 Flash 中,库用于存放动画元素,用来存储和管理用户创建的各种类型的元件,同时也可以放置导入的声音、视频、位图和其他各种可用的文件。在 Flash 中,库就像一个仓库,在合成动画时,只要从这个仓库中将需要使用的“部件”拿出来,应用到动画中即可。使用库能够给创作带来极大的方便,省略很多重复操作,且可以使不同文档之间共享各自库中的资源。

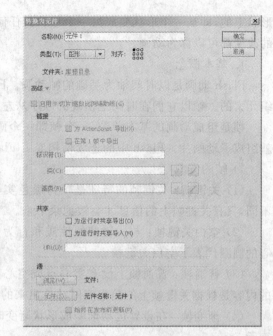

图 4-36　"创建新元件"对话框　　　　图 4-37　"转换为元件"对话框

在 Flash 中,库分为专用库和公用库两种类型。专用库,就是当前文档使用的库。公用库是 Flash 的内置库,其不能进行修改和相应的管理操作。在"窗口"菜单的"公用库"级联菜单中有 3 个命令,它们是"声音"、"按钮"和"类",分别对应 Flash 中的 3 种公用库。

选择"窗口"→"库"命令,即可打开"库"面板,如图 4-38 所示。

图 4-38　"库"面板

4.4　简单动画的制作

动画是一个创建动作或对象随时间变化的幻觉过程。动画可以是一个物体从一个地方到另一个地方的移动,或者是经过一段时间后颜色的改变,改变可以是形态上的,也可以是形状上的,即从一个形状变成另一个形状。任何随着时间发生的位置变化或者形态、形状上的改变都可以称为动画。

1. 基本概念

Flash 动画是以时间轴为基础的帧动画。Flash 动画是按照时间和空间的顺序排列、组织元素的。帧以它们在时间上出现的顺序从左向右依次排列,然后沿时间轴顺序播放。

帧是组成动画的基本单位,一个帧即一个画面,相当于电影中的一个画格,连续的画面就组成了动画片。Flash 中的连续帧构成了 Flash 动画。

1) 帧的类型

(1) 关键帧:关键帧的特征是帧为黑色实心的圆圈,其内容与其前后的帧的内容可以不同,只有关键帧上的信息才会被记录下来。

(2) 空白关键帧:与关键帧的性质和行为完全相同,但不包含任何内容。时间轴上空心的圆圈代表了空白关键帧。

(3) 普通帧:普通帧上没有实心点或空心点,其延续的是关键帧上的内容。普通帧上的内容是根据关键帧上的信息实时计算出来的。

(4) 渐变帧:在设置运动渐变或形状渐变时,两个关键帧之间的帧就是渐变帧,用箭头表示。

2) 帧频

每秒钟显示的帧数称为帧频,其单位为 fps。Flash CS5 默认的帧频为 24fps。

3) 时间轴

时间轴也称时间线,用来放置一系列帧画面,动画就是按照帧画面在时间轴上的先后顺序出现的,时间轴如图 4-39 所示。

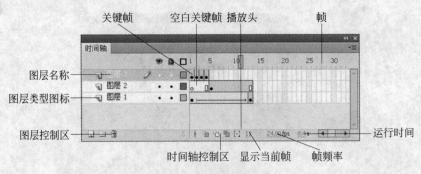

图 4-39 "时间轴"面板

在 Flash 中,时间轴用于组织和控制在一定时间内图层和帧中的内容。动画效果的好坏,取决于时间轴上帧的效果。在 Flash 中,时间轴上的每一格称为帧,帧是最小的时间单位。

在"时间轴"面板的左侧列出了文档的图层,图层就像堆叠在一起的多张幻灯片胶片,每个图层都有自己的时间轴,其位于图层名的右侧,包含了该图层动画的所有帧。在该面板的时间轴顶部显示了帧的编号,播放头指示出当前舞台中显示的帧。在舞台上测试动画时,播放头从左向右扫过时间轴,动画也将随之播放。

在制作动画时,当前帧中图像的绘制往往需要参考前后帧中的图像,这样才能获得逼真且流畅的动画效果。在制作动画时,使用洋葱皮功能,在编辑当前帧的图像时,可以同时显示其他帧中的内容。

下面介绍关于帧的基本操作。

(1) 选择单帧:在"时间轴"面板中,用户可以根据需要选择帧。帧被选择后,在时间轴上该帧将会显示为灰色,同时该帧中所有的对象将被选择。在时间轴上单击需要选择的帧,则该帧将被选中。

(2) 选择连续的多个帧:在时间轴上单击选择一个帧,在时间轴的另一个帧上按住Shift 键单击,则这两个帧之间的所有帧被选择。

(3) 选择非连续的多个帧:在时间轴上按住"Ctrl"键依次单击需要选择的帧,则这些帧将会被同时选择。

(4) 插入帧:制作动画时,在某一时刻需要定义对象的某个状态,这个时刻所对应的帧就是关键帧。实际上,关键帧就是用于定义动画变化或包含脚本动作的帧。在 Flash 中可以通过在两个关键帧之间补间或填充帧来产生动画,关键帧包括关键帧、空白关键帧和属性关键帧 3 种类型。

(5) 删除和清除帧:右击时间轴上的一个关键帧,选择快捷菜单中的"清除帧"命令,此时该关键帧中的内容将被清除,关键帧变为空白关键帧。右击时间轴上的一个关键帧,选择快捷菜单中的"删除帧"命令,则该关键帧将被删除。在时间轴上右击一个关键帧,选择快捷菜单中的"清除关键帧"命令,则该关键帧将被清除。

4) 图层

图层是用来绘制画面的容器,一个时刻显示的画面可能由很多个图层组成。图层就像一层透明的白纸,当一层一层叠加上去之后,透过上一层的空白部分可以看见下一层的内容,而上一层中的内容能够遮盖下一层上的内容。通过更改图层的叠放顺序,可以改变用户在舞台上最终看见的内容,并且对图层上的对象进行修改,不会影响其他图层中的对象。因此,在制作动画时,图层用于组织文档中不同的元素。

2. 逐帧动画

逐帧动画是一种与传统动画创作技法相类似的动画形式,是 Flash 中一种重要的动画制作模式。逐帧动画是在时间轴上逐帧地绘制内容,这些内容是一张张不动的画面,但画面之间又逐渐发生变化。当动画在播放时,这一帧一帧的画面连续播放就会产生动画效果。

逐帧动画在绘制时具有很大的灵活性,几乎可以表现任何需要表现的内容。在 Flash中,若要创建逐帧动画,先将每个帧都定义为关键帧,然后为每个帧创建不同的图像。每个新关键帧最初包含的内容和它前面的关键帧是一样的,因此可以递增地修改动画中的帧。

具体步骤如下:

(1) 单击一个图层名称使之成为活动图层,然后在该图层中选择一个帧作为开始播放动画的帧。

(2) 如果该帧不是关键帧,选择"插入"→"时间轴"→"关键帧"命令,插入一个关键帧。

(3) 在序列的第一个关键帧上创建插图,可以使用绘图工具绘制图形,也可以从剪贴板中粘贴图形或导入一个文件。

(4) 若要添加内容和第一个关键帧内容一样的新关键帧,单击同一行中右侧的下一个帧,然后选择"插入"→"时间轴"→"关键帧"命令。

(5)若要设置动画接下来的增量内容,更改舞台上该帧的内容。

(6)若要完成逐帧动画序列,重复执行第(4)步和第(5)步,直到创建了所需的动作。

(7)若要测试动画序列,选择"控制"→"播放"命令或单击"控制器"面板上的"播放"按钮。

3. 补间动画

Flash CS5 支持两种类型的补间来创建动画,一种是补间动画,一种是传统补间。这两种类型的补间各具特点,补间动画和传统补间之间的差异为:传统补间使用关键帧,关键帧是其中显示对象的新实例的帧。补间动画只能具有一个与之关联的对象实例,并使用属性关键帧而不是关键帧。补间动画在整个补间范围上由一个目标对象组成。补间动画和传统补间都只允许对特定类型的对象进行补间。若应用补间动画,则在创建补间时会将所有不允许的对象类型转换为影片剪辑,而应用传统补间会将这些对象类型转换为图形元件。补间动画会将文本视为可补间的类型,而不会将文本对象转换为影片剪辑。传统补间会将文本对象转换为图形元件。在补间动画范围上不允许帧脚本,传统补间允许帧脚本。补间目标上的任何对象脚本都无法在补间动画范围中更改。

1)补间动画

补间动画是 Flash CS5 中的一种动画类型,其是从 Flash CS4 开始引入的。相对于以前版本中的补间动画,这种补间动画类型具有功能强大且操作简单的特点,用户可以对动画中的补间进行最大限度的控制。

Flash CS5 中的补间动画是基于对象的,其将动画中的补间直接应用到对象,而不是像传统补间动画那样应用到关键帧,Flash 能够自动记录运动路径并生成有关的属性关键帧。

补间动画只能应用于影片剪辑元件,如果所选择的对象不是影片剪辑元件,则 Flash 会弹出提示对话框,提示将其转换为元件。只有转换为元件后,该对象才能创建补间动画。

2)传统补间

使用 Flash CS4 之前的各个版本创建的补间动画都称为传统补间动画,在 Flash CS5 中,同样可以创建传统补间动画。创建传统补间动画的步骤如下:

(1)单击图层名称使之成为活动图层,然后在动画开始播放的图层中选择一个空白关键帧,该帧将成为传统补间的第一帧。

(2)向传统补间的第一帧中添加内容,可执行下列操作之一:

① 用钢笔、椭圆、矩形、铅笔或刷子工具创建一个图形对象,然后把它转换为一个元件。

② 在舞台中创建一个实例、组或文本块。

③ 将元件的实例从"库"面板中拖出。

注意:若要创建补间,在图层中只能有一个项目。

(3)创建第二个关键帧(即动画结束处),并且选择这个新的关键帧。

(4)修改结束帧中的项目,可执行下列操作之一:

① 将项目移动到新的位置。

② 修改项目的大小、旋转或倾斜角度。

③ 修改项目的颜色(仅限实例或文本块)。若要补间除实例和文本块以外的元素的颜色,使用补间形状。

（5）创建传统补间，可执行下列操作之一：

① 单击补间的帧范围中的任意帧，然后选择"插入"→"传统补间"命令。

② 右击补间的帧范围中的任意帧，然后从快捷菜单中选择"创建传统补间"命令。

如果在第（2）步中创建了一个图形对象，Flash 会自动将该对象转换为一个元件并将其命名为"元件1"。

（6）如果在第（4）步中修改了项目大小，在"属性"面板的"补间"卷展栏中选中"缩放"复选框补间选定项目的大小。

（7）若要产生更逼真的动画效果，可以对传统补间应用缓动。若要对传统补间应用缓动，使用"属性"面板的"补间"卷展栏中的"缓动"字段为所创建的每个传统补间指定缓动值。使用"自定义缓入/缓出"对话框可以更精确地控制传统补间的速度。

拖动"缓动"字段中的值或输入一个值，可以调整补间帧之间的变化速率。

① 若要慢慢地开始传统补间，并朝着动画的结束方向加速补间，输入一个−1～−100的负值。

② 若要快速地开始传统补间，并朝着动画的结束方向减速补间，输入一个1～100的正值。

③ 若要在补间的帧范围中产生更复杂的速度变化效果，单击"缓动"字段旁边的"编辑"按钮，打开"自定义缓入/缓出"对话框进行设置。

默认情况下，补间帧之间的变化速率是不变的，通过缓动可以逐渐调整变化速率创建更为自然的加速或减速效果。

（8）在补间期间旋转选定项目，可从"属性"面板的"旋转"下拉列表框中选择一个选项。

① 若要防止旋转，选择"无"（默认设置）。

② 若要在需要最少动作的方向上将对象旋转一次，选择"自动"。

③ 若要按指示旋转对象，然后输入一个指定旋转次数的数值，选择"顺时针"或"逆时针"。

注意：第（8）步中的旋转和第（4）步中应用到结束帧的任何旋转是相加在一起的。

（9）如果要使用运动路径，在"属性"面板中选中"调整到路径"复选框，将补间元素的基线调整到运动路径。

（10）若要使图形元件实例的动画和主时间轴同步，在"属性"面板中选中"同步"复选框。

注意：选择"修改"→"时间轴"→"同步元件"命令和选中"同步"复选框都会重新计算补间的帧数，从而匹配时间轴上分配给它的帧数。如果元件中动画序列的帧数不是文档中图形实例占用的帧数的偶数倍，使用"同步"复选框。

（11）如果要使用运动路径，选中"贴紧"复选框通过补间元素的注册点将补间元素附加到运动路径中。

3）补间形状

在补间形状中，在时间轴的一个特定帧上绘制一个矢量形状，然后更改该形状，或在另一个特定帧上绘制另一个形状。然后，Flash 将内插中间帧的中间形状，创建一个形状变形为另一个形状的动画。

补间形状最适用于简单形状，用户可以使用形状提示来告诉 Flash 起始形状上的哪些点应与结束形状上的特定点对应,也可以对补间形状内形状的位置和颜色进行补间。

应用实例:创建补间形状

具体步骤如下:

(1) 在第 1 帧中,使用矩形工具绘制一个正方形。

(2) 选择同一图层的第 30 帧,然后通过选择"插入"→"时间轴"→"空白关键帧"命令或按"F7"键来添加一个空白关键帧。

(3) 在舞台上,使用椭圆工具在第 30 帧中绘制一个圆形。

此时,第 1 帧中应包含一个带正方形的关键帧,并且第 30 帧中应包含一个带圆形的关键帧。

(4) 在时间轴上,从位于包含两个形状的图层中的两个关键帧之间的多个帧中选择一个帧。

(5) 选择"插入"→"补间形状"命令,Flash 则将形状插到这两个关键帧之间的所有帧中。

(6) 若要预览补间,在时间轴中将播放头拖过这些帧,或按 Enter 键。

(7) 若还要对形状进行动画补间,在舞台上将第 30 帧中的形状移动到与该形状在第 1 帧中所处位置不同的位置。

(8) 若要对形状的颜色进行补间,确保第 1 帧中的形状与第 30 帧中的形状具有不同的颜色。

(9) 若要向补间添加缓动,选择两个关键帧之间的某一个帧,然后在"属性"面板的"缓动"字段中输入一个值。若输入一个负值,则在补间开始处缓动;若输入一个正值,则在补间结束处缓动。

4.5　高级动画的制作

4.5.1　引导层动画

如果用户要控制传统补间动画中对象的移动,需创建运动引导层,将常规层拖动到引导层上。此操作会将引导层转换为运动引导层,并将常规层链接到新的运动引导层。为了防止意外转换引导层,用户可以将引导层放在其他图层的下方。

应用实例:为传统补间动画创建运动路径。

具体步骤如下:

(1) 创建有传统补间动画的动画序列。如果在"属性"面板中选中"调整到路径"复选框,补间元素的基线就会调整到运动路径。如果选中"贴紧"复选框,补间元素的注册点将会与运动路径对齐。

(2) 右击包含传统补间的图层的名称,然后在快捷菜单中选择"添加传统运动引导层"命令,Flash 将在传统补间图层上方添加一个运动引导层,并缩进传统补间图层的名称,以表明该图层已绑定到该运动引导层。

注意:如果时间轴中已有一个引导层,可以将包含传统补间的图层拖到该引导层下方,以将该引导层转换为运动引导层,并将传统补间绑定到该引导层。

（3）向运动引导层添加一个路径以引导传统补间,选择运动引导层,然后使用钢笔、铅笔、线条、圆形、矩形或刷子工具绘制所需的路径,也可以将笔触粘贴到运动引导层。

（4）拖动要补间的对象,使其贴紧至第一个帧中线条的开头,然后将其拖到最后一个帧中线条的末尾,贴紧至引导笔触开头的汽车图形。

注意:通过拖动元件的变形点能获得最好的贴紧效果。

（5）隐藏运动引导层和路径,以便在工作时只显示对象的移动,单击运动引导层上的"眼睛"列即可。当播放动画时,组或元件将沿着运动路径移动。

4.5.2 遮罩层动画

创建遮罩层,将遮罩项目放在要用作遮罩的图层上。与填充或笔触不同,遮罩项目就像一个窗口一样,透过它可以看到位于它下面的链接层区域。除了透过遮罩项目显示的内容之外,其余的所有内容都被遮罩层的其余部分隐藏起来。一个遮罩层只能包含一个遮罩项目。遮罩层不能在按钮内部,也不能将一个遮罩应用于另一个遮罩。

获得聚光灯效果和过渡效果,可以使用遮罩层创建一个孔,通过这个孔可以看到下面的图层。遮罩项目可以是填充的形状、文字对象、图形元件的实例或影片剪辑。将多个图层组织在一个遮罩层下可创建复杂的效果。

创建动态效果,可以让遮罩层动起来。对于用作遮罩的填充形状,可以使用补间形状;对于类型对象、图形实例或影片剪辑,可以使用补间动画。当使用影片剪辑实例作为遮罩时,可以让遮罩沿着运动路径运动。

用户可以使用遮罩层来显示下方图层中图片或图形的部分区域。创建遮罩,将图层指定为遮罩层,然后在该图层上绘制或放置一个填充形状即可,可以将任何填充形状用作遮罩,包括组、文本和元件。透过遮罩层可查看该填充形状下的链接层区域。

应用实例:创建遮罩层

具体步骤如下:

（1）选择或创建一个图层,其中包含了出现在遮罩中的对象。

（2）选择"插入"→"时间轴"→"图层"命令,创建一个新图层(遮罩层总是遮住其下方紧贴着它的图层)。

（3）在遮罩层上放置填充形状、文字或元件的实例。Flash 会忽略遮罩层中的位图、渐变、透明度、颜色和线条样式。在遮罩中的任何填充区域都是完全透明的,而任何非填充区域都是不透明的。

（4）右击时间轴中的遮罩层名称,然后在快捷菜单中选择"遮罩层"命令,此时将出现一个遮罩层图标,表示该层为遮罩层。紧贴它下面的图层将链接到遮罩层,其内容会透过遮罩上的填充区域显示出来。被遮罩图层的名称将以缩进形式显示,其图标将更改为一个被遮罩的图层的图标。

（5）若要在 Flash 中显示遮罩效果,需锁定遮罩层和被遮罩的图层。

4.5.3 动画编辑器

在时间轴上创建了补间后,使用"动画编辑器"面板能够以多种方式对补间进行控制。选择"窗口"→"动画编辑器"命令,可以打开"动画编辑器"面板,如图 4-40 所示。在该面板的左侧是对象属性的可扩展列表以及动画的"缓动"属性,在右侧的时间轴上显示出直线或曲线,以直观表现不同时刻的属性值。

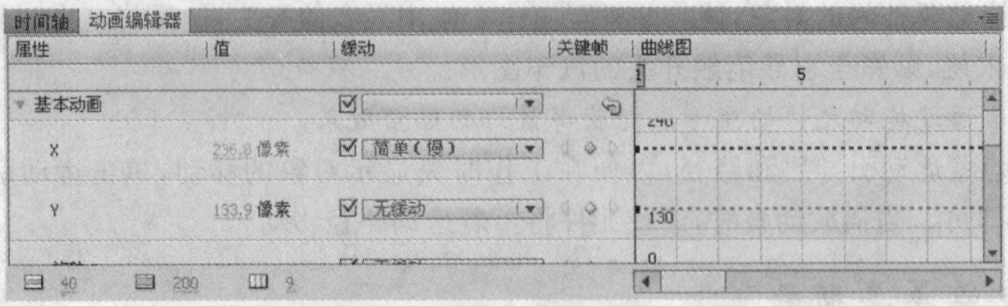

图 4-40 "动画编辑器"面板

1. 添加或删除属性关键帧

在"动画编辑器"面板的时间轴上同样有红色的播放头,拖动该播放头到需要进行帧操作的位置,单击"添加或删除关键帧"按钮即可在播放头所在的帧添加一个关键帧,此时在该帧处的曲线上将显示一个关键帧节点。

在时间轴上选择某个关键帧节点后,单击"添加或删除关键帧"按钮可以将该关键帧删除。在时间轴上拖曳关键帧节点可以改变关键帧的位置。

2. 添加或删除滤镜

在"动画编辑器"面板中展开"滤镜"选项栏,单击"滤镜"选项右侧的按钮将打开一个菜单,在该菜单中选择相应的选项(如"模糊"),此时即可对该滤镜进行设置。如果要删除添加的滤镜效果,单击"删除颜色、滤镜和缓动"按钮,在打开的菜单中选择需要删除的项目即可。

3. 添加或删除色彩效果

在"动画编辑器"面板中展开"色彩效果"选项栏,单击"色彩效果"选项右侧的按钮将打开一个菜单,在菜单中选择相应的选项(如 Alpha),此时即可对该选项的参数进行设置。如果要删除添加的色彩效果,单击"删除颜色、滤镜或缓动"按钮,在打开的菜单中选择需要删除的项目即可。

4. 设置缓动

为补间动画添加缓动,可以改变补间中实例变化的速度,使其变化效果更加逼真。在"动画编辑器"面板中展开"缓动"选项栏,可见 Flash 已经预设了"简单(慢)"缓动效果,用户可以直接输入数值来设置缓动强度的百分比值。

4.6   加载声音和视频

4.6.1   加载声音

在 Flash 动画影片中加载声音和视频,可使动画影片更加生动形象。

1. 导入声音

选择"文件"→"导入"→"导入到舞台"或"导入到库"命令,打开"导入"或"导入到库"对话框,如图 4-41 所示。在其中选择需要导入的声音文件,单击"打开"按钮,即可导入声音文件。

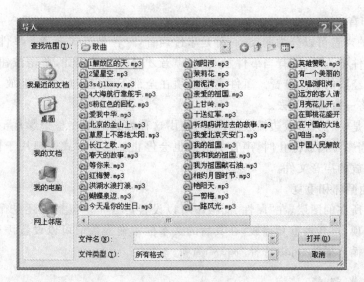

图 4-41 "导入"对话框

声音被导入 Flash 文档后,将会自动添加到"库"面板的列表中。在列表中选择声音,"库"面板中将显示声音的波形图,单击"播放"按钮可以预览声音效果。

2. 添加声音

声音文件被导入到文档中后,就可以在时间轴上添加声音了。在"时间轴"面板中创建一个新图层,选择该图层,从"库"面板中将声音拖动到舞台上,此时在该图层的时间轴上将显示声音的波形图,且声音被添加到文档中。

3. 设置声音

在时间轴上选择声音所在的图层,在"属性"面板中单击"效果"下拉列表框右侧的"编辑声音封套"按钮(或在"效果"下拉列表框中选择"自定义"选项),打开"编辑封套"对话框,如图 4-42 所示,使用该对话框能够对声音的起始点、终止点和播放时的音量进行设置。

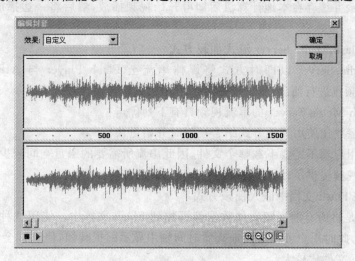

图 4-42 "编辑封套"对话框

利用 Flash CS5 制作 CAI 多媒体课件

4. 同步声音

Flash 中的声音可以分为两类,一种是事件声音,一种是流式声音。事件声音指的是将声音与一个事件相关联,只有当事件触发时,声音才会播放。例如,单击按钮时发出的提示声音就是一种经典的事件声音。事件声音必须在全部下载完毕后才能播放,除非声音全部播放完,否则将一直播放下去。

流式声音是一种边下载边播放的声音,使用这种方式能够在整个影片范围内同步播放和控制声音,当影片播放停止时,声音的播放也会停止。这种方式一般用于体积较大、需要与动画同步播放的声音文件。

5. 声音的循环和重复

选择声音所在的图层,在"属性"面板中可以设置声音是重复播放还是循环播放。如果选择"重复"选项,声音将重复播放,在其后的文本框中输入数值可以设置声音播放的次数;如果需要声音循环播放,可以选择"循环"选项。

4.6.2 加载视频

在 Flash CS5 中有 3 种方法来使用视频,分别是使用 Web 服务器渐进式下载方式、使用 Flash Media Server 流式加载方式和直接在 Flash 文档中嵌入视频方式。

1. 使用 Web 服务器渐进式下载方式

使用 Web 服务器渐进式下载方式是将视频文件放置在 Flash 文档或生成的 SWF 文档的外部,用户可以使用 FLVPlayback 组件或 ActionScript 在运行时的 SWF 文件中加载并播放这些外部 FLV 或 F4V 视频文件。在 Flash 中,使用渐进式下载的视频实际上仅仅只是在文档中添加了对视频文件的引用,Flash 使用该引用在本地计算机和 Web 服务器上查找视频文件。

使用渐进式下载视频有很多优点,在作品的创作过程中,仅发布 SWF 文件即可预览或测试 Flash 文档内容,这样可以实现对文档的快速预览,并缩短测试时间。在文档播放时,第一段视频下载并缓存在本地计算机后即可开始视频播放,然后将一边播放一边下载视频文件。

2. 使用 Flash Media Server 流式加载方式

Flash Media Server 以即时方式将媒体串流至 Flash Player 与 AIR。Flash Media Server 会运用频宽进行侦测,依据使用者的可用频宽来传递视频内容。

使用 Flash Media Server 的串流视频具有下列优点:

(1) 视频播放比使用其他方式结合视频时开始更快。

(2) 由于用户端不需要下载整个文件,因此串流所需要的磁盘空间较少。

(3) 串流视频提供了较好的跟踪、报告和记录的能力。

3. 直接在 Flash 文档中嵌入视频方式

嵌入视频是将所有的视频文件数据都添加到 Flash 文档中。使用这种方式,视频被放置在时间轴上,此时用户可以方便地查看时间轴中显示的视频帧,但这样会导致 Flash 文档或生成的 SWF 文件比较大。

在 Flash 文档中嵌入视频的具体操作如下:

(1) 选择"文件"→"导入"→"导入视频"命令,将视频片段导入到当前的 Flash 文件中,如图 4-43 所示。

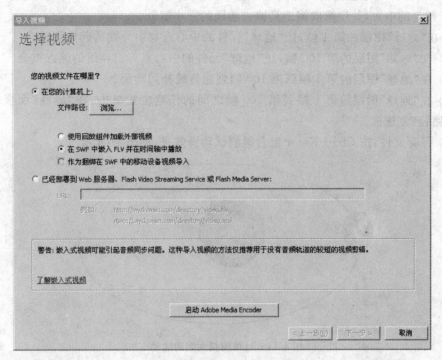

图 4-43 "导入视频"对话框

(2)选中"在 SWF 中嵌入 FLV 并在时间轴中播放"单选按钮。

(3)单击"浏览"按钮,在本机上选取视频文件。

(4)单击"下一步"按钮,直至单击"完成"按钮,即可将视频添加到文档中。

4.7 综合实例

综合实例 1:地球围绕太阳运动。

具体步骤如下:

(1)新建一个 Flash ActionScript 3.0 文档。

(2)将"图层 1"的名称改为"太阳",选择"文件"→"导入"→"导入到库"命令,在打开的"导入到库"对话框中选择"太阳.jpg"和"地球.jpg",然后单击"打开"按钮。

(3)将"太阳"从"库"面板中拖动到舞台正中央,然后选择"修改"→"转换为元件"命令,将其转换为图形元件,名称为"太阳",之后可以适当调整元件的大小。

(4)在"太阳"图层的第 100 帧插入一个普通帧。

(5)在"太阳"图层上面插入一个新的图层,名称为"地球"。

(6)选中"地球"图层中的第 1 帧,将"地球"从"库"面板中拖动到舞台正中央,然后选择"修改"→"转换为元件"命令,将其转换为图形元件,名称为"地球",之后可以适当调整元件的大小。

(7)将"地球"图层的第 100 帧转换成关键帧。

（8）在"地球"图层上面添加传统运动引导层，并在该引导层绘制一个无填充色的椭圆，使其位于舞台的中央，并用橡皮擦工具擦去椭圆的一小部分。

（9）在"地球"图层的第1帧，让"地球"元件的中心点与引导线的起始点重合。

（10）在"地球"图层的第100帧，让"地球"元件的中心点与引导线的终点重合。

（11）在"地球"图层的第1帧到第100帧创建传统补间动画。

（12）在"地球"图层的第1帧到第100帧之间的任意位置单击，在"属性"面板中选中"调整到路径"复选框。

（13）保存文件，按Ctrl＋Enter组合键测试动画效果，如图4-44所示。

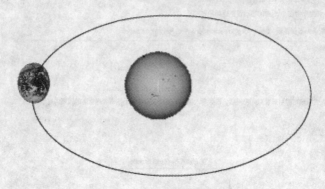

图4-44　地球围绕太阳的运动

综合实例2：单摆的运动效果。

具体步骤如下：

（1）新建一个Flash ActionScript 3.0文档。

（2）将"图层1"修改为"标题背景"，在该图层的第1帧上输入文字"单摆运动"，并设置其填充颜色。然后在文字的下方绘制一个矩形，利用任意变形工具将其改变为平行四边形。

（3）在"标题背景"图层上方插入一个新的图层，名称为"单摆"。

（4）选中"单摆"图层中的第1帧，选择"插入"→"新建元件"命令，打开"创建新元件"对话框，输入名称为"小球"，设置类型为"图形"，然后单击"确定"按钮。

（5）选择线条工具，在图形元件的编辑区内绘制一条垂直的直线，并在"对齐"面板中选中"与舞台对齐"复选框，单击"水平中齐"和"垂直中齐"按钮等。

（6）选择椭圆工具，在直线的下方绘制一个小球，并设置其颜色。

（7）单击"场景1"，退出元件编辑状态，回到舞台。将"库"面板中的"小球"元件拖到舞台上，放置到"标题背景"图层中的平行四边形的下方。

（8）使用任意变形工具选择"小球"元件，并将其中心点移动到该元件的顶部。

（9）在"单摆"图层上的第10、20、30、40帧处分别插入关键帧。

（10）选择"单摆"图层上的第10帧，使用任意变形工具选择"小球"元件，并将其中心点移动到该元件的顶部，在"变形"面板的"旋转"选项中输入30。

（11）选择"单摆"图层上的第30帧，使用任意变形工具选择"小球"元件，并将其中心点移动到该元件的顶部，在"变形"面板的"旋转"选项中输入－30。

（12）分别在第1帧和第10帧之间、第10帧和第20帧之间、第20帧和第30帧之间、第

30 帧和第 40 帧之间创建传统补间动画。

（13）保存文件为"单摆运动.fla"，按 Ctrl＋Enter 组合键测试单摆的运动效果，如图 4-45 所示。

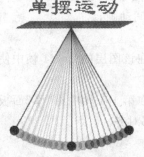

图 4-45　单摆的运动效果

综合实例 3：制作水平展开的文本效果。

具体步骤如下：

（1）新建一个 Flash ActionScript 3.0 文档。

（2）将"图层 1"修改为"文字 1"，在该图层的第 1 帧中使用文本工具输入文字"春　晓"。

（3）在"属性"面板中设置其笔触颜色、字体、大小和位置等。

（4）在"文字 1"图层上插入新的图层，名称为"遮罩 1"。然后在第 1 帧上绘制一个矩形，高度为 25、宽度为 150、填充颜色任意，并将该矩形转换为图形元件，名称为"遮罩矩形"，接着将其移动到文字"春 晓"的左侧并底部对齐。

（5）在"文字 1"图层的第 240 帧插入普通帧。

（6）在"遮罩 1"图层的第 40 帧插入一个关键帧，然后按住"Shift"键，使用"→"键将"遮罩矩形"图形元件移动到舞台的中央，使其恰好覆盖"文字 1"图层中的文字。

（7）在"遮罩 1"图层的第 1 帧和第 40 帧之间创建传统补间动画。

（8）右击"遮罩 1"图层，在快捷菜单中选择"遮罩层"命令。

（9）在"遮罩 1"图层上插入新的图层，名称为"文字 2"，然后在该图层的第 41 帧中使用文本工具输入文字"唐 孟浩然"。

（10）在"文字 2"图层上插入新的图层，名称为"遮罩 2"，然后在第 41 帧中将"库"面板中的"遮罩矩形"图形元件移动到文字"唐 孟浩然"的左侧并底部对齐。

（11）在"文字 2"图层的第 240 帧插入普通帧。

（12）在"遮罩 2"图层的第 80 帧插入一个关键帧，然后按住"Shift"键，使用"→"键将"遮罩矩形"图形元件移动到舞台的中央，使其恰好覆盖"文字 2"图层中的文字。

（13）在"遮罩 2"图层的第 41 帧和第 80 帧之间创建传统补间动画。

（14）右击"遮罩 2"图层，在快捷菜单中选择"遮罩层"命令。

（15）在"遮罩 2"图层上插入新的图层，名称为"文字 3"，然后在该图层的第 81 帧中使用文本工具输入文字"春眠不觉晓，"。

（16）在"文字 3"图层上插入新的图层，名称为"遮罩 3"，然后在第 81 帧中将"库"面板中的"遮罩矩形"图形元件移动到文字"春眠不觉晓，"的左侧并底部对齐。

（17）在"文字 3"图层的第 240 帧插入普通帧。

（18）在"遮罩 3"图层的第 120 帧插入一个关键帧，然后按住"Shift"键，使用"→"键将"遮罩矩形"图形元件移动到舞台的中央，使其恰好覆盖"文字 3"图层中的文字。

（19）在"遮罩 3"图层的第 81 帧和第 120 帧之间创建传统补间动画。

（20）右击"遮罩 3"图层，在快捷菜单中选择"遮罩层"命令。

（21）在"遮罩 3"图层上插入新的图层，名称为"文字 4"，然后在该图层的第 121 帧中使用文本工具输入文字"处处闻啼鸟。"。

（22）在"文字 4"图层上插入新的图层，名称为"遮罩 4"，然后在第 121 帧中将"库"面板中的"遮罩矩形"图形元件移动到文字"处处闻啼鸟。"的左侧并底部对齐。

（23）在"文字4"图层的第240帧插入普通帧。

（24）在"遮罩4"图层的第160帧插入一个关键帧，然后按住"Shift"键，使用"→"键将"遮罩矩形"图形元件移动到舞台的中央，使其恰好覆盖"文字4"图层中的文字。

（25）在"遮罩4"图层的第121帧和第160帧之间创建传统补间动画。

（26）右击"遮罩4"图层，在快捷菜单中选择"遮罩层"命令。

（27）在"遮罩4"图层上插入新的图层，名称为"文字5"，然后在该图层的第161帧中使用文本工具输入文字"夜来风雨声，"。

（28）在"文字5"图层上插入新的图层，名称为"遮罩5"，然后在第161帧中将"库"面板中的"遮罩矩形"图形元件移动到文字"夜来风雨声，"的左侧并底部对齐。

（29）在"文字5"图层的第240帧插入普通帧。

（30）在"遮罩5"图层的第200帧插入一个关键帧，然后按住"Shift"键，使用"→"键将"遮罩矩形"图形元件移动到舞台的中央，使其恰好覆盖"文字5"图层中的文字。

（31）在"遮罩5"图层的第161帧和第200帧之间创建传统补间动画。

（32）右击"遮罩5"图层，在快捷菜单中选择"遮罩层"命令。

（33）在"遮罩5"图层上插入新的图层，名称为"文字6"，然后在该图层的第201帧中使用文本工具输入文字"花落知多少。"。

（34）在"文字6"图层上插入新的图层，名称为"遮罩6"，然后在第201帧中将"库"面板中的"遮罩矩形"图形元件移动到文字"花落知多少。"的左侧并底部对齐。

（35）在"文字6"图层的第240帧插入普通帧。

（36）在"遮罩6"图层的第240帧插入一个关键帧，然后按住Shift键，使用"→"键将"遮罩矩形"图形元件移动到舞台的中央，使其恰好覆盖"文字6"图层中的文字。

（37）在"遮罩6"图层的第201帧和第240帧之间创建传统补间动画。

（38）右击"遮罩6"图层，在快捷菜单中选择"遮罩层"命令。

（39）保存文件为"文字展开效果.fla"，按Ctrl＋Enter组合键测试动画效果，如图4-46所示。

春 晓

唐 孟浩然

春 眠 不 觉 晓，

处 处 闻 啼 鸟。

夜 来 风 雨 声，

花 落 知 多 少。

图4-46 文字展开效果

第 5 章　利用 Authorware 7.0 制作 CAI 多媒体课件

Authorware 是一个优秀的多媒体创作工具,给设计者提供了一个综合的设计环境,使设计者可以将文字、声音、图形、图像、动画及视频等多种媒体组合在一起,形成一套完整的多媒体作品(多媒体课件、多媒体光盘、网络多媒体教学系统等)。

5.1　Authorware 7.0 简介

Authorware 7.0 是美国 Macromedia 公司在 2003 年推出的版本,是目前全球使用最为广泛的多媒体创作工具之一,几乎有半数以上的多媒体作品都是利用它设计的。

5.1.1　Authorware 7.0 的特点

Authorware 7.0 具有以下特点:

1. 丰富的图标工具

Authorware 是利用图标来组织多媒体信息的,每个图标都是一个独立的程序模块,可以实现图形、图像、文字、声音、视频、动画等内容的引用和显示。Authorware 提供的图标工具使用户不需编程就可以制作简单的多媒体作品。

2. 基于流程线的程序结构

Authorware 用流程线组织图标,可以实现分支、循环、导航和交互,使用户可以清晰地了解程序的执行路线,便于分析调试,也便于进行结构化的程序设计。

3. 集成的用户界面

Authorware 给设计者提供了一个高效的程序设计界面,能够方便地进行搭建程序流程结构、引用各种媒体素材、调试程序等工作,并且可以在屏幕上立即显示出程序的运行效果。

4. 支持丰富的媒体类型

Authorware 支持多种类型的文件,其中,图像文件有 BMP、TIF、TGA、PCX、JPG、PSD、GIF 等,声音文件有 WAV、MID、MP3 等,动画文件有 FLI、FLC、AVI、MPEG 等。通过 ActiveX 控件,Authorware 还支持 GIF 动画、Flash 动画、QuickTime 动画及 HTML 网页等。

5. 动态画面

Authorware 不仅能够播放一些外部的制作好的动画及视频图像,还能够通过程序控制显示窗口内对象的移动以形成简单的路径动画。另外,Authorware 还可以使用一些特殊的显示或擦除过渡效果,如马赛克、淡入淡出等,使程序画面显得生动有趣、丰富多彩。

6. 应用连接

Authorware 能够通过标准接口访问外部数据库、调用外部应用程序,还可以通过对 ActiveX 控件的支持来实现更多更复杂的功能。

7. 编程环境

Authorware 具有丰富的变量和函数,能够实现循环、条件分支、数字计算、逻辑操作等程序功能,用户可以通过编程有效地加强对各种媒体内容的控制。

8. 打包发布

Authorware 的作品在设计完成后,可以通过发布程序形成独立的、与平台无关的应用程序,使之脱离 Authorware 制作环境而独立运行于 Windows 之下。

9. 网络应用

通过发布程序还可以将利用 Authorware 制作的多媒体作品打包成可以在网络环境下运行的多媒体程序,采用知识流技术可以使普通上网用户(通过调制解调器)顺畅地播放多媒体作品。

总之,Authorware 具有图形化的用户界面、多种图标工具、良好的调试环境,简单直观、易学易用,用户几乎不需要输入任何代码就可以制作一个简单的多媒体作品。这种简便易用的特点使它特别适合作为普通用户进行多媒体创作的工具。

5.1.2 Authorware 7.0 的工作界面

1. Authorware 7.0 的启动

单击"开始"按钮,选择"所有程序"→Macromedia→Macromedia Authorware 7.0 命令,如图 5-1 所示。

图 5-1　Authorware 7.0 的启动

Authorware 7.0 启动后,会出现 Authorware 7.0 的新建文件界面,如图 5-2 所示。

图 5-2　新建文件界面

其中，"新建"对话框是利用向导来产生新文件的，一般不使用它，单击"取消"或"不选"按钮，打开 Authorware 7.0 的工作界面，如图 5-3 所示。

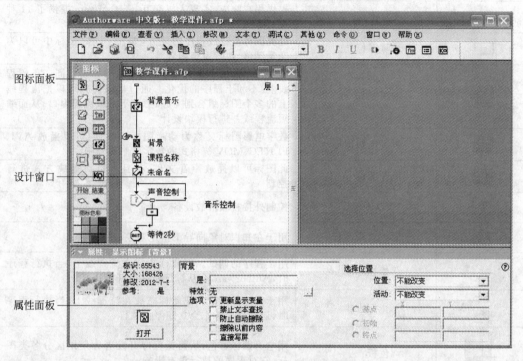

图 5-3　Authorware 7.0 的工作界面

2. Authorware 7.0 的图标面板

图标面板是 Authorware 特有的面板，它提供了进行多媒体创作的基本单元——图标，每个图标都具有独特的功能，如表 5-1 所示。

表 5-1　图标功能简介

按　钮	名　称	功　能
	显示图标	显示文字、图形、静态图像等，这些文字或图形图像可以从外部引入，也可以直接用 Authorware 提供的绘图工具创建
	移动图标	使选定图标中的内容（文字、图片、动画等）实现简单的路径动画，有 5 种运动方式
	擦除图标	擦除选定图标中的文字、图片、声音、动画等
	等待图标	使程序暂停，直到设计者设定的响应条件满足为止
	导航图标	用于建立超链接，实现超媒体导航
	框架图标	框架图标是交互图标与导航图标的结合，可以制作翻页结构或超文本链接
	判断图标	按照设定的方式确定流程沿着哪个分支执行

按　　钮	名　　称	功　　能
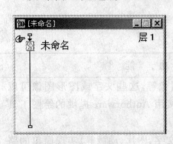 交互图标	交互图标	提供用户响应,实现人机交互,Authorware 提供了 11 种交互类型,使人机交互的方式更加多样化
计算图标	计算图标	计算图标是存放程序的地方,如在"计算"图标中可以为变量赋值、执行系统函数等
群组图标	群组图标	程序窗口的大小是有限的,太多的图标放在同一条流程线上,不利于程序的优化。通过群组图标可以把流程线上的多个图标组合到一起,形成下一级流程窗口,从而缩短流程线并进行模块设计
数字电影图标	数字电影图标	数字电影图标又称为动画图标,利用它可以播放 AVI、FLI、EC、MOV 等格式的数字电影和动画
声音图标	声音图标	此图标可以播放声音文件,并且可以对播放方式进行控制
DVD 图标	DVD 图标	控制外接视频播放设备
知识对象图标	知识对象图标	用于在知识对象向导下指定对象
起始标志旗	起始标志旗	用于程序的调试。把此标志放在流程线上,当执行程序时,Authorware 会从标记所在处开始执行
停止标志旗	停止标志旗	用于程序的调试。把此标志放在流程线上,当执行程序时,遇到这个标志会立即停止执行
调色板	调色板	用它为图标着色,从而让程序开发者方便地区分各类图标,它对程序的执行没有影响

3. 设计窗口

设计窗口是进行 Authorware 程序设计的基本操作窗口,如图 5-4 所示。

该窗口左侧有一条贯穿上下的直线称为流程线,对图标的操作必须在流程线上进行。标题栏上有当前程序的文件名,在当前程序未被保存及取名之前,系统会自动命名当前程序为"未命名"。该窗口右上角的"层 1"字样,表明当前窗口是第一层,若流程线上添加了群组图标,双击打开该群组图标后,其窗口会有"层 2"字样,表明该窗口是第二层,是由第一层派生出来的。

图 5-4　设计窗口

4. "属性"面板

"属性"面板位于工作界面的最下方,不同的对象有不同的"属性"面板。"属性"面板用于对图标属性和流程结构进行编辑设置。

5.2　Authorware 7.0 的基本操作和图标的使用

5.2.1　文件的保存、关闭和打开

每个作品都凝聚着创作者的心血,每一次修改都融入了创作者的努力,在未保存文件

时，如果发生了停电、死机等现象，所做的工作将前功尽弃，那将令人非常痛惜。另外，如果在设计中由于错误修改或不慎删除而将程序破坏，也是一个很大的损失。因此，在创作过程中，创作者要经常保存或备份文件，每成功地完成一步，都应该及时保存。

1. 保存文件

（1）完成当前程序后，选择"文件"→"保存"命令，打开"保存文件为"对话框，如图 5-5 所示。系统设定的默认保存位置是 Authorware 7.0 软件的安装目录。

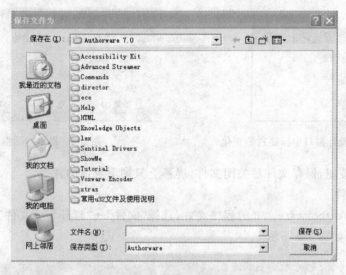

图 5-5 "保存文件为"对话框

用户可以根据需要将程序保存在计算机的其他位置。选择好程序文件保存的位置，然后给作品文件取名，例如本例将程序保存在"D:\"，为程序取名为"音乐欣赏"，如图 5-6 所示。在保存文件时，不用指定文件类型或扩展名，系统会自动以 Authorware 7.0 程序文件的格式进行保存，即以".a7p"为扩展名。

图 5-6 指定程序文件的保存位置及文件名

利用 Authorware 7.0 制作 CAI 多媒体课件

（2）单击"保存"按钮，则该程序文件就被保存为"D:\音乐欣赏.a7p"。回到设计窗口，此时，窗口标题栏上的"未命名"字样变为"音乐欣赏.a7p"，如图 5-7 所示。

2. 关闭文件

如果用户不想继续修改当前程序文件或者要打开其他文件，则要关闭当前文件。选择"文件"→"关闭"命令，可以关闭当前的程序文件，如果对当前作品进行了修改但未保存，那么会打开一个提示对话框，如图 5-8 所示。

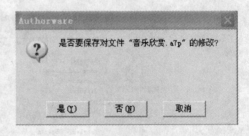

图 5-7　设计窗口中标题栏的变化　　　　　　图 5-8　提示对话框

单击"是"按钮，保存文件后关闭文件，屏幕上只剩下灰色的背景。

3. 打开文件

打开一个 Authorware 7.0 的程序文件，选择"文件"→"打开"→"文件"命令，打开"选择文件:"对话框，如图 5-9 所示。

图 5-9　"选择文件:"对话框

选择要打开的文件，如"画小熊.a7p"，则该文件就会出现在"文件名"文本框中。单击"打开"按钮，该文件就被调入到设计窗口中，此时就可以进行编辑修改了。

5.2.2　程序的基本调试方法

在进行多媒体程序设计的时候，经常要对程序进行调试，例如添加一幅图片看看有什么效果，加入一段音乐听听是否合适等，这种调试随着程序的设计不断地进行。虽然使用菜单命令可以进行程序的运行调试，但是不够简单、快捷。对于比较大的程序，如果每次调试都从头开始会耽误很长的时间，而且也不利于排查错误，这时可以对程序进行局部调试。

1. 使用控制面板

控制面板是一个可关闭的浮动面板，它用简单的操作来代替菜单命令，使程序的调试操作更简单、快捷。

（1）在"常用"工具栏中单击"控制面板"按钮 ，即可打开控制面板，如图 5-10 所示。利用它可以实现对程序运行的基本控制。

（2）将鼠标指针放在按钮上停留一会，系统就会自动显示出该按钮的名称。单击控制面板上的"显示跟踪"按钮 ，则控制面板会变成如图 5-11 所示的样子，这是控制面板的扩展窗口，其中包含了更多的按钮，而且可以显示程序的执行情况。

图 5-10　控制面板　　　　　图 5-11　控制面板的扩展窗口

2. 使用起始和停止标志旗

（1）用鼠标从图标面板上拖动起始标志旗（白色标志旗）到流程线的顶端，如图 5-12 所示。这时白色标志旗就会停留在流程线上，而图标面板上原来放置起始旗的位置就变成空白了。

（2）用鼠标拖动停止标志旗（黑色标志旗）到流程线上的两个图标之间，如图 5-13 所示。

图 5-12　拖动起始标志旗到流程线的顶端　　　图 5-13　拖动停止标志旗到流程线上的两个图标之间

（3）这时，用户会发现 Authorware 7.0 的"常用"工具栏中的"运行"按钮变为 ，其含义也从"运行"转变为"从标志旗开始执行"。单击该按钮，则程序仅仅显示图片而不播放音乐。这是因为程序只执行了两标志旗之间的内容，从起始标志旗开始，执行了显示图标（显示了图片），然后遇到了停止标志旗，就停止运行了，所以声音图标没有被执行，音乐也就得不到播放。

（4）在图标面板上原来放置标志旗的位置单击，则相应的标志旗就会回到面板上，程序中对调试起止位置的设置也就不再有效了。

利用 Authorware 7.0 制作 CAI 多媒体课件

　　起始标志旗和停止标志旗只是在 Authorware 7.0 文件调试过程中使用的辅助工具,在文件的打包发布过程中,不管收没收回这两个标志旗,都不会带进最后打包生成的文件中。

5.2.3　Authorware 7.0 图标的使用

　　Authorware 7.0 作为强大的多媒体创作工具,基于图标设计的程序流程结构是其最显著的特点,而图标作为 Authorware 7.0 应用软件的基本设计单元,其意义举足轻重。

1. 显示图标的使用

　　在 Authorware 7.0 提供的图标中,显示图标可以接收用户输入的文字、绘制的图形,以及导入的外部文本、图形、图像,并将这些对象显示在演示窗口中。

　　显示图标的使用方法:将图标面板上的显示图标拖曳至程序流程线上,然后释放鼠标即可。对于流程线上新创建的图标,系统一般默认名称为"未命名",此时可以为图标重新命名。

　　使用 Authorware 7.0 编制程序流程时,一个好的习惯就是给流程线上的每个图标都取一个可以表示其实际用途的名称,并且名称最好不重复。例如,如果希望在一个显示图标中放置一幅图片作为背景,那么可以将显示图标命名为"背景",如图 5-14 所示。

　　如果要向显示图标中添加对象或编辑已有的对象,必须先打开显示图标。打开一个显示图标的方法有以下 3 种:

　　(1) 双击流程线上的显示图标。

　　(2) 运行程序时,如果 Authorware 7.0 遇到了一个空的显示图标,程序将暂停运行,同时出现该图标的编辑窗口和制作工具箱。

　　(3) 程序运行时,双击演示窗口中的显示对象。

　　1) 制作工具箱

　　在打开的显示图标窗口中,系统提供了一个制作工具箱,如图 5-15 所示。

图 5-14　流程线上的显示图标

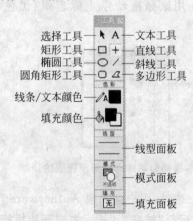

图 5-15　制作工具箱

　　Authorware 7.0 提供了一些基本的绘图工具,用户可以用它们来绘制直线、矩形、正方形、圆形、椭圆和各种多边形等,虽然这些图形相对较简单,但它们为多媒体作品的创作提供了很大的便利。

　　(1) 选择工具:用于一个或多个对象的选择和移动。

（2）文本工具：用于输入文本。

（3）矩形工具：用于绘制矩形。绘制时，若同时按下"Shift"键，则绘制的是正方形。

（4）椭圆工具：用于绘制椭圆。绘制时，若同时按下"Shift"键，则绘制的是圆形。

（5）圆角矩形工具：用于绘制圆角矩形。绘制时，若同时按下"Shift"键，则绘制的是圆角正方形。

（6）直线工具：用于绘制水平线、垂直线和45°、135°角的直线。

（7）斜线工具：用于绘制任意角度的直线。绘制时，若同时按下"Shift"键，则绘制水平线、垂直线和45°、135°角的直线。

（8）多边形工具：用于绘制任意多边形。绘制时，若同时按下"Shift"键，则绘制以水平线、垂直线和45°、135°角直线连成的多边形。

（9）线条/文本颜色：用于设置文本或线条的颜色。

（10）填充颜色：用于设置前景色和背景色。

（11）线型面板：用于设置线型和线宽。在设计时往往需要设置线条的类型、粗细，有时还需要绘制箭头。线型面板如图5-16所示。

（12）模式面板：用于设置对象重叠时，上层对象覆盖下层对象的效果模式面板，如图5-17所示。

Authorware 7.0可以设定以下6种覆盖模式。

- 不透明模式：被选中的对象完全覆盖在下层对象上。
- 遮隐模式：去掉前景图像周围的白底，但图像内部的白色像素依然保留。
- 透明模式：将前景图视为透明。在该模式下，图形对象中的白色区域将变成透明，从而显示出被覆盖的后面的图像。
- 反转模式：前景图和背景图相交的部分以反相的颜色显示。
- 擦除模式：在该模式下，图形对象中的有色部分将被白色替代，且前景图与背景图颜色重叠的部分将被清除。
- 阿尔法模式：该模式通过使用图形的阿尔法通道，可以创建图形对象与背景对象之间融合渐变的过渡效果。

当前设定的边框颜色、填充色和显示模式对于后续绘制的图形依然有效，即具有继承性，用户要想改变设置必须重新设定。

（13）填充面板：用于设置图形的填充效果，如图5-18所示。

图 5-16　线型面板　　　　图 5-17　模式面板　　　　图 5-18　填充面板

利用Authorware 7.0制作CAI多媒体课件

Authorware 7.0 对图形预设了 36 种填充方式，其中，"无"是指不进行填充（图形是透明的），纯白色块是指用"背景色"均匀填充，纯黑色块是指用"前景色"均匀填充，其余则是用前景色在背景色上绘制各种花纹。

2）导入外部图形对象

使用制作工具箱中的绘图工具可以绘制简单的图形对象，并且 Authorware 7.0 支持将其他图形、图像软件创建的精美图片导入到 Authorware 7.0 应用程序中。

具体步骤如下：

（1）新建一个程序，命名为"风景图片.a7p"。

（2）拖曳一个显示图标至流程线上，并命名为"风景"。然后双击该显示图标，打开演示窗口。

（3）选择"文件"→"导入和导出"→"导入媒体"命令，打开"导入哪个文件？"对话框，如图 5-19 所示。在该对话框中选择合适的路径及文件，选中"显示预览"复选框，此时可以在预览区域中预览图片，单击"导入"按钮导入风景图片。

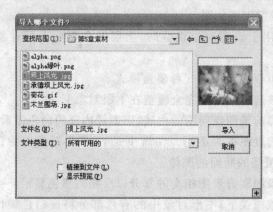

图 5-19 "导入哪个文件？"对话框

（4）单击"运行"按钮运行程序，运行结果如图 5-20 所示。

图 5-20 导入了风景图片后的运行结果

（5）保存文件。

3）编辑文本对象

在多媒体课件中，文本对象是使用频率最高的对象。用户可以在显示图标中创建或导入丰富多彩的文本对象。

（1）创建文本对象。

应用实例：

使用制作工具箱中的文本工具在程序"风景图片.a7p"中的风景图片上创建文本对象"坝上风光"。

具体步骤如下：

① 打开程序文件"风景图片.a7p"。

② 拖曳一个显示图标至风景图标的下面，命名为"文字"，然后双击文字图标，打开其显示窗口。选择制作工具箱中的文本工具，将鼠标指针移到图片上单击，将出现字符输入区域，在制作工具箱中将绘图笔设置为"蓝色"，输入文本"坝上风光"，并拖动该文本，将文本"坝上风光"定位到图片上的恰当位置。

③ 选中"坝上风光"文本，设置为透明模式。

④ 选中"坝上风光"文本，然后选择"文本"→"字体"→"其他"命令，打开如图 5-21 所示的"字体"对话框，在"字体"下拉列表框中选择"黑体"，单击"确定"按钮，这时"坝上风光"已经变为"黑体"显示。接着选择"文本"→"大小"命令，选择"36"号，这时"坝上风光"就以"黑体、36 号"字显示出来。

图 5-21 "字体"对话框

⑤ 运行结果如图 5-22 所示，保存文件。

图 5-22 运行结果

（2）引入外部文本对象。Authorware 7.0 中除了可以引入外部图形对象外，还可以引入外部文本对象，如".TXT"文本和".RTF"格式的文本对象。

在 Authorware 7.0 中引入外部文本对象的方法有以下 3 种：

① 直接将外部文本文件拖放到程序流程线上。

② 选择"文件"→"导入和导出"→"导入媒体"命令,导入外部文本对象。

③ 利用剪贴板从其他应用程序窗口中粘贴文本对象。

应用实例:

利用剪贴板从 Word 窗口中引入文本。

具体步骤如下:

① 选择"文件"→"新建"→"文件"命令,新建一个程序。

② 拖曳一个"显示"图标至流程线上,命名为"输入文本",然后双击打开该图标。

③ 激活包含有所需文本的 Word 窗口,选中准备输入的文本,并将文本复制到剪贴板中。

④ 激活 Authorware 7.0 程序窗口,选择"编辑"→"粘贴"命令或单击"常用"工具栏中的"粘贴"按钮,打开"RTF 导入"对话框,如图 5-23 所示。

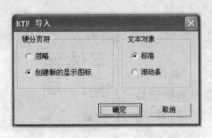

图 5-23 "RTF 导入"对话框

⑤ 在"RTF 导入"对话框的"硬分页符"区中如果选中"创建新的显示图标"单选按钮,此时,若输入的文本对象中含有硬分页符,Authorware 7.0 会自动建立新的显示图标以存放硬分页符后面的文本;如果选中"忽略"单选按钮,系统将忽略文本对象中的硬分页符。在"文本对象"区中如果选中"标准"单选按钮,文本将以标准方式显示;如果选中"滚动条"单选按钮,文本将以滚动方式显示。

⑥ 单击"确定"按钮关闭对话框,剪贴板上的文本就导入到当前显示图标中。

4)显示图标的属性设置

Authorware 7.0 中对于显示图标属性的设置主要包括图标显示层次的设置、过渡效果的设置、显示图标中使用变量的设置以及显示对象的显示位置的设置等,如图 5-24 所示。

图 5-24 显示图标属性

下面具体介绍显示图标"属性"面板中各选项的含义。

(1)"层"文本框用于设置对象的显示层次。层次值越大,显示图标中对象的显示位置越靠前,系统默认的层值为 0。

(2)"特效"选项用于提供显示对象的过渡效果。

① 单击该选项右侧的按钮,打开"特效方式"对话框,如图 5-25 所示。

② 该对话框左边为"分类"列表框,右边为"特效"列表框,用户可以先选择分类,再选择具体的特效方式。

③ "分类"列表框中提供了 11 种类型的过渡效果,其中,"[内部]"类型是系统内置的过

渡类型,打包发行时不需带额外的 Xtras 文件。如果选择了其他特效方式,则在该对话框中"Xtras 文件"的后面将显示包含该类效果的 Xtras 文件的路径。应用程序发行时应带上相应的 Xtras 文件。

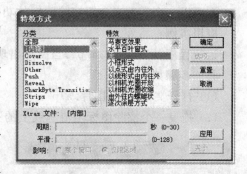

图 5-25 "特效方式"对话框

④ "周期"文本框用于设置过渡的持续时间。

⑤ "平滑"文本框用于设置过渡的平滑度(平滑度值越小,过渡过程越细致)。

⑥ "影响"选项用于设置当前过渡效果的应用范围。若选中"整个窗口"单选按钮,则过渡效果将影响整个窗口;若选中"仅限区域"单选按钮,则只影响窗口中的对象。

⑦ 单击"应用"按钮,可以预览设置的过渡效果,设置完毕后,单击"确定"按钮返回显示图标"属性"面板。

(3)"选项"用于设置可选参数。

① 选中"更新显示变量"复选框,表示自动更新显示变量的值。

② 选中"禁止文本查找"复选框,表示该显示图标中的文本对象不包括在搜索范围内。

③ 选中"防止自动擦除"复选框,表示禁止该显示图标中的内容被其他图标中设置的自动擦除功能擦除。

④ 选中"擦除以前内容"复选框,表示在演示该显示图标中的内容之前先擦除前面显示的内容。

⑤ 选中"直接写屏"复选框,表示不管是否有层次值大于本显示图标的显示内容存在,该显示图标的内容都将直接显示在演示窗口最前面。

(4)"选择位置"用于设置显示图标中对象的显示位置、是否可移动以及移动区域等参数。该选项主要用于配合对象的动画操作以及如何设置交互响应。

① "位置"选项提供了对象位置的 4 种可选方式。

• 不能改变:对象的位置不可变。

• 在屏幕上:对象可以在屏幕上的任意位置定位,但必须全部在屏幕内。

• 在路径上:对象可以沿路径定位。

• 在区域内:对象可以在指定的矩形区域内定位。

② "活动"选项设置图标内的对象是否可移动。

• 不能改变:对象不可移动。

• 在屏幕上:对象可以在屏幕上移动,但必须全部在屏幕内。

• 任意位置:对象可以任意移动,甚至可以超出屏幕。

③ 基点:对象的基准位置。

④ 初始:对象的初始位置。

⑤ 终点:对象的终止位置。

2. 擦除图标的使用

擦除图标的作用主要是清除演示窗口中显示的文本、图形、图像或其他对象(包括显示、交互、框架及数字电影等图标显示的对象),常用在程序运行时画面的切换过程中。

下面以一个实例来介绍擦除图标的功能及使用方法。

应用实例：

运行程序"风景图片.a7p"，当图片出现后，以马赛克效果擦除图片上的文字。

具体步骤如下：

（1）打开文件"风景图片.a7p"。

（2）拖曳一个擦除图标至流程线上的文字图标的下方，并命名为"擦除"。

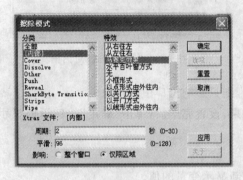

图 5-26 "擦除模式"对话框

（3）运行程序，程序暂停时，按照系统提示"点击要擦除的对象"，单击演示窗口中的"坝上风光"文本对象，可以看到该文字被清除了。

（4）右击该擦除图标，在快捷菜单中选择"特效"命令，打开"擦除模式"对话框，如图 5-26 所示。

（5）在"分类"列表框中选择"[内部]"选项，在"特效"列表框中选择"马赛克效果"选项，其他设置默认，单击"确定"按钮。

（6）设置完成后，重新运行程序，可以看到图片上的文字被以马赛克效果擦除了。

（7）保存程序。

3. 等待图标的使用

等待图标的作用是暂停程序的运行，以便让用户能够看清楚程序演示的效果，直到用户按任意键、单击鼠标或经过一段时间延迟后，程序才继续运行。

1）等待图标的"属性"面板（如图 5-27 所示）

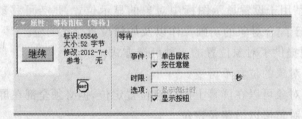

图 5-27 等待图标的"属性"面板

说明如下：

（1）"事件"选项用来设置程序继续运行的触发事件，即等到何种事件发生才继续运行程序。选中"单击鼠标"复选框，表示事件为鼠标单击屏幕上的任何地方；选中"按任意键"复选框，表示事件为按下键盘上的任意键。若同时选中这两个复选框，则两个触发事件均有效。

（2）"时限"文本框用于输入一个表示定时的常数或表达式，其值以秒为单位。一旦定时时间到，程序会自动脱离等待状态继续向下运行。

（3）"选项"选项用于设置可选条件。如果设定了定时时间，则"显示倒计时"复选框被激活；若选中了该复选框，则程序暂停时会在演示窗口左下角显示一个模拟的时钟动画，显示程序等待的剩余时间。若选中"显示按钮"复选框,则表示只有单击演示窗口中出现的"继续"按钮时程序才继续运行。

2)应用实例

在程序"风景图片.a7p"的运行过程中,当风景图片和文字内容呈现两秒钟后擦除"文字"内容。

具体步骤如下:

(1)打开前面保存的"风景图片.a7p"程序。

(2)拖曳一个等待图标至流程线上的文字图标和擦除图标之间。

(3)单击等待图标,显示等待图标的"属性"面板,将时限设置为"2"秒,并取消选中"按任意键"和"显示按钮"复选框。

(4)运行程序,观察结果。

(5)保存程序。

4. 计算图标的使用

计算图标具有定义和说明变量,调用系统函数、计算函数或表达式的值,为程序添加注释等功能。在程序流程线上的任何位置都可以插入计算图标,另外,还可以将计算图标功能附着在其他图标上,使计算成为其他图标功能的一部分。

1)定义和说明变量

Authorware 7.0系统对于用户自定义的变量不一定要预先进行定义或说明,但作为一种好的编程习惯,建议用户将程序中要使用的自定义变量集中在程序的开始部分,以计算图标的方式进行定义和说明。方法如下:

(1)拖曳一个计算图标至程序流程线上,然后双击该图标将其打开,在显示的计算图标编辑窗口中输入要定义的变量及其初值,如图 5-28 所示。

(2)关闭计算图标窗口,此时系统会询问是否保存计算图标中的内容,单击"是"按钮确认保存,系统会打开"新建变量"对话框,如图 5-29 所示,用户可以在该对话框中输入变量的初始值及其描述。

(3)单击"确定"按钮,关闭该对话框,完成变量的定义。

图 5-28　计算图标编辑窗口

图 5-29　"新建变量"对话框

2)为程序添加注释

一般的程序在设计时都会有文字说明,在 Authorware 7.0 环境下建立的程序不能将说明放置在显示图标中,而应该放置在计算图标中。

应用实例：

为程序"风景图片.a7p"添加文字说明。

具体步骤如下：

(1) 打开"风景图片.a7p"文件。

(2) 拖曳一个计算图标至流程线的最上方，并命名为"说明"。

(3) 双击说明图标，打开"说明"窗口。

(4) 在该窗口中输入文字"--此文件用以展示图片的显示效果。"，如图 5-30 所示。

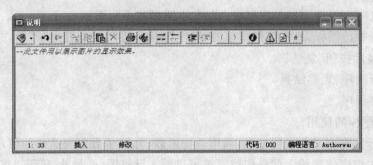

图 5-30　设置说明图标

注意：说明性的文字必须以两个连字符"--"作为注释符开头，注释符可以放置在计算图标窗口中的任意位置，注释符后面的内容不影响程序的正常执行，它的作用只是为了方便用户阅读程序。

(5) 关闭窗口，保存文件。

3) 为图标附着计算图标

Authorware 7.0 允许为除擦除图标、计算图标之外的其他所有图标附着计算图标，使计算图标的功能成为这些图标功能的一部分。当程序执行到这些图标时，会相应地执行该图标所附着的计算图标。

为图标附着计算图标的步骤如下：

(1) 在程序流程线上选中某图标。

(2) 右击选中的图标，在快捷菜单中选择"计算"命令。

(3) 在打开的同名计算图标窗口中，按常规方法进行设置。

(4) 关闭计算图标窗口，确认提示。

这时，用户可以发现被附着计算图标的图标左上角出现了一个"＝"号，作为该图标被附着计算图标的标志。

5. 群组图标的使用

群组图标用来代表程序中的某个功能部分，是使程序模块化的一种操作方式。群组图标有自己的程序设计窗口和流程线，流程线上放置的是能够完成该群组图标所代表的程序功能的各种图标，形成一个类似于其他高级语言中的子程序的程序组。

当系统执行程序遇到一个群组图标时，Authorware 7.0 将进入该群组图标，由上而下顺序执行其中的各个图标，执行完最后一个图标后，系统将退出群组图标，转而执行主流程线上该群组图标下面的图标。

群组图标的使用有以下 3 种方式：

1）将图标组合成群组

如果要将流程线上部分连续的图标组合成一个群组图标,首先要按住鼠标左键在程序设计窗口中拖出一个虚线方框,使得要组合的图标都被框住(框内的图标变黑表示被选中),然后选择"修改"→"群组"命令,将选中的图标组成一个群组图标,最后对该群组图标重新命名。

2）将群组图标解组

如果要将一个群组图标解组,首先要选中该群组图标,然后选择"修改"→"取消群组"命令,解组后的图标会自动连接在上一级程序设计窗口的流程线上。

3）新建群组

如果要新建群组,首先拖曳一个群组图标至流程线上的合适位置并命名,然后双击该群组图标,打开一个新的二级程序设计窗口,剩下的工作就是在其中的流程线上按照通常的程序设计方法设置能完成某种功能的各种图标。设置完成后,关闭二级窗口,返回一级窗口。二级程序设计窗口右上方的标志为"层 2",以区别于一级程序设计窗口(一级程序设计窗口右上方的标志为"层 1")。

应用实例:

用群组图标组合程序"风景图片.a7p"中的"风景 1"、"文字 1"和"擦除 1"图标,并将群组图标命名为"第一场"。

具体步骤如下:

(1) 打开文件"风景图片.a7p"。

(2) 将鼠标指针放在"风景 1"图标的左上方,按住左键拖曳鼠标,用画出的虚线框框住"风景 1"、"文字 1"和"擦除 1"图标,如图 5-31 所示。

(3) 选择"修改"→"群组"命令,则流程线上的"风景 1"、"文字 1"和"擦除 1"图标会被一个群组图标所代替,将这个群组图标命名为"第一场"。

(4) 双击该群组图标,屏幕上会打开一个二级程序设计窗口,用户可以看到其中的流程线上有"风景 1"、"文字 1"和"擦除 1"3 个图标,如图 5-32 所示。

图 5-31　定义群组图标的内容

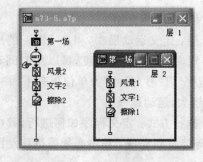

图 5-32　二级程序设计窗口

(5) 保存文件。

5.3　Authorware 7.0 的动画处理

在多媒体作品中,大家经常希望实现图片飞入飞出、文字滚动显示等效果。如果用动画制作软件来实现,不仅使作品的容量变大,而且动画对象也不易与画面上的其他内容相配合。为此，Authorware 7.0 提供了移动图标，使用它可以在演示窗口中直接实现简单的动画，这种动画不改变对象的方向、大小和形状，仅仅使对象在演示窗口中发生位置的变化，从而形成一个简单的动画。

5.3.1　移动图标的动画类型

移动图标不仅可以提供一个使对象在演示窗口中移动的动作，还能提供多种运动方式，如沿着折线或曲线路径运动、停留在某个特定的位置等。

移动图标提供了 5 种动画类型。

- 指向固定点：将对象从起点直接移动到设定的终点。
- 指向固定直线上的某点：将对象从起点直接移动到设定直线上的某点。
- 指向固定区域内的某点：将对象从起点直接移动到设定区域内的某点。
- 指向固定路径的终点：将对象从路径起点沿路径移动到路径的终点。
- 指向固定路径上的任意点：将对象从路径起点沿路径移动到路径上的某点。

5.3.2　指向固定点

"指向固定点"动画类型是最简单、最常用的一种运动方式，也是移动图标默认的运动方式。"指向固定点"动画类型的移动图标对应的"属性"面板如图 5-33 所示。

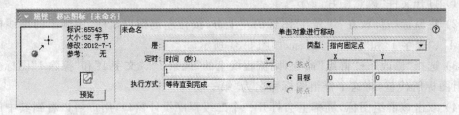

图 5-33　"指向固定点"动画类型的移动图标对应的"属性"面板

1. "属性"面板介绍

（1）层：定义运动层次，和显示图标的层概念基本相同。

（2）定时：定义运动速度，可以用时间和速率两种方式来定义，其中，"时间"以"秒"为单位，"速率"以"秒/英寸"为单位。其下面一栏为数值框，用于输入对象运动的时间或者速率，数值越大，运动越慢。

（3）执行方式：定义程序如何进行，其中有两个选项。

① 等待直到完成：程序必须等待移动图标执行完毕，即等待对象运动结束后才继续向下运行。

② 同时：程序可以和移动图标同时执行，即在对象运动的同时，程序继续向下运行。

（4）"属性"面板右上部为一行提示信息，指示用户该如何操作，如"单击对象进行移动"等。

（5）目标：对象运动的目的位置的坐标值。这个坐标值是在拖动对象到目的位置后自动产生的，改变数值将改变运动的目的位置。

2. 应用实例

利用移动图标设置"指向固定点"动画，使公交车从"承德市行政中心"站直接行驶到"避暑山庄"站。

具体步骤如下：

（1）新建一个文件，命名为"指向固定点.a7p"。

（2）将"承德市行政中心站"、"避暑山庄站"和"公交车"图片分别导入到流程线上，并布置好相应的位置，如图 5-34 所示。

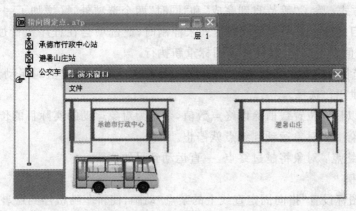

图 5-34　"指向固定点"布局

（3）拖曳移动图标到流程线上，命名为"移动公交车"，选择"指向固定点"动画类型，单击"公交车"图片，并拖动"公交车"图片至"避暑山庄站"图片的下方，属性设置如图 5-35 所示。

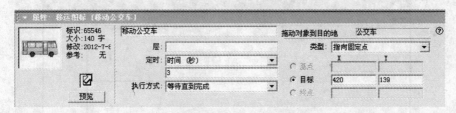

图 5-35　"移动公交车"移动图标的"属性"面板

（4）所有设置完成后，保存并运行程序。

5.3.3　指向固定直线上的某点

"指向固定直线上的某点"动画类型的移动图标对应的"属性"面板如图 5-36 所示。

图 5-36　"指向固定直线上的某点"动画类型的移动图标对应的"属性"面板

利用 Authorware 7.0 制作 CAI 多媒体课件

1. "属性"面板介绍

（1）基点：定义路径起点，其数值可以调整。

（2）目标：定义对象运动的目的位置，对象运动到指定位置就停止。其数值可以在基点和终点之间，也可以超出路径范围，可以直接输入数值，也可以用变量或表达式来控制。

（3）终点：定义路径终点，其数值也可以修改。

（4）执行方式：除了"等待直到完成"和"同时"两个选项外，又增加了一个选项"永久"，当对象运动的目的位置采用变量或表达式来控制时，此选项会在程序执行过程中一直监测变量，一旦变量值发生变化，就使移动图标重新执行。

（5）远端范围：定义了当目的位置的数值大于路径终点的数值时运动该如何进行，其中有 3 个选项供用户选择。

- 循环：以目的位置数值除以终点数值，余数为对象运动的实际目的位置。
- 在终点停止：对象运动到终点就停止。
- 到上一终点：对象将越过终点，一直运动到目的位置。

2. 应用实例

利用移动图标设置"指向固定直线上的某点"动画，使轿车随机停到避暑山庄停车位。

具体步骤如下：

（1）新建一个文件，命名为"指向固定直线上的某点.a7p"。

（2）将"避暑山庄停车场标志"和"轿车"导入到流程线上。

（3）拖曳一个显示图标，命名为"停车位"，并绘制停车位，布局如图 5-37 所示。

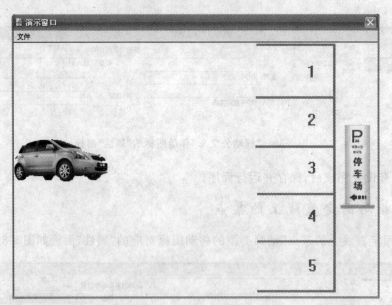

图 5-37 "指向固定直线上的某点"布局

（4）拖曳移动图标到流程线上，命名为"移动轿车"，然后选择"指向固定直线上的某点"动画类型，选中"基点"单选按钮，设置值为"1"，并拖动"轿车"到停车位"1"；选中"终点"单选按钮，设置值为"5"，并拖动"轿车"到停车位"5"，这时用户会看到从停车位"1"到停车位"5"有一条灰色的直线，这条线即为轿车要停车的位置；选中"目标"单选按钮，设置值为

"Random(1,5,1)",Random()为随机函数,"Random(1,5,1)"的含义是以"1"为步长,随机地从 1~5 中取出一个数,其他属性设置如图 5-38 所示。

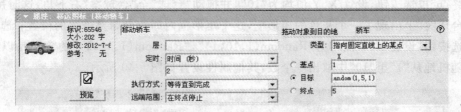

图 5-38 "移动轿车"移动图标的"属性"面板

(5) 所有设置完成后,保存并运行程序。经多次运行程序,轿车停车位置的轨迹即为一条直线。

5.3.4 指向固定区域内的某点

"指向固定区域内的某点"动画类型是移动对象到规定区域内的某一点。

1. "属性"面板介绍

- 基点:定义了区域的起始坐标值。
- 目标:定义了对象运动的目的位置的坐标值。
- 终点:定义了区域的终止坐标值。

在这 3 个选项后都有"X"、"Y"参数,该参数指定的并不是该点的屏幕坐标,而是该点在规定区域内的坐标值,系统默认规定区域的"基点"为(0,0)、"终点"为(100,100),用户可以根据需要对这个参数进行修改。另外,对于对象移动的目的位置的坐标值也可以修改。坐标值可以用数值,也可以用变量或表达式来定义。

对于其他属性在此不再赘述。

2. 应用实例

利用移动图标设置"指向固定区域内的某点"动画,使台球随机到达台球案上的任意位置。

具体步骤如下:

(1) 新建一个文件,命名为"指向固定区域内的某点.a7p"。

(2) 将"台球案"和"台球"导入到流程线上,设置台球的大小,并布置好相应位置,如图 5-39 所示。

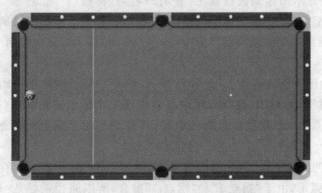

图 5-39 "指向固定区域内的某点"布局

（3）拖曳移动图标到流程线上，命名为"移动台球"，然后选择"指向固定区域内的某点"动画类型，选中"基点"单选按钮，设置 X、Y 值均为"1"，并拖动"台球"至"台球案"左上角；选中"终点"单选按钮，设置 X、Y 值均为"10"，并拖动"台球"至"台球案"右下角，这时用户会看到"台球案"上出现了一个灰色的矩形框，这个矩形框内即为台球要停留的位置；选中"目标"单选按钮，设置 X、Y 值均为"Random(1,10,1)"，"Random(1,10,1)"的含义是以"1"为步长，随机地从"1"至"10"中取出一个数，其他属性设置如图 5-40 所示。

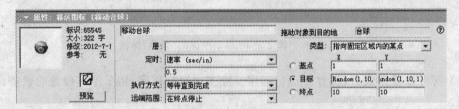

图 5-40 "移动台球"移动图标的"属性"面板

（4）所有设置完成后，保存程序并运行程序。经多次运行程序，台球停至位置的轨迹即为一个区域。

5.3.5 指向固定路径的终点

"指向固定路径的终点"动画类型定义对象沿一条路径运动到终点。首先，单击要移动的对象，选定后，即可用鼠标拖动对象创建它的路径。

1. "属性"面板介绍

编辑点：其中有两个按钮，用于对路径上的节点进行删除和撤销。

移动当：允许设置一个控制对象运动的参数（变量、表达式等），当该参数为真时，对象就运动，否则对象不运动。当对象运动到终点而参数仍然为真时，对象会重复运动，反之则停留在终点。该属性的默认值为空白，即程序只能在第一次遇到该图标时移动对象。

对于其他属性在此不再赘述。

2. 应用实例

利用移动图标设置"指向固定路径的终点"动画，使小球沿圆周匀速运动。

具体步骤如下：

（1）新建一个文件，命名为"指向固定路径的终点.a7p"。

（2）拖曳 3 个显示图标到流程线上，分别命名为"标题"、"轨道"和"小球"，然后在"标题"显示图标中设置文本"小球匀速圆周运动"；在"轨道"显示图标中绘制一个蓝色圆，并在此圆的中心位置绘制一个红色圆点作为中心；在"小球"显示图标中绘制一个小球。布局如图 5-41 所示。

（3）拖曳移动图标至流程线上，命名为"移动小球"，然后选择"指向固定路径的终点"动画类型，单击"小球"作为对象，在"小球"中心会出现一个黑色三角标志（拐点 1），拖动小球至圆的另一侧（拐点 2），此路径经过圆的中心，再拖动小球至圆上的任意位置（拐点 3），如图 5-42 所示。

将"拐点 3"拖曳至"拐点 1"处，并与其重合，然后双击"拐点 2"，则角度拐点变成弧度拐点，路径随之变成弧形，由于"拐点 1"和"拐点 3"重合，所以路径正好是一个圆。将"执行方式"设置为"永久",将"移动当"设置为"TRUE",其他属性设置如图 5-43 所示。

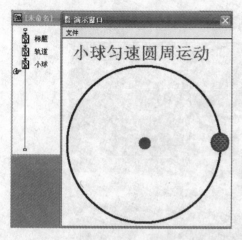

图 5-41 "指向固定路径的终点"布局

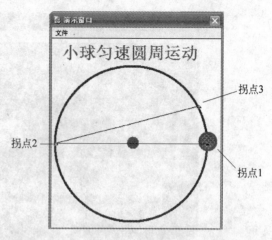

图 5-42 绘制路径

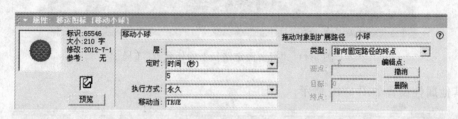

图 5-43 "移动小球"移动图标的"属性"面板

（4）所有设置完成后,保存并运行程序。

5.3.6 指向固定路径上的任意点

"指向固定路径上的任意点"动画类型用于定义对象沿路径运动到某点,与"指向固定路径的终点"动画类型相比,其"属性"面板中增加了"基点"、"目标"、"终点" 3 个选项,用于设置路径的起点、对象在路径上运动的目的地和终点位置值。这 3 个选项的值是可以调整的,可以是数值,也可以是变量或表达式。

其路径的创建方法与"指向固定路径的终点"动画类型完全相同,也需要先选择运动对象,然后拖动对象形成路径。

"指向固定路径上的任意点"动画类型的移动图标的"属性"面板中的各项属性都是前面所介绍过的,因此这里不再赘述。

应用实例：

利用移动图标设置"指向固定路径上的任意点"动画,使小蜜蜂随机地落在某处采蜜。

具体步骤如下：

（1）新建一个文件,命名为"指向固定路径上的任意点.a7p"。

（2）将"花"和"蜜蜂"导入到流程线上,设置蜜蜂的大小,并布置好相应位置。

（3）拖曳移动图标到流程线上,命名为"移动蜜蜂",然后选择"指向固定路径上的任意点"动画类型,单击"蜜蜂"图片,设置基点为 1、终点为 10、目标为"Random(1,10,1)",拖曳

利用 *Authorware 7.0* 制作 *CAI 多媒体课件*

"蜜蜂"形成一个移动路径,再双击角度拐点,将其转化成弧度拐点,如图 5-44 所示。

图 5-44 "指向固定路径上的任意点"布局

其他属性设置如图 5-45 所示。

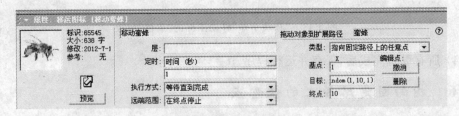

图 5-45 "移动蜜蜂"移动图标的"属性"面板

(4) 所有设置完成后,保存并运行程序。

5.4 Authorware 7.0 的变量和函数

通常,利用 Authorware 的图标和流程线就可以设计简单的多媒体课件,但这种课件在结构和功能上都比较简单,远远不能满足实际应用的需要。例如希望显示计算机当前的时间、设计一道数学题、为程序添加音乐等,这样的要求仅靠组合图标是不可能实现的,需要利用 Authorware 的变量和函数对程序进行更加有效的控制。

5.4.1 Authorware 7.0 的变量

变量用来记录数值、逻辑值和字符串等数据。顾名思义,变量的数值是可以修改的,当然也可以读取出来。Authorware 的变量分为两种,一种是系统变量,例如"FullDate"存放当前系统的日期,"FullTime"存放当前系统的时间等。另一种是根据需要自定义的变量。

Authorware 对变量的要求相当简单,既不需要定义变量的类型,也不需要为它赋初值,这样就给程序设计者减少了许多不必要的麻烦。

1. 系统变量

Authorware 预先定义了许多系统变量,并且自动更新这些变量的值。它们可以用于跟踪程序的执行情况,记录判定分支流向、框架结构、文件、图片、视频、时间或日期等方面的信息。

选择"窗口"→"面板"→"变量"命令或单击"常用"工具栏中的"变量"按钮,打开"变量"面板,如图 5-46 所示。

Authorware 系统变量可以分为 11 类,每一类都含有处理该类具体对象的大量系统变量,Authorware 可以自动改变这些系统变量中的存储信息。每一个变量的名称都是以大写字母开头的,并由一个或多个英文单词构成。有些系统变量的后面还有一个@及图标名,这些变量被称为图标变量,它们对应于一个指定图标中的某个变量的值。

图 5-46 "变量"面板

大多数系统变量不能被赋值,它们的值由 Authorware 系统内部决定,反映了一些程序运行的状态和进程,例如"FullTime"反映了当前小时、分钟、秒的时间值,用户只能读取它们的值。有少数变量可以被赋值,例如"Movable"变量可以被赋值为"TRUE(真)"或"FALSE(假)",如"Movable@"IconTitle" :=FALSE",表示图标"IconTitle"的内容不能被移动。

系统变量的值会随着程序的运行动态改变。当某个系统变量的值改变后,可直接读取该变量,以得到更新后的值。

2. 变量的类型

根据变量的数据存储形式,Authorware 将变量分为 6 种类型。

1) 数值型变量

数值型变量用于存储具体数值,这个数值既可以是正数,也可以是负数。数值型变量可以直接赋值,如"x :=3"。

2) 字符串变量

字符串变量用于存储字符串的变量。字符串由一个或多个字符构成,这些字符可以是英文字母、汉字、数字、特殊字符(如"#"、"&"等)或它们之间的任意组合等。在 Authorware 中,一个字符型变量可以存储多达 30000 个字符。当将字符串赋给一个变量时,必须要用"双引号"将该字符串括起,如"string="青岛 101"。注意,这里的双引号是英文输入状态下的双引号,如果使用了中文状态的双引号就错了。字符型变量可用于存储交互响应中的文本输入内容、文本、日期等信息。

3) 逻辑型变量

逻辑型变量用于存储 TRUE 或 FALSE 两种值。逻辑型变量用来判断程序处于某种状态,也可以直接赋值,如"test :=FALSE"。

137

第 5 章

4）数组（列表）型变量

数组（列表）型变量中存储的是数组。Authorware 支持两种常见的列表，一种是线性列表，即表中每个元素都是单个数值，各元素之间用英文输入状态下的逗号","隔开。例如：

```
week := ["Sunday","Monday","Tuesday","Wednesday","Thursday","Friday","Saturday"]
a := [1,3,5,7,9]
```

另一种是属性列表，即表中的每个元素由属性名及属性值两部分构成，二者之间用英文的"："分隔，元素之间用英文输入状态下的"，"隔开。例如：

```
days := [♯College: "河北民族师范学院",♯Department: "数学与计算机系",♯Name: "张三",
♯StuNum:"0478"]
```

其反映了一个学生个人信息的属性列表型变量，其中的属性值都为字符串型数值。

Authorware 中有专门的系统函数"List"用来对数组变量进行操作。

5）矩形坐标变量（Rect）

矩形坐标变量的功能是存储"矩形"在演示窗口中的坐标位置，其表达形式为$[x_1,y_1, x_2,y_2]$，其中，x_1,y_1 是矩形左上角的坐标值，x_2,y_2 是矩形右下角的坐标值，因而矩形坐标变量非常适用于定义一个矩形区域。系统函数"Rect()"返回的数据就是矩形坐标数据。例如：

```
MyRect := Rect(1,1,100,100)
```

其中，MyRect 是一个矩形变量，它建立一个以点（1,1）为左上角点，以（100,100）为右下角点的矩形区域。

6）点坐标变量（Point）

点坐标变量的功能是存储"点"在演示窗口中的坐标位置，其表达形式为$[x,y]$，其中，x,y 是一个点的坐标。系统函数"Point()"所返回的数据就是点坐标数据。例如：

```
MyPoint := Point(100,200)
```

其中，MyPoint 就是一个点变量，它反映了演示窗口中的点（100,200）。

3. 变量的使用场合

1）在计算图标中使用

这是变量最常用的场合，在计算图标的计算窗口中可以输入表达式、语句进行计算或进行程序控制等，如图 5-47 所示。

2）在显示或交互图标中使用

在显示或交互图标的演示窗口中，不仅可以输入图形、文本，还可以进行变量、函数、表达式的计算和显示。

图 5-47　变量在计算图标中使用

注意，输入的变量一定要放在大括号内，同时选中显示图标"属性"面板中的"更新显示变量"复选框。在显示图标中利用系统变量"FullTime"显示系统当前时间，如图 5-48 所示。

3）在"属性"面板中使用

在"属性"面板的文本框中，除了可以输入常量外，还可以输入变量、函数和表达式。例如，在移动图标的"属性"面板中，目标的值可以是一个变量，那么移动的最终目的地就由这

(a) 输入变量

(b) 显示结果

图 5-48　变量在显示图标中使用

个变量的具体值动态地决定，如图 5-49 所示。

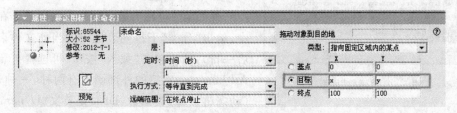

图 5-49　变量在"属性"面板中使用

5.4.2　Authorware 7.0 的函数

函数是用来处理数据、执行某种特定任务的语句或程序逻辑单元。一个应用程序可以划分为许多不同的、相互关联的、执行各自任务的程序段，而函数相当于执行这些特定任务的一小段相对独立的固定程序，系统将它们简化为一条函数语句或一条函数命令。在编程过程中，编程人员不需要反复重写整段代码，采用插入或调用的方式来使用现成的函数即可，这就方便了程序的编写和调试，大大提高了编程的效率和可读性。Authorware 不支持在其内部自定义函数，但可以调用外部函数。也就是说，Authorware 有两种可调用的函数：系统函数和外部函数。系统函数是 Authorware 为用户提供的函数，它可以实现处理变量、控制程序流程或操作文件等功能；而外部函数可以是用户利用其他高级语言开发的函数，也可以是操作系统的函数或外部文件中现有的函数。Authorware 支持从外部动态链接库中加载函数以完善和扩充自身的功能。

对于函数而言，每一个函数的使用都要遵循其固有的语法规则，有的函数还需要给出合适的参数。函数的参数也有两种情况，一种是必选的参数，另一种是可选的参数。如果参数是字符串，则需要使用英文输入状态下的"双引号"括起来。例如，在语句 ResizeWindow(150,300) 中，ResizeWindow 函数有两个参数，分别代表新窗口的宽和高。又如，在语句 SetFill(flag[,color]) 中，参数 color 是放在一对方括号里的，这就代表参数 color 是可选参数，也就是说，函数 SetFill 有两种使用形式：SetFill(flag) 和 SetFill(flag,color)。

除了有参数外，有的函数还有返回值。

1. 系统函数

Authorware 中的系统函数可以分为多种类型，利用它们可以实现字符处理、文件操作、获取时间、跳转交互、数学计算等各种功能。

选择"窗口"→"面板"→"函数"命令或单击"常用"工具栏中的"函数"按钮，打开"函数"面板，如图 5-50 所示。

图 5-50 "函数"面板

当选中了某个函数后,在"描述"列表框中会出现关于该函数的描述,在"参考"文本框中会显示出引用该函数的所有图标以及使用该函数的图标列表。如果这时计算图标是打开的,用户会发现"粘贴"按钮是可用的,单击"粘贴"按钮,选中的函数会自动粘贴到计算窗口中,这样做可以避免因记忆错误而使函数输入错误。

2. 外部函数

外部函数也称为第三方开发的函数。在图5-50中,单击"分类"下拉列表框中的当前文件名(即最后一行),然后单击"载入"按钮,可选择外部函数。Authorware 支持的外部函数有两种,一种是 DLL(动态链接库)类函数,DLL 是英文"Dynamic Link Library"(动态链接库)的缩写,是 Microsoft Windows 操作系统主体函数的集合。工作于 Windows 操作系统的应用软件大多数都可直接调用 DLL。另外一种是 U32s(32 位 UCD 用户代码文件)类函数,UCD 是英文"User Code Documents"(用户代码文件)的缩写,是一种符合 Authorware 应用环境的常见的 DLL 函数。在 Authorware 应用环境中虽然可以调用 DLL 文件,但并不方便,因而为提高多媒体程序设计的效率,Macromedia 公司对常规的 DLL 函数进行了匹配 Authorware 运行环境的扩充处理,使其对于 Authorware 程序而言成为一种透明的 DLL 函数,并取名为 UCD(用户代码文件)函数。目前,只使用 U32s 类函数(即 32 位的 UCD,16 位的 UCD 基本不用了)。当选择好外部函数后,就可以选择需要的具体函数了,如图 5-51 所示,在右边的"描述"列表框中会显示出当前所选函数的详细说明,包括语法格式及参数类型、返回值等。载入函数后,外部函数就可以像系统函数一样使用了。

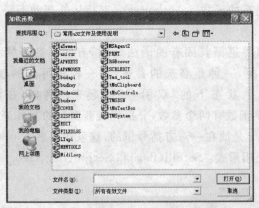

图 5-51 载入外部函数

应用实例:
利用函数产生 1～100 的随机数。

具体步骤如下：

（1）新建一个文件，命名为"产生 1—100 之间的随机数.a7p"。

（2）拖曳计算图标至流程线上，命名为"设置窗口大小"，然后双击打开，输入函数"ResizeWindow(350,150)"。

（3）拖曳显示图标至流程线上，命名为"产生随机数"，然后双击打开，输入"1—100 之间的随机数是：{Random(1,100,1)}"和"单击继续"，如图 5-52 所示。

图 5-52　"产生随机数"的设置

（4）拖曳等待图标至流程线上，命名为"继续"，设置成"单击鼠标"事件，不显示按钮。

（5）拖曳计算图标至流程线上，命名为"继续产生随机数"，然后双击打开，输入"GoTo(IconID@"产生随机数")"。

（6）所有设置完成后，保存并运行程序。

5.4.3　运算符、表达式和基本语句

运算符与表达式也是 Authorware 的主要编程元素。

1. 运算符

在 Authorware 程序中，运算符是能够使计算机对操作数进行各种运算（或操作）的符号。Authorware 提供了多种类型的运算符。

（1）数值运算符：加"＋"、减"－"、乘"＊"、除"/"、乘方"＊＊"。

（2）逻辑运算符：非"～"、与"&"、或"|"。

（3）关系运算符：等于"＝"、不等于"＜＞"、大于"＞"、大于等于"＞＝"、小于"＜"、小于等于"＜＝"。

（4）其他运算符：赋值运算符"：＝"、连接运算符"∧"。

不同的运算符在运算时优先级是不同的，Authorware 7.0 中运算符的优先级分为 9 个级别。

① （ ）（括弧）、MOD（求模）

② ～（逻辑非）、＋（正号）、－（负号）

③ ＊＊（乘方）

④ ＊（乘）、/（除）

⑤ ＋（加号）、－（减号）

⑥ ˆ（连接操作符）

⑦ ＝（等于）、＜＞（不等于）、＜（小于）、＞（大于）、＜＝（小于等于）、＞＝（大于等于）

⑧ &（逻辑与）、|（逻辑或）

⑨ ：＝（赋值运算符）

其中，①代表最高优先级，⑨代表最低优先级，位于同一行的运算符具有同一优先级。对于优先级相同的运算符，按其结合性决定顺序，例如"＋"和"－"的结合性是从左到右，而"～"和"：＝"的结合性是从右到左。

2. 表达式

Authorware 7.0 的表达式是计算求值或执行某个操作的式子,即将运算符和操作数(如常量、变量、函数、字符串),以及括号、注释等元素组合在一起的式子。表达式的核心功能是计算值,因而它总能返回一个值和数据类型。表达式求值时,按照运算符的一定规则进行运算。

表达式的使用场合与变量和函数的使用场合完全一样。

3. 语句

语句是 Authorware 7.0 编程的技术核心,是由变量、函数、运算符及表达式等编程元素构成的。语句是 Authorware 的一个有效的语法结构,它能通过执行某种计算或执行某种操作来输出一个结果。例如 a := 7 是一个赋值语句,它的运行结果就是将数值 7 赋值给变量 a。除了赋值语句外,Authorware 7.0 还有两种十分重要的控制语句:条件语句和循环语句。

1) 条件语句

条件语句在不同的条件下执行不同的操作。常用的条件语句有 3 种格式。

(1) if-then

格式为:

```
if <条件> then <语句组>
```

其中:"条件"是一个表达式,它的计算结果必须是一个逻辑值,若结果为 TRUE,那么就会执行 then 后面的语句组:若结果为 FALSE,就不执行 then 后面的任何语句。

这种格式的条件语句的语法最简单,一般在 then 后面只有一条语句,但是当 then 后面有多条语句时,注意不要省略 end if,否则会出错。

例如:

```
① if a > 0 then s := 60
② if a > 0 then
    x := 1
    y := 3
  end if
```

(2) if-then-else-end if

格式为:

```
if <条件> then
    <语句组 1>
else
    <语句组 2>
end if
```

这是一个双向选择语句,是对第一种格式的扩充,如果条件不为 TRUE,那就执行 else 后面的"语句组 2"。

例如:

```
if a > 0 then
    x := 1
```

```
   y := 2
else
   x := 2
   y := 1
end if
```

(3) if-then else if-then-else-end if

格式为：

```
if <条件 1>  then
   <语句组 1>
else if <条件 2> then
   <语句组 2>
…
else
   <语句块 n>
end if
```

这是一个多项选择语句，是对第二种格式的扩充，可以同时处理许多条件。说明：如果"条件 1"满足，则执行"语句组 1"；如果"条件 1"不满足，且"条件 2"满足，则执行"语句组 2"；继续判断下去，如果所有条件都不满足，则执行"语句块 n"。

例如：

```
if score > = 90 then s := "A"
else if score > = 80 then s := "B"
      else if score > = 70 then s := "C"
            else if score > = 60 then s := "D"
                  else s := "E"
end if
```

2) 循环语句

循环语句用于重复执行某些语句，直到达到一定的次数或条件为真时停止，形成一个循环过程。循环语句一般有 3 种格式。

(1) repeat with-[down] to-end repeat

格式为：

```
repeat with 循环变量 = 初始值 to(或者 down to) 终止值
      语句组
end repeat
```

在该语句中，"循环变量＝初始值 to(或者 down to) 终止值"为循环条件，其中，"初始值"和"终止值"限定了程序执行循环的次数。"循环变量"是在循环过程中控制循环的变量，它从初始值开始，每循环一次自动增加(to)或减少(down to)1，当循环变量的值大于(或小于)"终止值"时，程序退出循环。

例如，求 1 到 100 的和。

```
s := 0
repeat with x := 1 to 100
      s := s + x
```

利用 Authorware 7.0 制作 CAI 多媒体课件

```
end repeat
```

（2）repeat with-in-end repeat

格式为：

```
repeat with  <循环变量>  in  <列表>
    语句组
end repeat
```

在该语句中，循环次数与列表中的元素个数相同，程序每次循环时，列表中的元素值依次赋值给循环变量，直到所有元素用完为止，即列表中的每个元素都必须被用来执行一次循环操作。例如：

```
s := 0
list := [1,3,5,7]
repeat with x in list
    s := s + x
end repeat
```

当循环开始时，x 指定了列表中的第一个值 1，然后进行 s 的累加，s＝0＋1，当计算完列表中的最后一个值 7 后，将退出循环，最后 s 的值为 16，共执行了 4 次循环。

（3）repeat while-end repeat

格式为：

```
repeat while <循环条件>
    语句组
end repeat
```

这是一个"当型"循环语句，每次循环开始，程序都会检查循环条件是否为真，如果为真，则执行语句组，执行完后再返回检查循环条件是否为真，如果为真则继续循环执行语句组，直到条件为假时退出循环。

例如，求 1～100 的和。

```
s := 0
x := 1
repeat while x <= 100
    s := s + x
    x := x + 1
end repeat
```

5.5　Authorware 7.0 交互功能的实现

多媒体技术是将图、文、声、像等各种媒体表达方式有机地结合起来，并具有良好交互性的计算机技术。交互性是多媒体技术中的一个很重要的特点，其目的就是使计算机与用户进行沟通，互相能够对对方的指示作出反应，从而使计算机程序在用户可理解、可控制的情况下顺利运行。Authorware 7.0 提供了多种交互响应方式，如按钮、下拉菜单、文本输入、热区、时间限制、次数限制等。

5.5.1 交互结构

拖曳交互图标至流程线上,命名为"交互",再拖曳一个群组图标至交互图标的右侧,屏幕上将出现一个"交互类型"对话框,其中列出了 11 种交互类型,如图 5-53 所示。

选择其中一种交互类型后,单击"确定"按钮,即创建了具有一个分支的交互结构。继续拖曳其他图标至交互图标右侧,可以创建更多的分支。

典型的交互结构如图 5-54 所示。

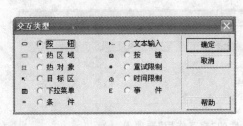

图 5-53 "交互类型"对话框

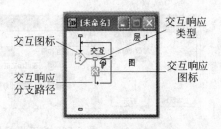

图 5-54 交互结构

1. 交互图标

交互图标是交互结构的核心,所有的交互分支都是通过交互图标创建的。交互图标具有显示的功能,可以添加文本、图形、图像及变量、函数和表达式,交互图标还具有布局各交互分支的功能。

2. 交互响应类型

每个交互响应类型在流程线上都有唯一的响应类型符号,用户单击这些符号,可以设置对应的交互分支属性。

3. 交互响应图标

交互响应图标就是交互结构中的各响应分支图标,即选择某个交互后,程序对该交互的响应。可以直接作为交互响应图标的有显示、擦除、等待、群组、移动、计算和导航图标等,而交互、框架和判断图标需放置在群组图标内。另外,群组图标支持"空"操作。

4. 交互响应分支路径

交互响应分支路径决定了各分支下响应图标执行完成后的走向,主要有"重试"、"继续"、"退出交互"和"返回" 4 种,如图 5-55 所示。

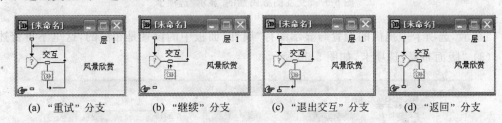

(a) "重试"分支　　(b) "继续"分支　　(c) "退出交互"分支　　(d) "返回"分支

图 5-55 交互响应分支路径

(1) 重试:分支执行完毕后,流程返回交互图标,等待下一次交互输入。

(2) 继续:分支执行完毕后,流程退回原处,继续判断下一个响应。

(3) 退出交互:分支执行完毕后,流程退出该交互,继续执行交互之后的内容。

（4）返回：只有当响应分支选中"永久"复选框后，才可以设置该选项。分支执行完毕后，流程返回到该响应图标，可以继续执行。

5．交互结构的属性

交互结构的属性分为交互图标属性和交互分支属性。

1）交互图标属性

交互图标属性提供了交互结构中的基本属性，包括 4 个选项卡。

（1）"交互作用"选项卡，如图 5-56 所示。

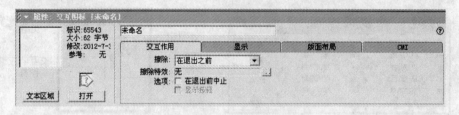

图 5-56　交互图标属性的"交互作用"选项卡

- 擦除：在"擦除"下拉列表框中提供了"在下次输入之后"、"在退出之前"和"不擦除" 3 个选项，用于确定交互结构中各分支执行后，其响应显示内容何时被擦除。
- 擦除特效：用于设置擦除的过渡效果。
- 在退出前中止：选中此复选框，相当于设置了一个"等待"，在退出交互结构时程序会暂停，等待用户确定是否继续退出。
- 显示按钮：只有选中"在退出前中止"复选框，该项才能使用，选中后，以"继续"按钮的形式接受用户的输入。

（2）"显示"选项卡，如图 5-57 所示。

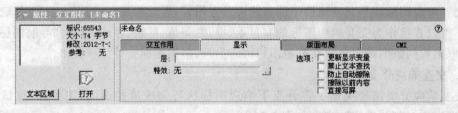

图 5-57　交互图标属性的"显示"选项卡

"显示"选项卡中提供的设置与显示图标"属性"面板中的设置是相同的，这里不再赘述。

（3）"版面布局"选项卡，如图 5-58 所示。

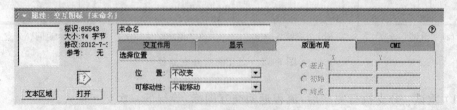

图 5-58　交互图标属性的"版面布局"选项卡

"版面布局"选项卡中提供的设置与显示图标的"属性"面板中的设置是相同的,这里不再赘述。

（4）"CMI"选项卡,如图 5-59 所示。

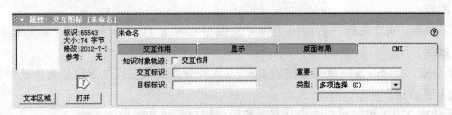

图 5-59　交互图标属性的"CMI"选项卡

CMI(Computer Managed Instruction,计算机管理教学)主要用于对学习者的操作进行跟踪管理的设置。

2) 交互分支属性

单击交互结构分支的响应类型符号,打开交互分支的"属性"面板,如图 5-60 所示。第一个选项卡的名称即为交互响应类型的名称,图 5-60 所示为"按钮"。

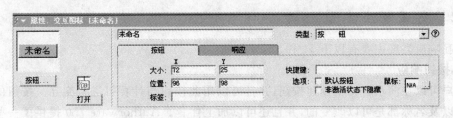

图 5-60　交互分支的"属性"面板

第二个选项卡的名称为"响应",这对任何交互响应类型都是一致的,它提供了分支擦除、分支路径、使用范围等设置,如图 5-61 所示。

图 5-61　交互分支"属性"面板的"响应"选项卡

（1）范围:选中"永久"复选框,表示当前交互在整个程序或程序段运行期间都是可用的。

（2）激活条件:用于设置响应的激活条件,条件可以使用常量、变量或表达式,只有当结果为"真(TRUE)"时,响应才起作用。

（3）擦除:确定分支响应图标执行完毕后,是否擦除该响应图标在演示窗口中显示的内容,有 4 种方式。

* 在下一次输入之后:响应图标执行完毕后,不立即擦除显示内容,而是等用户选择

其他交互后再擦除,这是默认选项。

- 在下一次输入之前:响应图标执行完毕后,立即擦除显示内容。
- 在退出时:响应图标执行的内容将一直保留在屏幕上,直到退出交互时才擦除显示内容。
- 不擦除:响应图标执行的内容将一直保留在屏幕上,直到使用一个擦除图标将其擦除。

(4) 分支:决定分支完成后程序的走向,其4种分支类型在交互响应分支路径中已经介绍,在此不再赘述。

(5) 状态:用于跟踪用户响应并判断和记录用户正确和错误的次数。

- 不判断:该选项为默认设置,即不跟踪用户响应。
- 正确响应:选择该选项,响应图标名称前会出现"＋"标志,程序跟踪用户的正确响应并对正确响应次数进行累加。
- 错误响应:选择该选项,响应图标名称前会出现"－"标志,程序跟踪用户的错误响应并对错误响应次数进行累加。

(6) 计分:用于记录用户的响应得分,可以输入数值或表达式。

5.5.2 交互响应类型

交互响应类型主要有以下11种。

1. 按钮响应

用户可以在演示窗口中创建按钮,并且可以用此按钮与计算机进行交互。按钮的大小和位置以及名称都是可以改变的,并且还可以加上伴音。Authorware 7.0提供了一些标准按钮,用户还可以自定义按钮。当用户单击按钮时,计算机会沿指定的流程线(响应分支)执行。

1) 通过"按钮响应"制作一个简单的实例课件——国旗的升降

具体步骤如下:

(1) 新建一个文件,命名为"按钮响应.a7p"。

(2) 拖曳两个显示图标至流程线上,分别命名为"旗杆"和"国旗",然后分别导入图像,并为"旗杆"显示图标附一个计算图标,内容为"movable：=0",使"旗杆"内容固定,布局如图5-62所示。

(3) 拖曳一个计算图标至流程线上,命名为"赋初值",将 x 赋值为1、y 赋值为0。

(4) 拖曳一个交互图标至流程线上,命名为"升降国旗"。然后拖曳一个群组图标到交互图标右侧,在打开的"交互类型"对话框中选择"按钮"交互类型,命名为"升旗"。接着打开该群组图标,拖曳一个移动图标至流程线上,命名为"向上",利用"指向固定点"的动画类型设置将"国旗"从底端移动至顶端。再拖曳一个计算图标至流程线上,命名为"改变变量",并修改变量,使 x 为0、y 为1。

(5) 同理,设置一个"降旗"群组图标,使"国旗"从顶端降下来,并修改变量,使 x 为1、y 为0。整个程序的流程结构如图5-63所示。

(6) 双击"升降国旗"交互图标,可以改变"升旗"和"降旗"按钮的位置。

(7) 运行并保存程序。最终运行结果如图5-64所示。

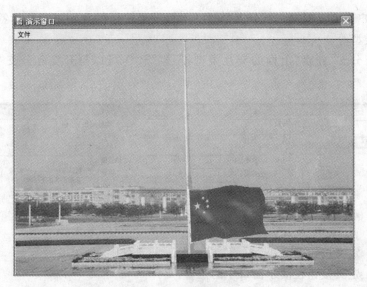

图 5-62　内容布局

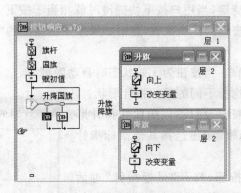

图 5-63　程序流程结构

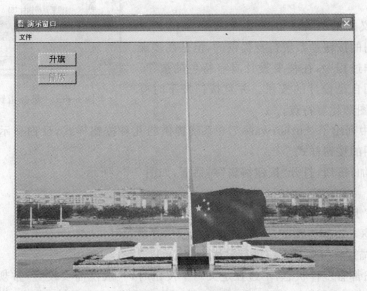

图 5-64　运行结果

利用 *Authorware 7.0* 制作 *CAI* 多媒体课件

另外,用户还可以根据交互分支"属性"面板设置按钮的大小、位置、标签、快捷键,以及鼠标指针的类型等。

单击交互分支"升旗"上面的交互类型符号"-心-",可以打开交互分支"属性"面板,如图 5-65 所示。

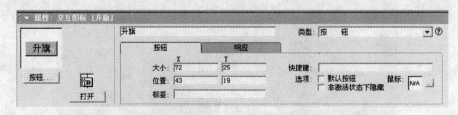

图 5-65　交互分支"属性"面板

- 大小:定义按钮的大小。
- 位置:定义按钮在演示窗口中的位置。
- 标签:定义按钮上的文字标签。
- 快捷键:定义快捷键,当用户按下快捷键时就相当于按下了相应的按钮。
- 默认按钮:使此按键为默认设置,这时如果按下键盘上的"Enter"键就相当于按下了此按钮。
- 非激活状态下隐藏:当按钮为无效状态时自动隐藏。
- 鼠标:允许用户选择不同的鼠标指针形状。

在设计程序时经常需要设置不同的鼠标指针形状。下面为"升旗"和"降旗"按钮选择其他鼠标指针形状。

单击"鼠标"后面的按钮,打开"鼠标指针"对话框,选择一种指针样式,然后单击"确定"按钮即可,如图 5-66 所示。

图 5-66　"鼠标指针"对话框

2) 自定义按钮

上面使用的按钮是系统自身提供的,但是在多媒体课件的制作过程中,往往要设计具有特色的按钮。例如希望使用自己设计的按钮。并且按钮按下时有声响,有外观图形化等特点。

图 5-67 中列出了 Authorware 7.0 系统提供的几种按钮样式,反白显示(蓝色光条)表示出当前使用的按钮样式。

单击"添加"按钮,打开"按钮编辑"对话框,如图 5-68 所示。

其中,

- 状态:用于定义按钮的各个状态。
- 预览区:右侧为预览区,用来查看按钮的外观。
- 按钮描述:用来对按钮进行描述说明。

每个按钮都有多种状态,不过在定义一个按钮时,一般仅需要设置"常规"状态下的"未按"、"按下"和"在上"状态,即"正常"状态、"按下"状态和"鼠标指向"状态时的按钮外观,由

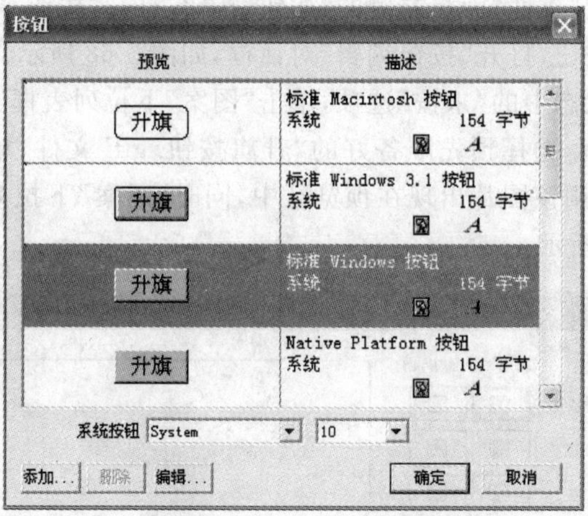

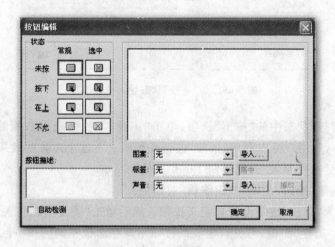

图 5-67　"按钮"对话框

图 5-68　"按钮编辑"对话框

于"按下"状态持续的时间较短,因此可以不考虑"按下"状态的外观。所以,在自定义按钮时,用户应完成以下工作:

(1) 为"未按"状态导入图片。

(2) 为"按下"状态导入声音(按钮按下时的声音)。

(3) 为"在上"状态导入图片、声音(鼠标指向时的声音)。

下面通过实例制作自定义按钮。

具体步骤如下:

(1) 利用图像处理软件制作 4 个按钮图片,再准备两个声音文件,分别用于按钮"未按"、"在上"和"按下" 3 种状态。

(2) 打开"按钮响应.a7p"文件。

(3) 单击交互分支"升旗"上面的交互类型符号"-┯-",打开交互分支的"属性"面板,如图 5-65 所示。

（4）单击交互分支"属性"面板左侧的"按钮"按钮，打开"按钮"对话框，如图5-67所示。

（5）单击"添加"按钮，打开"按钮编辑"对话框，如图5-68所示。

（6）选择"常规"状态中的"未按"选项，单击"图案"下拉列表框右侧的"导入"按钮，打开"导入哪个文件"对话框，选择预先准备好的"升旗按钮.gif"文件，单击"导入"按钮，将其导入到按钮编辑窗口中，则该图片出现在预览区中，同时"图案"下拉列表框中的内容变为"使用导入图"，如图5-69所示。

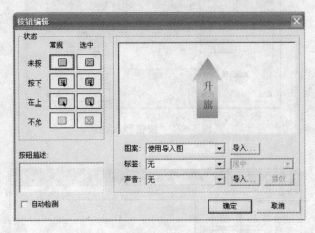

图5-69 为"未按"状态导入一幅图片

（7）选择"常规"状态中的"按下"选项，单击"声音"下拉列表框右侧的"导入"按钮导入声音"sound1.wav"，用户可以利用"播放"按钮来预听一下这个声音的效果。

（8）为"在上"选项导入"升旗按钮1.gif"文件。

（9）单击"确定"按钮，关闭"按钮编辑"对话框。

（10）同理，为"降旗"按钮设置自定义按钮。然后单击"确定"按钮，关闭"按钮"对话框，返回到交互分支"属性"面板，可见自定义的按钮出现在面板左侧的预览区中。

（11）双击交互图标，然后重新摆放两个按钮的位置。

（12）另存该程序为"自定义按钮响应.a7p"文件。

（13）运行程序，如图5-70所示。

2. 热区域响应

用户可以在演示窗口中创建一个不可见的矩形区域，采用交互的方法，在区域内"单击"、"双击"或"把鼠标指针放在区域内"，程序就会沿该响应分支的流程线执行，区域的大小和位置是可以根据需要在演示窗口中任意调整的，这个区域被称为"热区域"。

下面利用"热区域响应"制作一个多媒体课件——学习认识常用化学仪器。

具体步骤如下：

（1）新建一个文件，命名为"热区域响应.a7p"。

（2）拖曳一个交互图标至流程线上，命名为"认识化学仪器"，然后双击交互图标，在演示窗口中输入文本"学习认识常用化学仪器"，并导入图片"广口瓶"、"集气瓶"、"细口瓶"、"烧瓶"和"锥形瓶"，布局如图5-71所示。

（3）拖曳5个显示图标至流程线上交互图标的右侧，选择交互类型为"热区域"，并分别

图 5-70　自定义按钮的运行结果

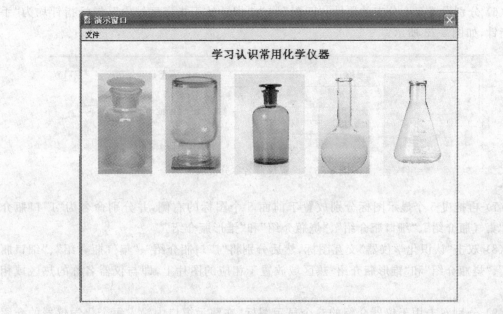

图 5-71　内容布局

命名为"广口瓶名称"、"集气瓶名称"、"细口瓶名称"、"烧瓶名称"和"锥形瓶名称"。

　　（4）如果要设置热区域响应,必须指定热区域。双击"认识化学仪器"交互图标,打开演示窗口,分别拖曳 5 个虚线框（即热区域）至 5 个图片上,并调整其大小与图片等大,如图 5-72 所示。

　　（5）分别双击 5 个显示图标,在演示窗口中输入每个化学仪器的名称,并使每种仪器的名称位于相应仪器的下方。

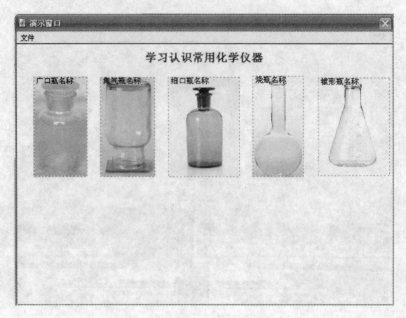

图 5-72　指定热区域

（6）分别设置 5 个分支的属性，"匹配"均为"指针处于指定区域内"，鼠标指针均为"手形"指针，如图 5-73 所示。

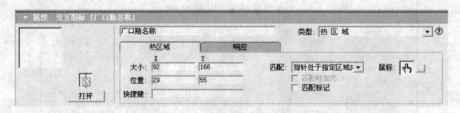

图 5-73　设置仪器名称分支属性

（7）再拖曳 5 个显示图标分别放置于前面 5 个图标的右侧，并分别命名为"广口瓶介绍"、"集气瓶介绍"、"细口瓶介绍"、"烧瓶介绍"和"锥形瓶介绍"。

（8）双击"认识化学仪器"交互图标，然后分别将"广口瓶介绍"、"集气瓶介绍"、"细口瓶介绍"、"烧瓶介绍"和"锥形瓶介绍"热区域放置于相应的图片上，即与仪器名称的热区域相重合。

（9）分别双击用于仪器介绍的 5 个显示图标，在演示窗口中输入每个化学仪器的介绍内容，并将介绍内容置于相应仪器的下方。

（10）分别设置用于仪器介绍的 5 个分支的属性，"匹配"均为"单击"，鼠标指针均为"手形"指针，如图 5-74 所示。

（11）整个程序的流程结构如图 5-75 所示。

（12）运行并保存程序，最终运行结果如图 5-76 所示。

3. 热对象响应

与"热区域响应"不同，该响应的对象是一个实实在在的对象，对象可以是任意形状的，

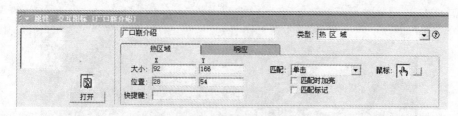

图 5-74　设置仪器介绍分支属性

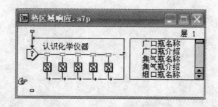

图 5-75　程序流程结构

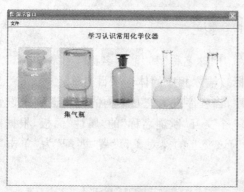

(a) 鼠标放在图片上

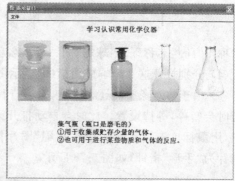

(b) 单击图片

图 5-76　运行结果

而"热区域响应"的响应区域是矩形区域。这两种响应互为补充,大大提高了 Authorware 7.0 交互的可靠性、准确性。

下面利用"热对象响应"制作一个多媒体课件——认识常见的体育运动项目。

具体步骤如下:

(1) 新建一个文件,设置文件的演示窗口大小和背景色(浅绿色)等属性,并命名为"热对象响应.a7p"。

(2) 拖曳一个群组图标至流程线上,命名为"对象"。然后在该群组图标中放置 8 个显示图标,分别命名为"跳绳"、"跳远"、"游泳"、"跨栏"、"铅球"、"举重"、"网球"和"篮球",并导入相应的图片,设置每张图片的"显示模式"为"透明"。其布局如图 5-77 所示。

注意:对象必须放在不同的显示图标中,因为同一个显示图标中的所有内容会被"热对象"响应当作一个对象整体来看待。

(3) 拖曳一个交互图标至流程线上,命名为"体育运动项目",并拖曳 8 个显示图标至交互图标右侧作为响应图标,交互类型为"热对象",分别命名为"跳绳名称"、"跳远名称"、"游

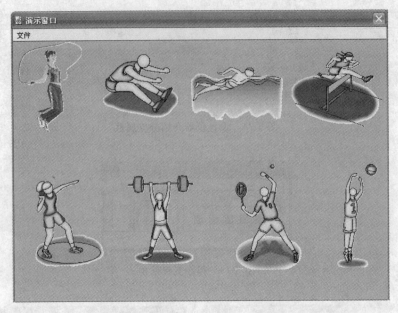

图 5-77 内容布局

泳名称"、"跨栏名称"、"铅球名称"、"举重名称"、"网球名称"和"篮球名称"。

（4）分别打开这 8 个响应图标（即显示图标），输入相应的体育项目名称。

（5）由于热对象交互还未设置，需运行程序，当程序进入交互结构的流程遇到未设置的响应时会暂停，等待设置。此时会自动打开第一个交互"跳绳名称"的"属性"面板，根据提示信息，用鼠标单击演示窗口中的"跳绳"图片作为该交互的热对象，设置"匹配"为"单击"、鼠标指针为"手形"指针，如图 5-78 所示。

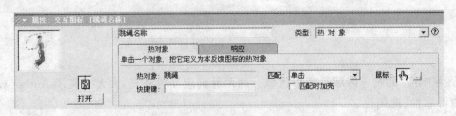

图 5-78 "跳绳名称"的"属性"面板

在"匹配"下拉列表框中有 3 个选项供用户选择。

• 单击：默认设置，当用户在热对象上单击时触发响应。

• 双击：当用户在热对象上双击时触发响应。

• 指针在对象上：当鼠标指针在热对象上时触发响应。

（6）按同样的方法设置其余 7 个响应图标。

（7）整个程序的流程结构如图 5-79 所示。

（8）保存并运行程序，单击某图片会显示该图片的名称，可以将该名称拖曳至相应图片的下方，如图 5-80 所示。

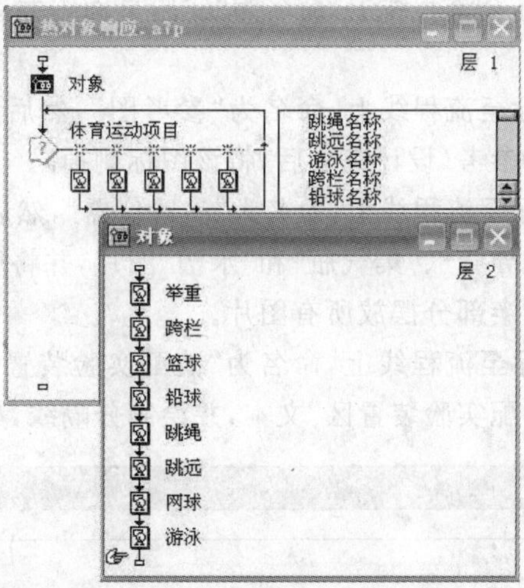

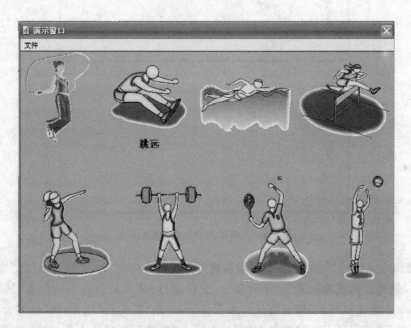

图 5-79　程序流程结构

图 5-80　运行结果

4. 目标区响应

在多媒体课件中,经常要求用户将某个对象拖动到指定的位置,目标区响应就是用来设置移动对象的,当用户把对象移至目标区域时,程序就沿着指定的流程线执行。用户需要确定要移动的对象及其目标区域的位置。

下面利用"目标区响应"制作一个多媒体课件——装配"利用 $KMnO_4$ 制氧气"的实验装置。

具体步骤如下:

（1）新建一个文件,设置文件的演示窗口大小,并命名为"目标区响应.a7p"。

（2）拖曳一个显示图标至流程线上，命名为"实验桌面"，并在其演示窗口的下半部分绘制"实验桌面"。

（3）拖曳一个显示图标至流程线上，命名为"参考图"，然后导入"参考图"图片，并放置在"实验桌面"上，作为设计参考（设计完成后，将该图标删掉）。

（4）拖曳一个群组图标至流程线上，命名为"实验仪器"，然后打开该群组图标，导入"铁架台"、"酒精灯"、"试管"、"导管"、"集气瓶"和"水槽"图片，并将所有图片的"显示模式"设置为"透明"，在演示窗口的上半部分摆放所有图片。

（5）拖曳一个交互图标至流程线上，命名为"装配实验装置"，然后打开该交互图标，输入"实验仪器准备区"和"装配实验装置区"文本，并绘制分隔线，如图 5-81 所示。

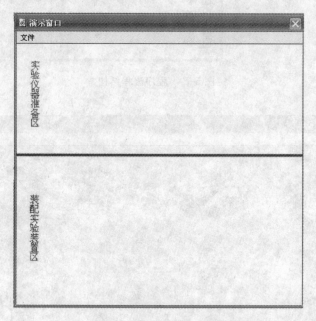

图 5-81 "装配实验装置"交互图标

（6）拖曳一个群组图标至"装配实验装置"交互图标的右侧，选择"目标区"交互响应类型，命名为"铁架台的正确位置"。运行程序，会自动打开"铁架台的正确位置"的目标区"属性"面板和一个虚线框区域（即目标区），根据提示，单击"铁架台"图片，将"铁架台"作为目标对象，可以看到"目标区"移至"铁架台"图片上了，调整该目标区的大小与铁架台图片的大小相同，再根据提示，拖动对象到目标位置（即演示窗口的下半部分参考图相应的位置），如图 5-82 所示。设置"铁架台的正确位置"的目标区属性，目标对象的"放下"选项为"在中心定位"，如图 5-83 所示。

（7）拖曳一个群组图标至"铁架台的正确位置"之后，命名为"铁架台的错误位置"，然后运行程序，会自动打开"铁架台的错误位置"的目标区"属性"面板和一个虚线框区域（即目标区），根据提示，单击"铁架台"图片，将"铁架台"作为目标对象，可以看到"目标区"移至"铁架台"图片上了，调整该目标区的大小与演示窗口的大小相同，如图 5-84 所示。设置"铁架台的错误位置"的目标区属性，目标对象的"放下"选项为"返回"，如图 5-85 所示。

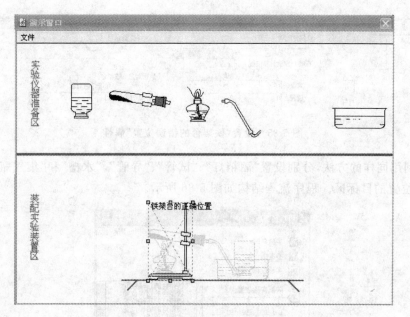

图 5-82 设置"铁架台的正确位置"目标区

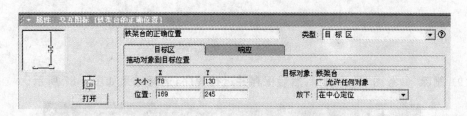

图 5-83 设置"铁架台的正确位置"属性

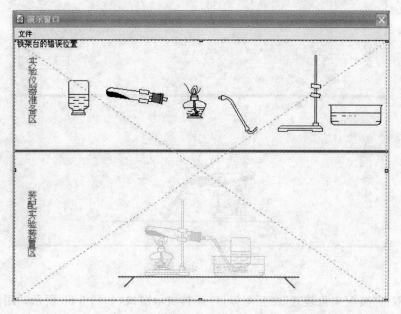

图 5-84 设置"铁架台的错误位置"目标区

160

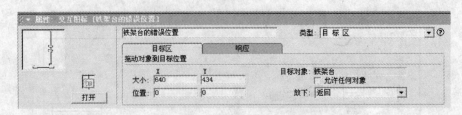

图 5-85　设置"铁架台的错误位置"属性

（8）利用同样的方法，分别设置"酒精灯"、"试管"、"导管"、"水槽"和"集气瓶"的正确位置和错误位置的目标区。程序流程结构如图 5-86 所示。

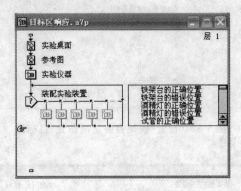

图 5-86　程序流程结构

（9）删除"参考图"显示图标，然后保存并运行程序，运行结果如图 5-87 所示。

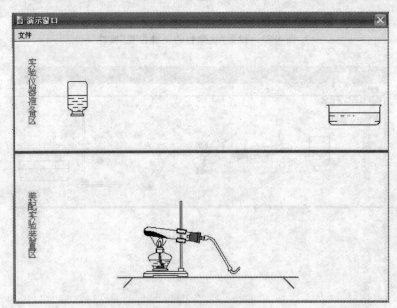

图 5-87　运行结果

（10）双击"装配实验装置"交互图标，打开其演示窗口，如图 5-88 所示。用户从该图中可以看出"铁架台的错误位置"、"酒精灯的错误位置"、"试管的错误位置"、"导管的错误位置"、"水槽的错误位置"和"集气瓶的错误位置"重合在一起了。上述程序使用了 12 个响应图标,其实使用 7 个响应图标就可以达到同样的目的。删除前 5 个错误位置的响应图标,只保留最后一个错误位置的响应图标,将其名改为"所有仪器的错误位置",程序流程结构如图 5-89 所示,并设置其属性"允许任何对象"为选中状态,如图 5-90 所示。

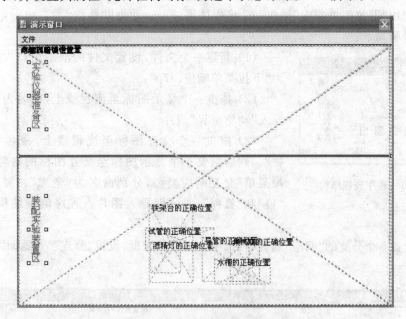

图 5-88　"装配实验装置"交互图标的演示窗口

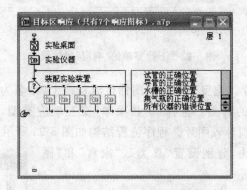

图 5-89　只有 7 个响应图标的流程结构

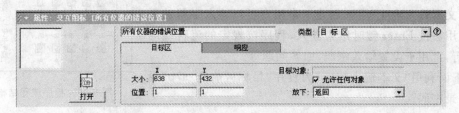

图 5-90　"所有仪器的错误位置"的属性设置

(11) 保存并运行程序。

5．下拉菜单响应

"下拉菜单响应"用于创建下拉菜单，控制程序的流向。大家对下拉菜单并不陌生，各种软件大多都有下拉菜单，使用起来十分方便。

下面利用"下拉菜单响应"制作一个多媒体课件——动物世界。

具体步骤如下：

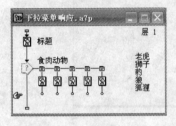

图 5-91　程序流程结构

(1) 新建一个文件，设置文件的演示窗口大小，并命名为"下拉菜单响应.a7p"。

(2) 拖曳一个显示图标至流程线上，命名为"标题"，并导入"动物世界"图片。

(3) 拖曳一个交互图标至流程线上，命名为"食肉动物"。然后拖曳 5 个显示图标至交互图标的右侧，选择"下拉菜单"交互响应类型，分别命名为"老虎"、"狮子"、"豹"、"狼"和"狐狸"，并分别导入图片。程序流程结构如图 5-91 所示。

(4) 设置 5 个分支的"响应"属性，均选中"永久"复选框，设置"分支"为"返回"，如图 5-92 所示。

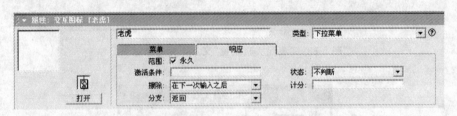

图 5-92　下拉菜单的"响应"属性设置

(5) 多个菜单的设置。拖曳一个交互图标至流程线上，命名为"食草动物"，然后拖曳 5 个显示图标至交互图标的右侧。选择"下拉菜单"交互响应类型，分别命名为"马"、"牛"、"羊"、"驴"和"鹿"，并分别导入图片。程序流程结构如图 5-93 所示。

(6) 利用同样的方法，分别设置"鸟类"、"家禽"和"昆虫"等的下拉菜单响应。

(7) 保存并运行程序，运行结果如图 5-94 所示。

6．文本输入响应

"文本输入响应"用来创建一个用户可以输入字符的区域，当用户按 Enter 键时结束输入，程序按规定的流程线继续执行，常用于设置输入密码、回答问题等。

下面利用"文本输入响应"为程序"目标区响应.a7p"设置"登录密码"。

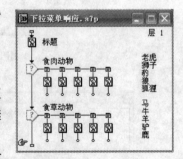

图 5-93　程序流程结构

具体步骤如下：

(1) 打开"目标区响应.a7p"程序，另存为"文本输入响应.a7p"。

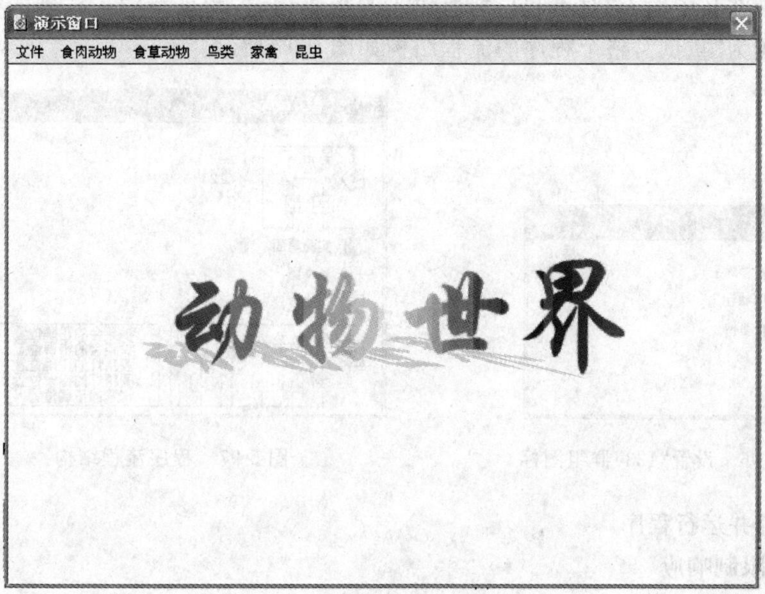

图 5-94　运行结果

（2）拖曳一个交互图标至流程线上，命名为"密码"。然后拖曳一个群组图标至交互图标的右侧，选择"文本输入"交互响应类型，命名为"123"。利用"123"作为文本输入交互类型的响应条件，可以使该分支执行，即用户只有从键盘上输入"123"时，才会进入该分支执行。双击分支交互类型符号，打开交互响应"属性"面板，将"响应"选项卡中的"分支"设置为"退出交互"。接着双击"密码"交互图标，在演示窗口中输入"请输入登录密码："，如图 5-95所示。

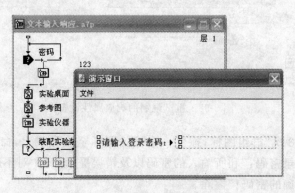

图 5-95　设置"文本输入"响应

（3）打开"123"群组图标，拖曳一个擦除图标至流程线上，命名为"擦除密码"，设置将文本"请输入登录密码："和密码"123"擦除，不再显示。然后拖曳一个显示图标至流程线上，命名为"欢迎"，在其中输入"欢迎您使用本多媒体课件！希望本课件能够给您带来愉快的心情和事半功倍的学习效果！"。再拖曳一个等待图标至流程线上，命名为"等待"，选中"单击鼠标"和"按任意键"复选框，设置"时限"为"5"秒，不显示"倒计时"和"按钮"，如图 5-96 所示。

（4）拖曳一个显示图标至"123"群组图标的右侧，命名为"＊"（＊为通配符，可以代表多个任意字符），在其中输入"对不起！您所输入的密码错误，请重新输入正确的密码！"，并将该"分支"设置为"重试"，整个程序的流程结构如图5-97所示。

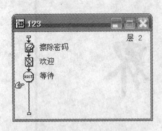

图5-96　设置"123"群组图标

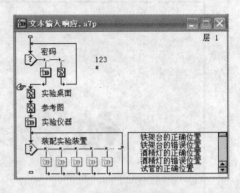

图5-97　程序流程结构

（5）保存并运行程序。

7. 重试限制响应

"重试限制响应"限制用户与当前程序交互的尝试次数，当达到规定次数时，就会执行规定的分支，常用来制作测试题或密码重试次数。

下面利用"重试限制响应"设置程序的密码输入次数。

具体步骤如下：

（1）打开"文本输入响应.a7p"文件，另存为"重试限制响应.a7p"。

（2）拖曳一个群组图标至"＊"响应图标的右侧，命名为"重试3次"，然后选择"重试限制"交互响应类型，并设置"重试限制"响应属性的"最大限制"为"3"，如图5-98所示。

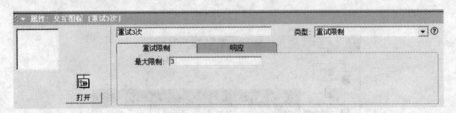

图5-98　重试限制的响应属性设置

（3）打开"重试3次"群组图标，拖曳一个擦除图标至流程线上，命名为"擦除非法登录提示"，将"请输入登录密码："和所输入的密码以及错误提示信息"对不起！您所输入的密码错误，请重新输入正确的密码！"擦除。

（4）继续拖曳一个显示图标至流程线上，命名为"重试提示"，在其中输入"您已经尝试三次！3秒钟后退出登录！"。

（5）拖曳一个等待图标至流程线上，命名为"3秒"，设置等待图标的"时限"为"3"秒。然后拖曳一个计算图标至流程线上，命名为"退出"，在其中输入函数"quit()"。整个程序的流程结构如图5-99所示。

（6）保存并运行程序。

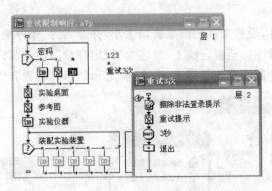

图 5-99　程序流程结构

8. 时间限制响应

"时间限制响应"是指当用户在特定时间内未能实现特定的交互时,这个响应可使程序按指定的流程线继续执行,其常用于"时间限制输入"等。

下面利用"时间限制响应"设置在一定的时间限制内完成程序的密码输入,否则退出。

具体步骤如下:

(1) 打开"文本输入响应.a7p"文件,另存为"时间限制响应.a7p"。

(2) 拖曳一个群组图标至"﹡"响应图标的右侧,命名为"限制10秒",然后选择"时间限制"交互响应类型,并设置"时间限制"响应属性的"时限"为"10"秒,如图 5-100 所示。

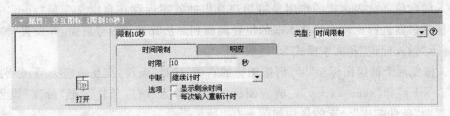

图 5-100　时间限制的响应属性设置

(3) 打开"限制 10 秒"群组图标,拖曳一个擦除图标至流程线上,命名为"擦除非法登录提示",将"请输入登录密码:"和所输入的密码以及错误提示信息"对不起! 您所输入的密码错误,请重新输入正确的密码!"擦除。

(4) 拖曳一个显示图标至流程线上,命名为"重试提示",在其中输入"您已经尝试多次,超过时限! 3 秒钟后退出登录!"。

(5) 拖曳一个等待图标至流程线上,命名为"3 秒",设置等待图标的"时限"为"3"秒。然后拖曳一个计算图标至流程线上,命名为"退出",在其中输入函数"quit()"。整个程序的流程结构如图 5-101 所示。

(6) 保存并运行程序。

9. 条件响应

"条件响应"用条件来控制分支的选择和执行,当指定条件满足时,可使程序沿着指定的流程线执行。条件可以是变量、函数或表达式。

下面利用"条件响应"制作一个多媒体课件——计算 100 以内的两个随机整数的和。

具体步骤如下：

（1）新建一个文件，设置文件的演示窗口大小，并命名为"条件响应.a7p"。

（2）拖曳一个计算图标至流程线上，命名为"设定变量"，设置其内容如图 5-102 所示。

（3）拖曳一个显示图标至流程线上，命名为"显示题目"，设置其内容如图 5-102 所示。

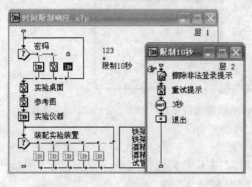

图 5-101　程序流程结构　　　　　　　　　图 5-102　程序内容设置

（4）拖曳一个交互图标至流程线上，命名为"算题"，然后拖曳一个群组图标至交互图标的右侧，选择"文本输入"交互响应，命名为"＊"，并设置该"分支"属性为"继续"，目的是接收用户输入后将结果送交互响应进行判断。在"＊"群组图标中放置一个计算图标，命名为"接收数据"，内容为"sum：＝NumEntry"。其中，系统变量"NumEntry"中保存了用户在文本框中输入的数值。此表达式的作用是将用户算出的答案保存在自定义变量"sum"中，留待以后与标准答案进行比较。将文本框的位置调整到加法算式的等号后面，并设置"输入文本框"不显示"输入标记"和文本模式为"透明"。

（5）拖曳两个群组图标至"＊"群组图标的右侧，选择"条件"交互响应类型，分别命名为"sum＜＞x＋y"和"sum＝x＋y"。响应图标的名称即为"响应条件"，把"分支"设置为"重试"，设置两"条件响应"分支的属性如图 5-103 所示。

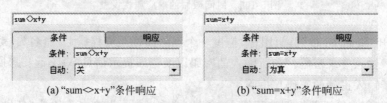

(a)"sum＜＞x+y"条件响应　　　　　(b)"sum=x+y"条件响应

图 5-103　"条件响应"属性设置

其中，

① 条件：定义了分支的响应条件。

② 自动：定义了条件自动判断的方式，它有 3 个选项。

• 关：不进行条件的自动判断。

• 为真：当条件成立时执行分支。

• 为假：当条件由"假"变化为"真"时执行分支。

（6）打开"sum＜＞x＋y"群组图标，放置一个显示图标，命名为"叉号"，然后在"叉号"显示图标中绘制一个红色的"×"号。

（7）打开"sum＝x＋y"群组图标，放置一个显示图标，命名为"对号"，然后在"对号"显示图标中绘制一个红色的"√"号。接着放置一个等待图标，命名为"按任意键继续"，并设置该图标的"事件"属性为"按任意键"。最后放置一个计算图标，命名为"继续出题"，内容为"GoTo(IconID@"设定变量")"。整个程序的流程结构如图 5-104 所示。

（8）保存并运行程序。

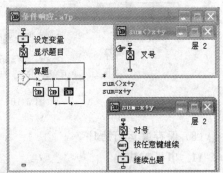

图 5-104　程序流程结构

10. 按键响应

键盘是计算机最主要的输入工具之一，是人机交互的重要途径。按键响应是指对用户敲击键盘的事件进行响应，控制程序的执行。

下面利用"按键响应"制作一个多媒体课件——利用 4 个方向键控制棋子的移动。

具体步骤如下：

（1）建立一个新文件，命名为"按键响应.a7p"。

（2）拖曳一个显示图标到流程线上，命名为"棋盘"。然后双击该显示图标，在演示窗口中利用制作工具箱中的矩形工具绘制一个"4×4"方格的棋盘，如图 5-105 所示。

（3）拖曳一个显示图标到流程线上，命名为"棋子"，然后双击打开显示图标，导入"棋子"图片。

（4）拖曳一个交互图标到流程线上，命名为"移动棋子"。然后向交互结构中放置 4 个计算图标，响应类型均为"按键响应"，并分别命名为"leftarrow"、"rightarrow"、"uparrow"、"downarrow"，再向交互结构中放置一个移动图标，响应类型为"条件响应"，命名为"TRUE"，并设置以上 5 个响应属性的"分支"均为"继续"。流程结构如图 5-106 所示。

图 5-105　绘制 4×4 方格的棋盘

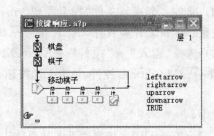

图 5-106　程序流程结构

（5）设置"leftarrow"、"rightarrow"、"uparrow"和"downarrow"响应图标的响应属性。"leftarrow"响应的激活条件为"$x>1$"，"rightarrow"响应的激活条件为"$x<4$"，"uparrow"响应的激活条件为"$y>1$"，"downarrow"响应的激活条件为"$y<4$"，其他设置相同。

注意：将 x 和 y 的初始值均设置为"1"。

（6）打开"leftarrow"计算图标，在计算窗口中输入"x∶＝x－1"。同理，在"rightarrow"

计算窗口中输入"x：＝x＋1"；在"uparrow"计算窗口中输入"y：＝y－1"；在"downarrow"计算窗口中输入"y：＝y＋1"。

（7）单击移动图标设置其属性，如图 5-107 所示。棋子的移动范围如图 5-108 所示。

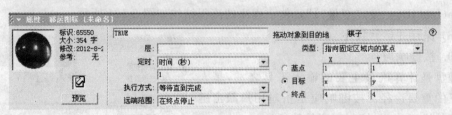

图 5-107 设置移动图标的属性

（8）保存并运行程序。

11. 事件响应

"事件响应"主要用于对程序流程中使用 ActiveX 控件的触发事件进行响应。

"事件响应"可以对流程线上外部控件的 Event 事件进行响应。这些外部控件可以是由"插入"→"控件"命令插入的 ActiveX 控件，也可以是由"插入"→"媒体"命令插入的 GIF 动画、Flash 动画或 QuickTime 动画。不同的外部控件有着不同的 Event 事件，通过对这些事件监测，可以实现不同的响应。

下面利用"事件响应"制作一个多媒体课件——视频播放。

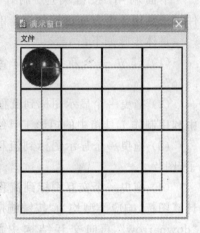

图 5-108 棋子的移动范围

在这个多媒体课件中，将通过 ActiveX 控件调用 RMVB 视频，并通过按钮响应控制视频的播放。

具体步骤如下：

（1）建立一个新文件，命名为"事件响应.a7p"。

（2）准备一个视频文件"探索发现.rmvb"。

注意：视频文件和程序文件放在同一目录下才可以顺利播放。

（3）选择"插入"→"控件"→ActiveX 命令，打开 Select ActiveX Control 对话框，选择"RealPlayer G2 Control"控件，单击 OK 按钮，打开该控件的属性对话框，设置属性如图 5-109 所示。

其中，

- AutoGotoURL：该属性设置是否自动链接，有"True"和"False"两个值，这里选择"True"。

- AutoStart：该属性设置是否自动播放，有"True"和"False"两个值，这里选择"False"。

- Controls：该属性返回或设置可见播放器的控制，其值有"All（既显示图像窗口又显示控制面板）"、"ControlPanel（显示控制面板）"、"ImageWindow（显示图像窗口）"等，这里输入"ImageWindow"。

Source：需要播放的媒体文件的名称，可以是本地文件或者 URL 地址。

WindowName：设置控件窗口的名称，这里输入"视频播放"。

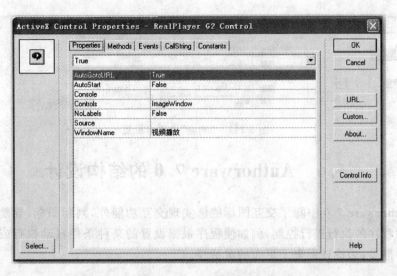

图 5-109 RealPlayer G2 Control 控件的属性对话框

单击 OK 按钮,在流程线上插入 ActiveX 控件图标,并命名为"视频播放器"。然后通过调用 ActiveX 控件的"方法"完成特定的功能。

(4) 创建程序流程结构,如图 5-110 所示。

在"播放"计算图标中输入以下代码:

```
file := "探索发现.rmvb"
SetSpriteProperty(@"视频播放器", #source, file)
CallSprite(@"视频播放器", #DoPlay)
a := 2
```

注意:为变量"a"赋初值"1"。

在"暂停"计算图标中输入以下代码:

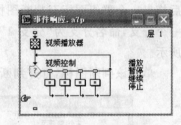

图 5-110 程序流程结构

```
CallSprite(@"视频播放器", #DoPause)
a := 3
```

在"继续"计算图标中输入以下代码:

```
CallSprite(@"视频播放器", #DoPlaypause)
a := 2
```

在"停止"计算图标中输入以下代码:

```
CallSprite(@"视频播放器", #Dostop)
a := 1
```

设置"播放"交互响应的属性,"响应"选项卡的激活条件为"$a=1$",如图 5-111 所示。然后依次设置"暂停"、"继续"、"停止"交互响应的属性,"响应"选项卡的激活条件依次为"$a=2$"、"$a=3$"和"$a=2$"。

(5) 保存并运行程序。

利用 Authorware 7.0 制作 CAI 多媒体课件

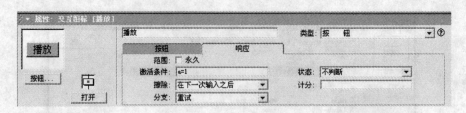

图 5-111　"响应"选项卡设置

5.6　Authorware 7.0 的结构设计

在 Authorware 7.0 中除了交互图标能够实现交互功能外,判断图标、导航图标和框架图标也能对程序的执行进行控制,例如使程序根据设置的某种条件自动执行或在程序内容之间灵活导航等,为设计带来了更大的灵活性。

5.6.1　判断图标

判断图标能够根据用户设置的条件自动决定程序的执行情况。

1. 判断图标及分支属性

新建一个文件,拖曳一个判断图标至流程线上,命名为"判断",然后拖曳一个群组图标至判断图标的右侧,则群组图标作为判断图标的一个分支,命名分支为"分支 1",这就是标准的判断结构,如图 5-112 所示。

单击该判断图标,打开判断图标的"属性"面板,如图 5-113 所示。

图 5-112　判断结构

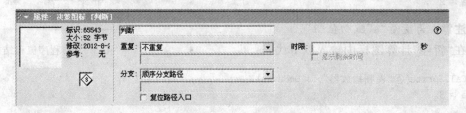

图 5-113　判断图标"属性"面板

下面介绍各项的含义。

(1)重复:定义判断图标运行时的重复方式,有 5 个选项。

- 固定的循环次数:允许输入一个数值、变量或表达式,用来决定分支重复执行的次数。如果输入值小于"0"表示不重复,程序会退出或越过此判断图标。如果输入值大于现有分支数,程序会顺序重复执行分支。
- 所有的路径:直到所有的分支都被执行,程序才会退出此判断图标。
- 直到单击鼠标或按任意键:一直在判断图标中执行,直到用户单击鼠标或按任意键程序才退出。
- 直到判断值为真:每次执行分支前,先判断条件(变量或表达式)是否为"真"。若条件不为"真",继续执行分支;若条件为"真",退出此判断图标。

- 不重复：不重复执行分支，在每个分支都被执行一次后退出此判断图标。

（2）分支：定义判断图标运行时如何选择分支，有 4 种选择方式。

- 顺序分支路径：顺序执行各分支。
- 随机分支路径：随机选取任一分支执行。
- 在未执行过的路径中随机选择：随机选取任一未被执行过的分支执行。
- 计算分支结构：依据条件（变量、表达式）计算的结果来确定执行哪个分支。

（3）复位路径入口：清除对已经执行的分支的记录。

（4）时限：设定一个执行此判断图标的时间值，当指定的时间一到，程序会自动终止对此判断图标的执行，而不管其分支是否执行完。如果选中了"显示剩余时间"复选框，则演示窗口中会出现一个显示当前剩余时间的小闹钟。

用户可以将各选项有机地进行组合，从而达到程序设计需求。

2. 应用实例

利用判断图标制作一个多媒体课件——随机测试系统。

该课件由系统随机出 5 道题，答题后自动显示"及格"或"不及格"两种提示及所得成绩。

具体步骤如下：

（1）新建一个文件，并命名为"测试.a7p"。

（2）建立主程序流程结构，如图 5-114 所示。

（3）打开"初始化"群组图标，其二级流程线如图 5-115 所示。在"标题"和"开始"显示图标中分别输入"请你准备好，开始测试！"和"请你输入正确结果："的提示，设置等待图标的"事件"为"按任意键"、"时限"为"2"秒，设置"初始值"计算图标的内容为"s：＝0"。

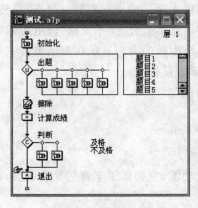

图 5-114　主程序流程结构

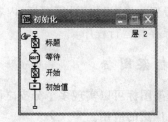

图 5-115　"初始化"二级流程结构

（4）"出题"判断图标的属性设置如图 5-116 所示。

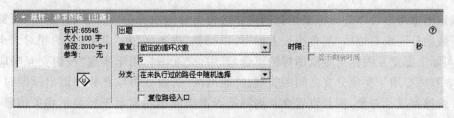

图 5-116　"出题"判断图标的属性设置

（5）打开"题目 1"群组图标，其二级流程结构如图 5-117 所示。

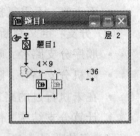

图 5-117 "题目 1"的二级流程结构

在"题目 1"显示图标中输入"4×9＝"。

交互结构"4×9"的两个分支都采用"文本输入"交互响应，其中，第一分支的输入条件为"36"，其"分支"响应属性为"退出交互"，不擦除，"状态"为"正确响应"，"计分"为"5"。第二个分支的输入条件为" *"，其"分支"响应属性为"退出交互"，不擦除，"状态"为"错误响应"，"计分"为"0"。

（6）同理，设置其他题目，这里不再赘述。

（7）使用擦除图标将"开始"显示图标的内容擦除。

（8）在"计算成绩"计算图标中输入"S：＝TotalScore --总分数"。

（9）"判断"判断图标的属性设置如图 5-118 所示。

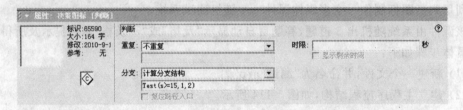

图 5-118 "判断"判断图标的属性设置

"分支"的计算条件为 Test(s＞15,1,2)，用于判断所得成绩是否大于 15，作为及格的界限，如果"及格"则进入第一分支，如果"不及格"则进入第二分支。在第一分支"及格"群组图标中设置一个显示图标，输入"成绩{s}，祝贺你！"。在第二分支"不及格"群组图标中设置一个显示图标，输入"成绩{s}，再努力！"。为了使显示图标的内容显示在演示窗口中不立即消失，在两个分支中各拖曳一个等待图标，设置为"单击鼠标"。

（10）设置一个"退出"计算图标，内容为"quit()"。

（11）保存并运行程序。

5.6.2 框架图标

使用框架图标可以实现多个分支之间的导航功能，它提供了丰富的导航手段，在程序设计中得到了广泛的应用。

1. 框架图标简介

拖曳一个框架图标至流程线上，然后双击该图标，打开框架图标的内部结构，如图 5-119 所示。

从该图中用户可以看出框架图标的内部结构由分隔线分为"进入"和"退出"两部分，通过上下拖动分隔线右边的"黑色小长方形"可以调整"进入区"和"退出区"的相对大小。"进入区"实际上是交互图标与导航图标的组合，其中，交互图标用于实现"按钮交互响应"的功能，而导航图标用于实现分支之间的管理。"退出区"的设置可以在程序退出框架时引发一些事件或擦除显示对象，例如设置交互询问是否退出或使用显示图标显示相关信息。一般情况都不对"退出区"进行设置。

2. 应用实例

利用框架图标制作一个多媒体课件——国画欣赏。

具体步骤如下：

（1）新建一个文件，并命名为"框架.a7p"。

（2）拖曳一个框架图标至流程线上，命名为"框架"，然后拖曳5个显示图标至框架图标的右侧，分别命名为"国画1"、"国画2"、"国画3"、"国画4"和"国画5"，并导入相应图片。程序流程结构如图5-120所示。

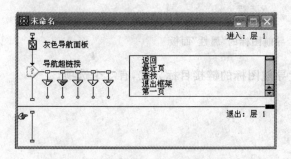

图 5-119　框架图标的内部结构

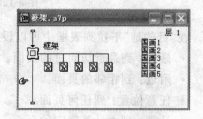

图 5-120　程序流程结构

（3）保存并运行程序，运行结果如图5-121所示。

图 5-121　运行结果

5.6.3　导航图标

框架图标的内部结构包含着许多导航图标，框架图标的导航功能就是利用它们来实现的。导航图标一般有两种应用场合。

（1）程序自动执行的转移：把导航图标放在流程线上，程序在执行到导航图标时，将自动跳转到该图标指定的目的位置。

利用 *Authorware 7.0* 制作 *CAI* 多媒体课件

（2）交互控制的转移：使导航图标依附于交互图标，创建一个交互结构。当程序条件或用户操作满足响应条件时，自动跳转到导航图标指定的位置。

双击导航图标，打开导航图标的"属性"面板，如图 5-122 所示。

图 5-122　导航图标的"属性"面板

在"目的地"下拉列表框中可以设置导航图标的链接目标方式，有 5 个选项。

- 最近：到最近访问过的页面。
- 附近：到相邻的页面。
- 任意位置：到任何页面。
- 计算：到由计算确定的页面。
- 查找：到搜索得到的某个页面。

针对每种链接目标方式，导航图标有不同的属性。

（1）选择"最近"选项，导航图标的属性如图 5-123 所示。

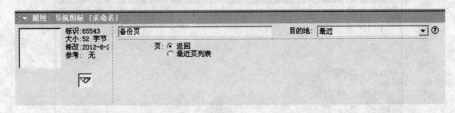

图 5-123　选择"最近"选项

"页"属性有两个选项，选择不同的选项，图标名称会随之发生变化。

- 返回：返回到当前页前面刚浏览过的一页。
- 最近页列表：选中该单选按钮，会打开一个对话框，在该对话框中列出了用户已经浏览过的页，按顺序最后浏览的页放置在窗口的最上端。如果用户单击某一页的名称，Authorware 会自动进入相应的页。

（2）选择"附近"选项，导航图标的属性如图 5-124 所示。

图 5-124　选择"附近"选项

"页"属性有 5 个选项。

- 前一页：到前一页，即依附于框架图标中左边相邻的页。
- 下一页：到下一页，即框架中右边相邻的页。
- 第一页：到第一页，即框架中最左边的页。
- 最末页：到最后一页，即框架中最右边的页。
- 退出框架/返回：跳出框架。

（3）选择"任意位置"选项，导航图标的属性如图 5-125 所示。

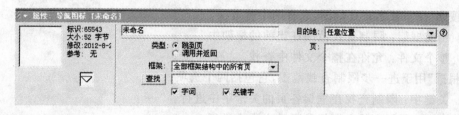

图 5-125　选择"任意位置"选项

"类型"属性有两个可选项。

- 跳到页：直接跳转到设定的页面。
- 调用并返回：调用设定的页面，执行完毕后返回当前位置。

"框架"用于为所链接的节点页选择某个框架图标。在其后的下拉列表中框可以选择一个框架图标的名称或者选择"全部框架结构中的所有页"，使得文件中所有的框架图标的页按流程线上出现的顺序排列在"页"右面的列表框中，单击此页，可以建立链接。

"查找"用于设置跳到所查找的词、短语或关键词所在的页。

- 字词：在各页的文本实体中查询文字。
- 关键字：在各页中查询关键字。

Authorware 将显示含有所查询内容的图标列表，单击图标名，即可创建与图标对应的链接关系。

（4）选择"计算"选项，导航图标的属性如图 5-126 所示。

图 5-126　选择"计算"选项

"类型"中的选项与选择"任意位置"选项时相同，在此不再赘述。

在"图标表达"区域中可以输入一个表达式，表达式的结果就是程序要跳转的目标图标的 ID。

（5）选择"查找"选项，导航图标的属性如图 5-127 所示。

"类型"中的选项与选择"任意位置"选项时相同，在此不再赘述。

175

第5章

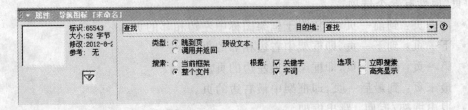

图 5-127　选择"查找"选项

"搜索"用于显示查找范围,它有两个可选项。

- 当前框架:限制查找范围在当前的框架中。
- 整个文件:允许在整个文件中查找。

"根据"用于进一步限制查找范围,它包括两个选项。

- 关键字:限制查找在框架各页的关键字中进行。
- 字词:限制查找在框架各页的文本中进行。

"预设文本"用于输入查找的词语或者代表某一词语的变量。如果输入的是一个词而不是一个变量,必须用"双引号"把它括起来。

"选项"用于定义查找的属性,它包括两个选项。

- 立即搜索:立即开始查找。
- 高亮显示:在上下文中显示查找的词,查找到的字将被增亮。

事实上,在设计程序时一般不会直接应用导航图标,它一般是作为框架图标的一个导航元素来使用的。

5.7　Authorware 7.0 中声音和数字电影的使用

多媒体课件不仅仅只有文本、图形和图像对象,声音、数字电影和动画的加入,会使多媒体课件大放异彩,使内容表现更直观。

5.7.1　声音

在 Authorware 7.0 中,声音的添加是通过声音图标来完成的。声音图标支持的文件主要有 WAV、MP3、PCM、AIFF、VOX 和 SWA 等多种格式,但不支持 MIDI 格式的文件。

1. 声音文件的导入及属性设置

首先拖曳一个声音图标至流程线上,命名为"声音",然后单击声音图标"属性"面板上的"导入"按钮,打开"导入哪个文件?"对话框,如图 5-128 所示。

在文件列表中选择一个声音文件,单击"导入"按钮,导入文件。此时,声音图标的"属性"面板的"声音"选项卡如图 5-129 所示。

声音图标的"属性"面板的"计时"选项卡如图 5-130 所示。

(1) 执行方式:用于设置声音图标执行时与流程线上其他图标的同步关系。

- 等待直到完成:默认选项,当声音图标执行完毕后再向下执行其他图标。
- 同时:在声音图标执行的同时,继续向下执行其他图标。当需要声音作为背景音乐或画面解说时常选择此项。

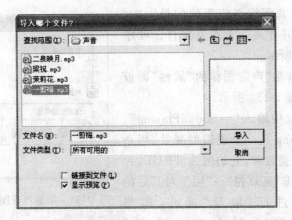

图 5-128 "导入哪个文件?"对话框

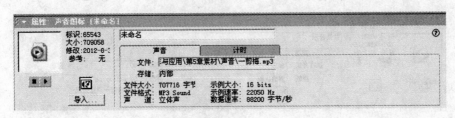

图 5-129 声音图标的"属性"面板的"声音"选项卡

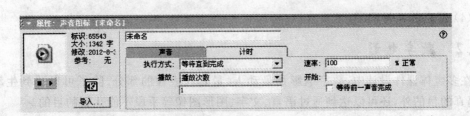

图 5-130 声音图标的"属性"面板的"计时"选项卡

- 永久：在声音图标执行完毕后,继续监视"开始"文本框中值的"真"或"假",若为"真",立即播放声音,同时执行其他图标;若为"假",则退出声音图标。
（2）播放：设置声音文件的播放次数。
- 播放次数：用数值、变量或表达式指定声音文件的播放次数。
- 直到为真：设置条件,当条件变量或表达式结果为真时,停止声音文件的播放。
（3）速率：通过输入数值或变量设置声音播放的速度,标准速度为100%,若值大于标准速度,则快速播放文件;若值小于标准速度,则慢速播放文件。
（4）开始：用于设置声音文件播放的起始时间,当输入的数值、变量或表达式的值为"真"时,开始播放声音文件。

2. 应用实例

使用声音图标制作一个多媒体课件——背景音乐循环播放。

具体步骤如下：

（1）打开"热对象响应.a7p"文件,并另存为"背景音乐播放.a7p"。

（2）拖曳一个声音图标至流程线的最上端，命名为"背景音乐"，并导入一个声音文件。程序流程结构如图 5-131 所示。

（3）设置"背景音乐"声音图标的"属性"面板的"计时"选项卡，如图 5-132 所示。

在"开始"文本框中输入"～SoundPlaying"。系统变量 SoundPlaying 是一个逻辑型变量，当系统中当前有声音正在播放时，它的值为 TRUE，否则为 FALSE；"逻辑非"运算符"～"用于对其后的逻辑型变量的值进行"取反"操作，即当 SoundPlaying 取值为 TRUE 时，"～SoundPlaying"

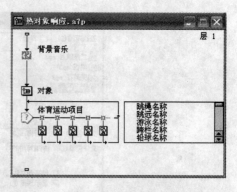

图 5-131　添加声音图标后的程序流程结构

返回 FALSE，当 SoundPlaying 取值为 FALSE 时，"～SoundPlaying"返回 TRUE。

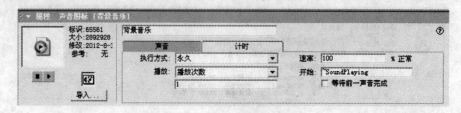

图 5-132　"背景音乐"声音图标的"属性"面板的"计时"选项卡

（4）保存并运行程序。

5.7.2　数字电影

在多媒体课件设计中，数字电影是最动人、最具代表性的部分，除了可以达到生动、形象、逼真的目的外，还可以达到通过语言、文字、图形图像等手段不能达到的目的。

Authorware 7.0 提供的数字电影图标支持 AVI、MOV、MPG、DIR、FLC、FLI 等多种格式的视频文件，但只有 FLC、FLI 格式的文件可以内嵌到 Authorware 7.0 程序中（即内嵌式），大多数格式的文件（如 AVI、MOV、MPG、DIR 等格式）只能以外部链接方式存放（即外置式）。

内嵌式数字电影执行速度快，可以使用擦除效果，但会增加可执行文件的容量，作品发布时不需要打包内嵌数字电影文件。

外置式数字电影将文件单独存放，不会增加可执行文件的容量，但不能使用擦除效果，作品发布时需要将这些数字电影文件一起打包发布。

1. 数字电影文件的导入及属性设置

拖曳一个数字电影图标至流程线上，命名为"数字电影"，然后单击数字电影的图标的"属性"面板上的"导入"按钮，打开"导入哪个文件？"对话框，如图 5-133 所示。

在文件列表中选择一个数字电影文件，单击"导入"按钮，导入文件。此时，该数字电影图标的"属性"面板的"电影"选项卡如图 5-134 所示。

数字电影图标的"属性"面板的"计时"选项卡如图 5-135 所示。

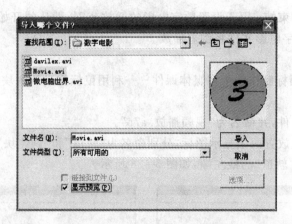

图 5-133　"导入哪个文件?"对话框

图 5-134　数字电影图标的"属性"面板的"电影"选项卡

图 5-135　数字电影图标的"属性"面板的"计时"选项卡

（1）执行方式：用于设置数字电影图标执行时与流程线上其他图标的同步关系。

- 等待直到完成：当数字电影图标执行完毕后，再向下执行其他图标。
- 同时：默认选项，在数字电影图标执行的同时，继续向下执行其他图标。
- 永久：在数字电影图标执行完毕后，继续监视属性对话框中的有关变量，一旦变量值发生变化，立即在播放中反映出来。

（2）播放：设置数字电影文件的播放方式。

- 重复：自动重复播放数字电影，直到擦除图标将其擦除或调用系统函数 MediaPause( ) 停止它的执行。
- 播放次数：用数值、变量或表达式指定数字电影文件的播放次数。
- 直到为真：设置条件，当条件变量或表达式结果为"真"时，停止数字电影文件的播放，否则一直重复播放当前的数字电影文件。

（3）速率：通过输入数值或变量调整数字电影文件的播放速度，单位是"帧/秒"，一般正常速率为 20～30 帧/秒。

179

（4）开始帧和结束帧：用于设置数字电影的播放范围，默认的开始帧为"1"。若结束帧的值小于开始帧，数字电影文件将倒着播放。

2. 应用实例

利用数字电影图标制作一个多媒体课件——利用鼠标拖动调速块控制数字电影的播放速度。

（1）新建一个文件，并命名为"视频播放.a7p"。

（2）在流程线上放置两个显示图标，分别命名为"轨道"和"调速块"，并绘制轨道和调速块，使"调速块"位于"轨道"的最左端，如图5-136所示。

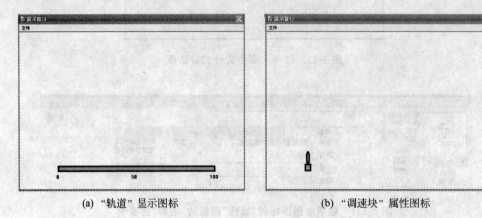

(a) "轨道" 显示图标　　　　　　　　(b) "调速块" 属性图标

图 5-136　设计两显示图标的内容

（3）如果要使鼠标拖动"调速块"沿"轨道"移动，必须设置"调速块"显示图标"属性"面板中的"位置"和"活动"项。此时运行程序，单击"调速块"显示图标，设置该图标的属性，并根据提示"拖动对象到扩展路径"，拖动"调速块"以创建路径，如图5-137所示。

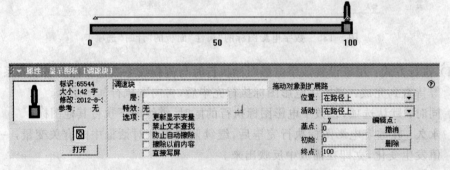

图 5-137　设置"调速块"的显示路径及属性

（4）拖曳一个数字电影图标至流程线上，命名为"数字电影"，并导入一个数字电影文件"Movie.avi"。程序流程结构如图5-138所示。

（5）设置"数字电影"图标的"属性"面板的"计时"选项卡，如图5-139所示。

在"属性"面板中设置"永久"执行方式，"重复"播放，在"速率"

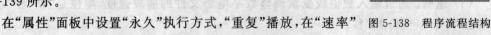

图 5-138　程序流程结构

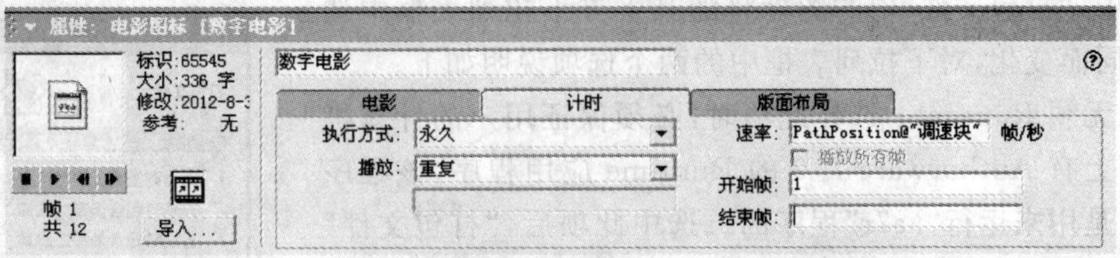

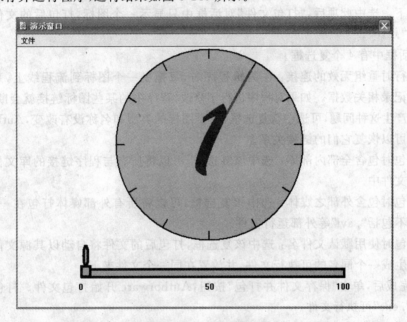

图 5-139　"数字电影"图标的"属性"面板的"计时"选项卡

文本框中输入"PathPosition@"调速块"",调取"调速块"在所设路径上的当前位置。

（6）保存并运行程序，运行结果如图 5-140 所示。

图 5-140　运行结果

5.8　Authorware 7.0 程序的发布

在程序设计、调试完成后，需要将程序发布，使程序的运行脱离 Authorware 7.0 的开发环境，一是方便制作副本，二是可将程序加密，保护知识产权。Authorware 支持两种发布方式，一种是发布成可执行文件，即"打包"，可执行文件支持在 Windows 下运行（可以以光盘为媒介传播）；二是可以发布成网络支持的形式，从而在网络环境下运行。

5.8.1　打包

打包即对源程序进行封装，封装后将生成 Windows 或 Mac 下的可执行文件，该文件完全脱离原设计环境。

首先打开需要打包的源程序，选择"文件"→"发布"→"打包"命令，打开"打包文件"对话框，如图 5-141 所示。

其中，"打包文件"项的图标将随其下方下拉列表框中选项的不同而变化，对下拉列表框中的两个选项说明如下。

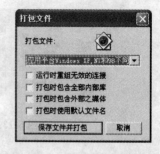

图 5-141 "打包文件"对话框

- 无须 Runtime：选择此项时，必须保证用户的计算机上有 Authorware 7.0 的 Runtime 应用程序，该程序是用来运行".a7r"程序的。选中此项后，"打包文件"对话框中会显示两个图标，打包后的文件的扩展名为".a7r"。

- 应用平台 Windows XP,NT 和 98 不同：选中此项后，打包后的多媒体程序就可以单独运行于 Windows 系统下。选中此项后，"打包文件"对话框中只显示一个图标，打包后的文件的扩展名为".exe"。

该对话框中有 4 个复选框。

- 运行时重组无效的连接：在编辑程序时，每拖曳一个图标到流程线上，系统都会自动记录相关数据。如果对程序进行了修改，程序中的某些图标链接就会断开，为了避免产生这种问题，可选中该复选框，只要图标的类型和名称没有改变，Authorware 7.0 就可以恢复它们的链接关系。

- 打包时包含全部内部库：选中该复选框，可以将所有与程序链接的库文件打包在一个文件中。

- 打包时包含外部之媒体：选中该复选框，可以将所有外部媒体打包在一个文件中，但不包括".avi"等外部运行文件。

- 打包时使用默认文件名：选中该复选框，打包后的文件将自动以其源文件的名称命名生成一个同名的可执行文件，并放置在同一个文件夹下。

设置完成后，单击"保存文件并打包"按钮，Authorware 开始打包文件。打包结束后会产生一个".exe"可执行文件。

提示：如果没有选中"打包时使用默认文件名"复选框，将打开"打包文件为"对话框，需要选择打包后文件的保存位置，并给打包文件命名。

双击".exe"文件，就可以脱离 Authorware 环境直接执行了。但有些时候程序并不能正常运行，这时就应该做好打包之后的工作。

如果将打包的文件保存到用户新建的文件夹中或复制到其他计算机上，程序的运行可能会不正常。因为运行程序，不仅需要主程序及库文件，还应该包括一些相关文件。

在制作比较大的多媒体课件时，一般将媒体文件（如图片、数字电影、声音等）作为外部文件放在主程序的子目录中，有的程序还包含数据库文件，它们与主程序有链接关系，但没有打包到主程序中，如果打包的主程序改变了保存位置，它们也要与之一起改变。如果程序中运用了外部的过渡效果，打包程序的运行就离不开"Xtras"目录下的相关过渡文件。

另外，如果程序中插入了多种格式的图片、GIF 动画、Flash 动画等，也需要用到"Xtras"，在 Authorware 7.0 中还有一个新功能，可自动查找程序中用到的"Xtras"，方法是选择"命令"→"查找 Xtras"命令，打开 Find Xtras 对话框，单击"查找"按钮，即可开始查找当前编辑程序中所有的"Xtras"，如图 5-142 所示，然后单击"复制"按钮，在打开的"浏览文件夹"对话框中选择".exe"文件所在的文件夹，单击"确定"按钮，将"Xtras"插件复制到".exe"

文件所在的文件夹下，最后关闭 Find Xtras 对话框。

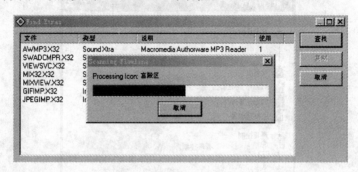

图 5-142　Find Xtras 对话框

最保险的方法是将 Authorware 程序中的整个"Xtras"目录复制到可执行文件所在的文件夹下。

5.8.2　网络发布

若用户想将 Authorware 多媒体课件嵌入网页在网络上发布，对于前面打包后生成的文件还需要进行 Web 打包。

选择"文件"→"发布"→"Web 打包"命令，打开"选择文件打包，使其适用于 Web"对话框，选择要进行打包的.a7r 文件，单击"打开"按钮，开始 Web 打包，Web 打包后会将文件分解为多个小文件，以便于网络发布。

5.8.3　一键发布

从前面的打包用户可以看到，打包和 Web 打包都需要进行很多设置，并要注意打包时不要遗漏相关文件，操作较麻烦，为了简化操作，Authorware 7.0 提供了"一键发布"的功能。

选择"文件"→"发布"→"一键发布"命令，可以直接对文件进行发布，发布后，在源程序所在的文件夹下会创建一个 Published Files 文件夹，用于保存相关文件。

5.9　综合实例

在本章前 8 节中主要介绍了 Authorware 7.0 的界面和基本操作方法，在本节中将以"C 语言程序设计"为例介绍利用 Authorware 7.0 制作多媒体课件的具体方法。

主要制作步骤如下：

1. 准备素材

所有素材都存储在"素材及源文件\第 5 章素材及源程序\第 5 章素材\综合实例"文件夹中。

2. 设置文件属性

在"属性"面板的"回放"选项卡中将"大小"设置为"使用全屏"。

3. 创建程序流程结构

创建程序流程结构，如图 5-143 所示。

图 5-143　程序流程结构

　　(1) 拖曳一个声音图标至流程线上，命名为"背景音乐"，然后导入声音文件"八月桂花香.wav"，并设置其"属性"面板的"计时"选项卡，如图 5-144 所示。

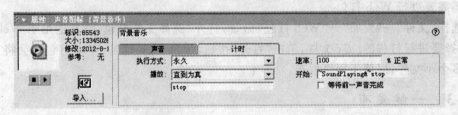

图 5-144　声音图标的"属性"面板的"计时"选项卡

　　(2) 拖曳一个显示图标至流程线上，命名为"背景图"，然后导入图像文件"背景图.jpg"，并调整其大小与整个屏幕相同。

　　(3) 插入两个 Flash Movie，分别为"0002.swf"和"106.swf"，并设置其"模式"为"透明"。

　　(4) 拖曳一个显示图标，命名为"主标题信息"，并输入文本"C 语言程序设计多媒体课件"及作者信息，如图 5-145 所示。

　　(5) 创建"声音控制"交互结构，选择"按钮响应"类型，在"音乐控制"计算图标中输入"stop:=Checked@"音乐控制""程序代码，以控制"背景音乐"的播放与暂停。

　　(6) 创建"主要"交互结构，选择"按钮响应"类型，其有"使用说明"、"主要内容"和"退出程序" 3 个分支。

　　"使用说明"分支的程序流程结构如图 5-146 所示。

　　① 设置"擦除所有"计算图标，内容为"EraseAll()"。

　　② 插入 3 个 Flash Movie，分别为"95.swf"、"95.swf"和"top[1].swf"，并设置其"模式"为"透明"。

　　③ 拖曳一个显示图标，命名为"使用说明"，并输入使用说明文本，如图 5-147 所示。

图 5-145　主标题信息

图 5-146　"使用说明"分支的程序流程结构

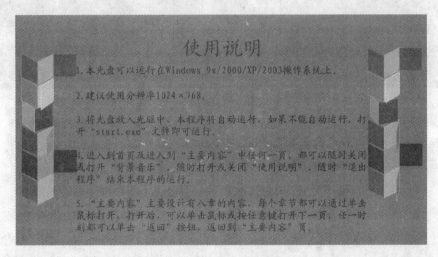

图 5-147　使用说明

　　④ 创建"返回主页面"交互结构,选择"按钮响应"类型,在"返回"计算图标中输入"GoTo(IconID@"背景图")"程序代码,以控制程序返回到主页面。

　　"退出程序"分支的程序流程结构如图 5-148 所示。

　　① 设置"擦除所有"计算图标,内容为"EraseAll()"。

　　② 插入 4 个 Flash Movie,分别为"55.swf"、"95.swf"、"95.swf"和"top[1].swf",并设置其"模式"为"透明"。

　　③ 拖曳一个显示图标,命名为"结束显示",并输入结束显示文本,如图 5-149 所示。

　　④ 拖曳一个等待图标,命名为"等待",在"属性"面板中选中"单击鼠标"和"按任意键"复选框,并设置"时限"为"20"秒。

图 5-148　"退出程序"分支的程序流程结构

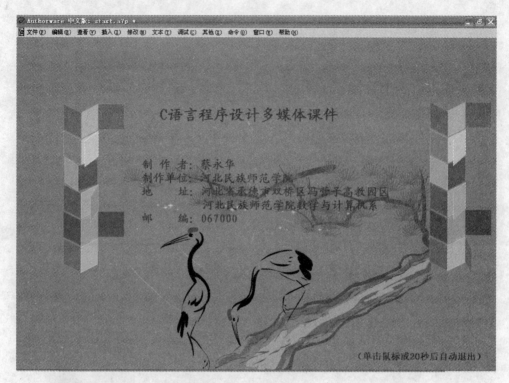

图 5-149　结束显示

⑤ 拖曳一个计算图标,命名为"退出",内容为"Quit()"。

"主要内容"分支的程序流程结构如图 5-150 所示。

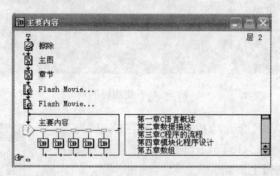

图 5-150　"主要内容"分支的程序流程结构

① 设置"擦除"图标,擦除"106. swf"和"主标题信息"。

② 拖曳一个显示图标至流程线上,命名为"主图",然后输入文本"C 语言程序设计",设置其格式,并附属计算图标,内容为"movable:=0"。

③ 拖曳一个显示图标至流程线上,命名为"章节",并导入图像"00125. gif",输入文本,如图 5-151 所示。

④ 插入两个 Flash Movie,分别命名为"0002. swf"和"95. swf",并设置其"模式"为"透明"。

⑤ 创建"主要内容"交互结构,选择"热区域响应"类型,设置"热区域响应"属性及位置,如图 5-152 所示。

图 5-151 "章节"显示图标内容

图 5-152 设置"热区域响应"

"主要内容"交互结构包含 9 个响应群组图标,即"第一章 C 语言概述"、"第二章数据描述"、"第三章 C 程序的流程"、"第四章模块化程序设计"、"第五章数组"、"第六章指针"、"第七章用户定制数据类型"、"第八章文件"和"取消所有"。

前 8 个响应群组图标,结构完全相同,这里仅介绍"第一章 C 语言概述"群组图标内部流程结构的设置,对于其他不再赘述。另外"取消所有"群组图标要进行单独设置。

⑥ "第一章 C 语言概述"群组图标的内部流程结构如图 5-153 所示。

响应图标的属性设置如图 5-154 所示。

设置"擦除所有"计算图标,内容为"EraseAll()"。然后拖曳一个显示图标至流程线上,命名为"背景",其设置如图 5-155 所示。

再插入一个 Flash Movie,即"0002.swf",并设置其"模式"为"透明"。

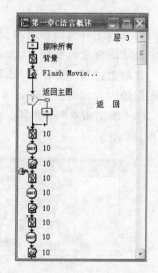

图 5-153 "第一章 C 语言概述"群组图标的内部流程结构

接着创建"返回主图"交互结构,选择"按钮"交互响应类型,在"返回"计算图标中输入"GoTo(IconID@"主图")"程序代码,以控制程序返回到主图。

拖曳一个显示图标至流程线上,命名为"10",并设置"第 1 章 C 语言概述"的相应内容。

187

第5章

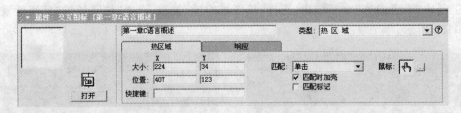

图 5-154 "第一章 C 语言概述"响应图标的属性设置

图 5-155 "背景"显示图标内容

然后拖曳一个等待图标至流程线上,命名为"10",设置为"单击鼠标"和"按任意键"。再拖曳一个擦除图标至流程线上,命名为"10",设置为擦除"10"显示图标。

复制上述"10"显示图标、等待图标和擦除图标 3 个图标若干组,接下来只需修改"10"显示图标的内容即可。

⑦ "取消所有"群组图标内部没有任何图标,其热区域为整个演示窗口,属性设置如图 5-156 所示。

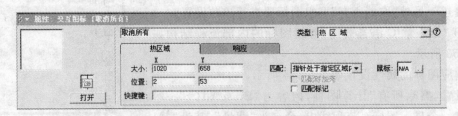

图 5-156 "取消所有"响应图标的属性设置

4. 打包发布

(1) 打开源程序,选择"文件"→"发布"→"打包"命令,打开"打包文件"对话框,如图 5-157 所示。

(2) 选中所有复选框,单击"保存文件并打包"按钮,开始打包,如图 5-158 所示。

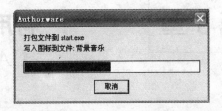

图 5-157 "打包文件"对话框　　　　　　　　　图 5-158　正在打包

（3）打包完毕后，将 Authorware 程序中的整个"Xtras"文件夹复制到可执行文件所在的文件夹下。

（4）除复制"Xtras"文件夹外，还要将"js32.dll"、"vct32161.dll"、"AWIML32.DLL"等动态链接库文件复制到可执行文件所在的文件夹下。

注意：不同的程序设计，需要的动态链接库文件不同，根据需要复制即可。

第6章　利用几何画板制作 CAI 多媒体课件

几何画板是一个优秀的专业学科平台软件,代表了当代专业工具平台类教学软件的发展方向。它是以数学为根本,以"动态几何"为特色来动态表现设计者的思想,供用户探索几何奥秘的一个新的工具。该软件短小精悍、功能强大,具有精确的数字化描述和动态的参数交互功能,能够动态地表现相关对象的关系,适合用户根据需要自编微型课件。

6.1　几何画板简介

"几何画板"的英文名称为"The Geometer's Sketchpad",它是美国优秀的教育软件,由美国 Nicholas Jackiw 设计,由 Nicholas Jackiw 和 Scott Steketee 程序实现,由 Key Curriculum 出版社出版。

1. 电子作图工具

几何画板可以作为一个电子作图工具,利用它的工具箱提供的工具模拟直尺、三角板、圆规等,作出点、线段、射线、直线、圆等几何图形,并可以在各几何元素旁标注字母,也可以在画板上的任何地方注释文字。

由于计算机的快速精确的计算和图形处理功能,使几何画板软件作图既快速又精确。但它又与一般图形软件不同,在大部分几何图形中,一些几何元素之间是有一定关系的,例如垂直、平行、相交等。在几何画板中,可以利用"作图"菜单中提供的各种功能,由系统自动产生出相交线、平行线、垂直线、圆弧、抛物线等几何图形。

2. 动态演示的工具

几何画板能够准确地、动态地表现几何问题,为充分展现几何元素在运动状态下保持几何关系的不变性提供了方便的动态演示,使传统教学中只能在黑板上静态表现的结果变成动态的展示过程,从而使学生对一些几何性质和定理理解得更快、更深刻。例如"任意三角形"这一概念,过去教师只能在黑板上画几个三角形,再用语言补充,但是画得再多也是有限的。而用几何画板可以拖动三角形的任一顶点,动态地演示出"任意三角形"这一概念的真实情况。

3. 显示和探求轨迹的工具

轨迹是几何中一个重要的知识点,且又是一个难点,难就难在需要用动态的观点来看几何图形。过去的课堂教学一般是借助于静态的图形或简单的教具进行讲解,学生只能根据对问题的分析和最终的结果去想象轨迹生成的过程,如果学生的想象能力差一些,理解这部分的内容就更难。而利用几何画板的动态功能可直观地演示出轨迹的生成过程,不仅使分析、过程、结果都一目了然,而且便于学生整体把握数学的内在规律,还可以由此发现许多新的规律。

例如斜边为定长的直角三角形的直角顶点的轨迹是圆,这是一个比较容易理解的题。又如当一条线段的一个端点在圆上运动时,其中点的轨迹是什么? 这是比较难的问题,很难利用语言简单地把题解答清楚,但利用几何画板解决这个问题很容易。

4. 课件开发工具

几何画板又可以作为课件的开发工具,帮助教师大大扩展几何教学的能力。在备课时,教师可以用这个软件事先编制好要讲的内容,以文件形式保存,然后在讲课时,调出该文件就可以进行自动演示。

但几何画板与一般的 CAI 写作工具软件不同。一般的 CAI 写作工具需要教师有一定的编程能力,一些几何关系必须在程序中定义。而几何画板不需要教师有程序设计知识,仅需要教师有一定的数学知识,特别是几何构建思想。

利用系统的动画功能可以制作动态的教学过程,使某些原本抽象、枯燥的内容变得具体、生动、活泼,充分展示数学的美。

5. 良好的学习工具

几何画板为学生提供了一个自由的、开阔的、十分理想的“做数学”的环境。几何画板本身就是一个很好的几何情景,它可以作为学生研究几何关系,猜测、发现和验证几何方法,探索几何规律的一个电子“实验室”。在“实验室”中,学生可以在画板上画出各种几何图形,系统利用它所存储的几何定理和公式会自动显示出这些图形之间的关系,学生从中就可以验证有关的几何性质,接受并理解相关的知识。

6.2　几何画板基础

几何画板是 Windows 平台的应用软件,对计算机的硬件要求很低,能运行 Windows XP 系统的计算机都能平稳地运行几何画板。

本章以“几何画板 5.05 简体中文版”进行讲解。

6.2.1　几何画板的工作界面

“几何画板”在启动后,其工作界面如图 6-1 所示。

- 标题栏:显示当前正在编辑的文件名称。
- 菜单栏:菜单栏中包含了几何画板的所有操作命令,如“文件”、“编辑”、“显示”、“构造”、“变换”、“度量”、“数据”、“绘图”、“窗口”和“帮助”等。
- 工作区:几何图形的绘制工作区。
- 文本工具栏:用于设置选中文本的格式,如字体、字号、颜色、粗体、斜体、下划线等。
- 数学符号面板:用于插入数学符号。
- 工具箱:利用“几何画板”绘制图形时,主要用工具箱中的各种工具,在默认的情况下,工具箱中有 9 组工具,即移动箭头工具、点工具、圆工具、线段直尺工具、多边形工具、文字工具、标记工具、信息工具和自定义工具等,在移动箭头工具、线段直尺工具、多边形工具、自定义工具中还隐含有其他作图工具。几何画板工具箱中的工具如表 6-1 所示。

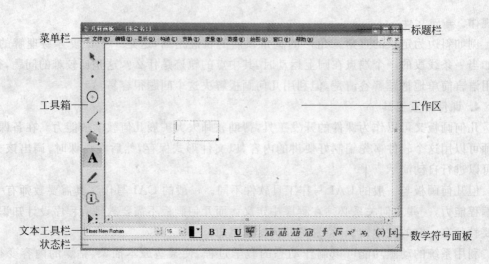

图 6-1 几何画板的工作界面

表 6-1 几何画板工具箱中的工具

图 标	名 称	功 能
	移动箭头工具	选择对象,可以连续选择多个对象
	旋转箭头工具	利用此工具可以对几何图形标记一个中心,并使几何图形围绕此中心进行旋转
	缩放箭头工具	双击对几何图形标记一个中心,利用此工具以此中心对图形进行缩放
	点工具	绘制一个点
	圆工具	利用圆心和圆上的一点来构造一个圆
	线段直尺工具	绘制一条线段,也可以利用已有的两个点构造一条线段
	射线直尺工具	绘制一条射线,也可以利用已有的两个点构造一条射线
	直线直尺工具	绘制一条直线,也可以利用已有的两个点构造一条直线
	多边形工具	绘制一个多边形,无边框,只有多边形内部和顶点
	多边形和边工具	绘制一个多边形,具有边框、多边形内部和顶点
	多边形边工具	绘制一个多边形,具有边框和顶点
A	文字工具	做文本注释或给对象标注标签
	标记工具	用来标记角
	信息工具	可以查看图形中各元素的属性
	自定义工具	把自己定义的新工具作为工具在几何画板中使用

6.2.2 文件的基本操作

在几何画板中,文件的基本操作主要是管理页面文件,如新建、打开、保存和关闭文件等。

1. 新建文件

选择"文件"→"新建文件"命令,在几何画板中新建一个文档窗口,相当于拿来一张白纸,准备作图。

2. 打开文件

通过打开文件操作,用户可以打开已经设计完成的文件或几何画板软件提供的实例。

在几何画板 5.05 中,已经给出了很多实例,默认的安装路径是"C:\Program Files\Sketchpad5\Samples",其中主要有"平面几何"、"解析几何"、"立体几何"、"代数"、"力学"、"电学"、"光学"、"热学"等几门学科的实例,如图 6-2 所示。

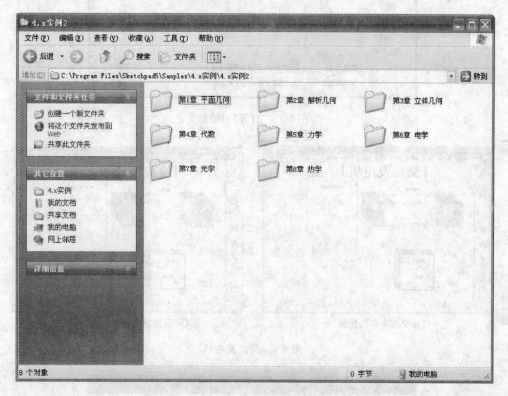

图 6-2　几何画板实例

选择"文件"→"打开"命令,打开"打开"对话框,如图 6-3 所示。在该对话框中选择某文件,单击"打开"按钮即可。

例如,打开"实例 83～85 交流发电机.gsp"文件,如图 6-4(a)所示。

单击"开始发电"按钮,展示发电原理与过程,如图 6-4(b)所示。在运行过程中,用户可以观察电流变化曲线和电流表的指针变化与感应线圈位置的关系。

3. 保存文件

在几何画板中,提供了边编辑边保存的功能,以确保文件不因为意外关机而损失。

选择"文件"→"保存"命令,打开"另存为"对话框,如图 6-5 所示。

输入文件名,默认保存类型为"几何画板文档(＊.gsp)"。如果用户保存的是以前已经保存过的文档,则不再打开"另存为"对话框,直接覆盖源文件。即只有保存新建文件或选择"另存为"命令时,才打开"另存为"对话框。

利用几何画板制作 CAI 多媒体课件

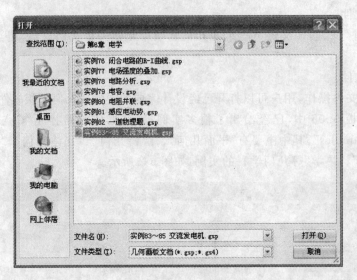

图 6-3 "打开"对话框

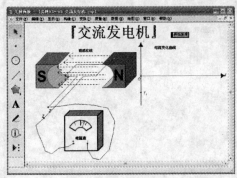

(a) 交流发电机界面

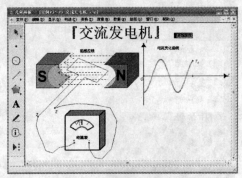

(b) 交流发电机运行过程

图 6-4 交流发电机

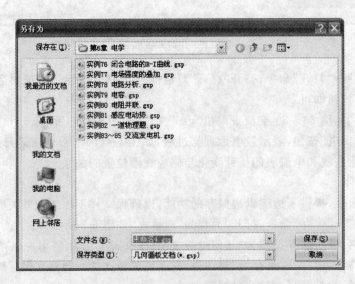

图 6-5 "另存为"对话框

4. 另存为网页

正常打开"文件"菜单,此项功能是"另存为",可以将文件改名存盘。当打开"文件"菜单时按住 Shift 键,此项功能就变为"另存为网页",打开的"另存为"对话框如图 6-6 所示,通过该对话框可以将文件另存为网页文件。

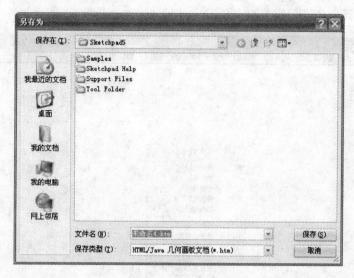

图 6-6 "另存为"对话框

用户还可以将画板文档保存为图元文件,提供给其他绘图软件使用。

5. 关闭文件

在关闭文件时,系统会提示保存当前文件并退出当前编辑。

6.2.3 基本工具的使用

选定某工具的方法主要有两种。

方法一:鼠标法

用鼠标单击某工具图标,便选定了该工具。在具有隐含其他工具的图标上长按鼠标左键,可以打开隐含工具。

方法二:键盘法

按 Shift+↑或 Shift+↓组合键,可释放一个工具选定另一个工具。

按 Shift+→或 Shift+←组合键,可循环选定某工具图标隐含的工具,从而改变被激活的工具。

快捷选定移动箭头工具的方法是,如果一个作图工具是被选定的,按 Esc 键能随时选定移动箭头工具。

下面讲解一些基本工具的使用方法。

1. 移动箭头工具

移动箭头工具用于移动、选择图形对象。

2. 点工具

单击该工具图标,把鼠标指针移到画板工作区空白的地方或已有对象(对象可以是线段、射线、直线、圆、圆弧、轨迹、函数图像、多边形的内部等)上要画点处单击,则在该处画点。

用同样的方法,可以在画板上画出更多的点。

点的编辑方法如下。

(1) 调节点的大小:在点上右击,弹出如图 6-7 所示的快捷菜单,选择"最小"、"稍小"、"中等"、"最大"等命令进行调节。

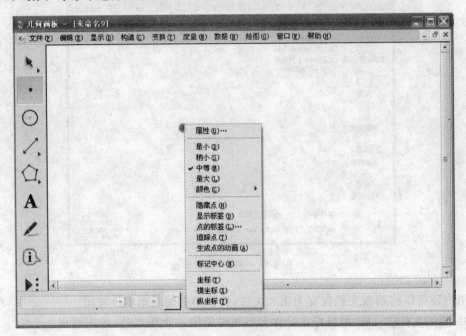

图 6-7 点的快捷菜单

(2) 移动点:先按一下 Esc 键,再选中要移动的点,拖曳到合适的位置。

(3) 删除点:先按一下 Esc 键,再选中要删除的点,按 Delete 键。

3. 圆工具

在平面几何中,已知圆心位置和半径可以决定一个圆,在几何画板中也遵循这个原则。把鼠标指针移到要画圆的圆心位置,单击画出一个点,表示圆心,然后移动鼠标,圆心周围会出现一个圆,该圆会随着鼠标指针离圆心距离的不同而不同。把鼠标指针移到合适的位置后单击,一个圆就绘制完成了,如图 6-8 所示。

在圆的中间有一个小圆点,表示圆心,圆上的小圆点称为确定圆半径的点,它与圆心的距离表示圆的半径。用户只要选定圆工具,就可以在画板上连续绘制任意多个圆。

选择移动箭头工具,拖动圆心点或圆上的点,可以改变圆的位置和大小。选中圆心点和圆上的点,再按 Delete 键,则删除了该圆。

4. 画线直尺工具

几何画板中的线有 3 种类型,即线段、射线和直线,把鼠标指针移到画线直尺工具图标上,按下左键不松开,约一秒钟后会显示出画线直尺工具的 3 个选项。

平面几何中有一个公理:"两点决定一条直线"。在几何画板中画线的方法也遵循这个原则,即只要在画板上确定了两个点,线就确定了。

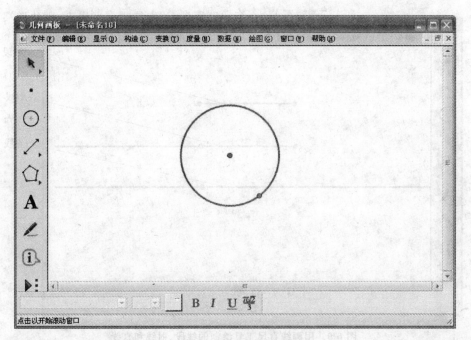

图 6-8　绘制的圆

使用画线直尺工具能够绘制以下 3 种基本图形。

· 1）绘制线段

选择线段直尺工具，把鼠标指针移到要画线段的一个端点处，单击画出一个端点，然后移动鼠标指针到要画线的第二个端点位置单击，则一条线段就绘制完成了，如图 6-9 所示，拖动两个关键点，可以改变线段的长度和倾斜度。

2）绘制射线

选择射线直尺工具，把鼠标指针移到要画射线的端点处，单击画出端点，然后移动鼠标指针到要画线的第二个点位置单击，则一条射线就绘制完成了，如图 6-9 所示，拖动两个关键点，可以改变射线的倾斜度。

射线可无限延长的一端，一直可以画到画板窗口边缘，并且当画板窗口放大和缩小时，该线也相应地延长和缩短，这是几何画板与其他软件不同的一点。

3）绘制直线

选择直线直尺工具，把鼠标指针移到要画直线的端点处，单击画出一个点，然后移动鼠标指针到要画线的第二个点位置单击，则一条直线就绘制完成了，如图 6-9 所示，拖动两个关键点，可以改变直线的倾斜度。

该直线的两端一直可以画到画板窗口的边缘，并且当画板窗口的大小变化时，直线也随着延长和缩短，始终延伸到窗口边缘。该特性真正体现了"直线两端可无限延长"这一几何性质。

如果要删除已绘制好的线，只要选定该线或决定这条线的两个点，按 Delete 键即可。

5. 画多边形工具

画多边形工具有 3 种类型，即多边形工具、多边形和边工具及多边形边工具，把鼠标指

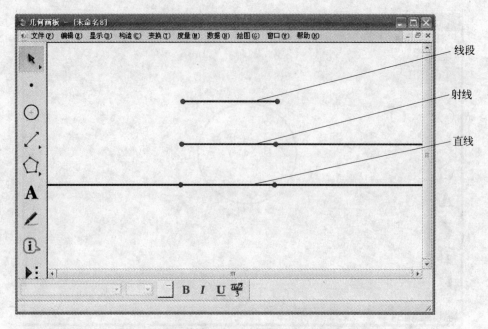

图 6-9　用画线直尺工具绘制的线段、射线和直线

针移到多边形工具图标上，按下左键不松开，约一秒钟后会显示出多边形工具的 3 个选项。

- 多边形工具：可以绘制无边框，有内部和顶点的多边形，如图 6-10 所示。
- 多边形和边工具：可以绘制有边框，有内部和顶点的多边形，如图 6-10 所示。
- 多边形边工具：可以绘制有边框，无内部，有顶点的多边形，如图 6-10 所示。

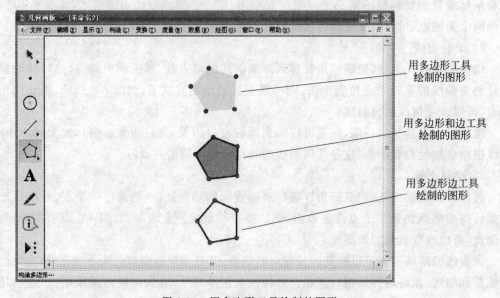

图 6-10　用多边形工具绘制的图形

具体绘制步骤是，选定某多边形工具，把鼠标指针移到要画多边形的位置，单击画出一个顶点，然后移动鼠标指针到要画的第二个顶点位置单击，画出第二个顶点，继续移动鼠标

指针到要画顶点的位置单击，这样依次画出所有顶点，对于最后的一个顶点，需要双击（或者在多边形的第一个顶点上单击）才能完成绘制并释放多边形工具。

6. 文字工具

使用文字工具可以输入文本、添加标注（即说明性的文字）或给对象添加标签等。

1）输入文本

单击文字工具图标，会出现一个手形，在工作区中双击，或者按住鼠标左键直接在工作区中拖出虚线框，即可在里面输入文字了，如图 6-11 所示。通过工作区下方的文本工具栏可以编辑文本的字体、字号、字形、颜色等。

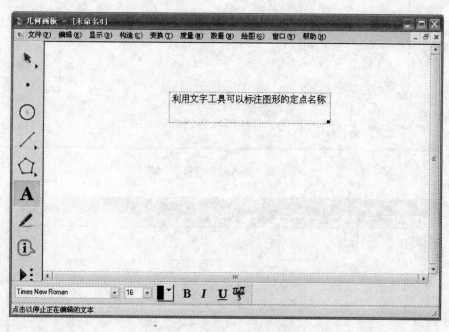

图 6-11　用文字工具输入文本

在选中文字工具的状态下，单击"数学符号面板"按钮可编辑比较复杂的数学表达式，如图 6-12 所示。

2）添加标注

在几何画板中添加标注的方法与输入文本的方法相似。

例如：给两个同心圆添加注解，并设置其颜色为黄色、字体为华文行楷、字号为 36，如图 6-13 所示。

3）给对象添加标签

在几何画板中，每一个几何对象都对应一个"标签"（用字母或小写字母带数字表示），当在画板上画出一个新的基本图形时，系统会自动给这个图形的关键点标注标签，只是没有在屏幕上显示出来而已。如果要显示标注的标签，则要用到工具箱中的文字工具。

单击文字工具图标，鼠标指针变成一个手形，把鼠标指针移到要标注的对象上单击，如果该对象旁边没有标注就会把标签显示出来，如果该对象的标注已经显示就会把标签隐藏起来，在对象上单击奇数次时为"显示"标签，单击偶数次时为"隐藏"标签。

几何画板是按图形在画板中出现的顺序来标注标签的，点的标签从大写字母 A 开始标

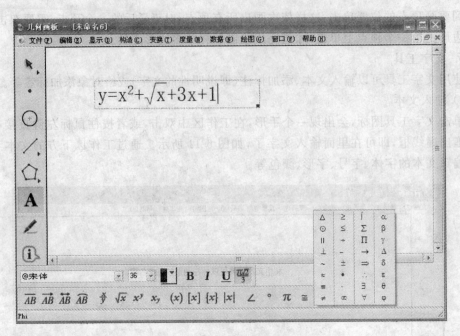

图 6-12　输入复杂的数学公式

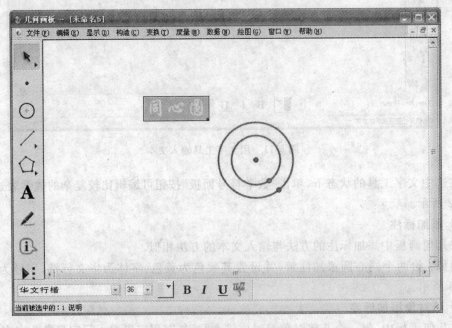

图 6-13　添加"同心圆"标注

注；线的标签从小写字母 j 开始标注；圆的标签用加前缀的数字($c_1,c_2,\cdots$)标注；弧的标签用加前缀 a 的数字($a_1,a_2,\cdots$)标注，如图 6-14 所示。

　　在选中文字工具的状态下，可以移动和修改标注的标签。

　　用鼠标指针对准某个对象的标签，按下左键不放拖曳鼠标，可以将标签移动到合适的位置。

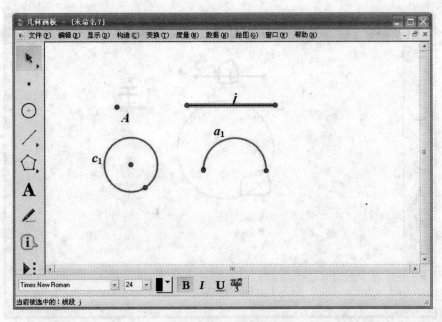

图 6-14　各种对象的标注

如果双击要修改的标签，会显示对象的属性对话框，在"标签"选项卡中可以重设标签。例如将点的标签"A"修改成"W"，如图 6-15 所示。如果想输入下标，可以在"标签"文本框中将下标用方括号括起来，例如输入"A[1]"，则显示标签"A_1"。

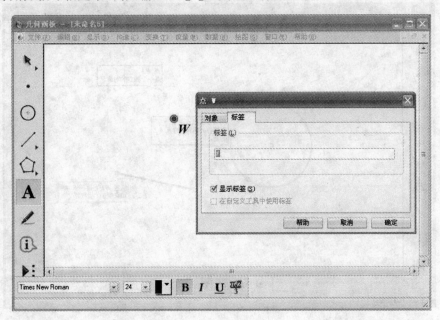

图 6-15　"标签"选项卡

7. 标记工具

标记工具用于给对象添加标记或者直接在工作区中写字、画画等，如图 6-16 所示。

利用几何画板制作 CAI 多媒体课件

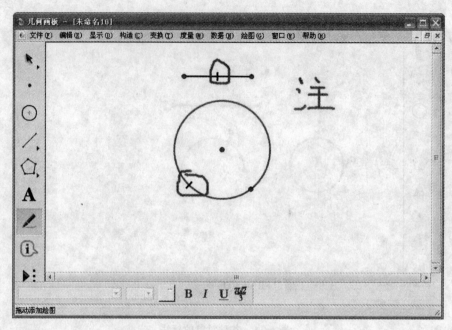

图 6-16　利用标记工具添加标记或写字、画画

8. 信息工具

信息工具用来查看对象的属性和关系，如图 6-17 所示。

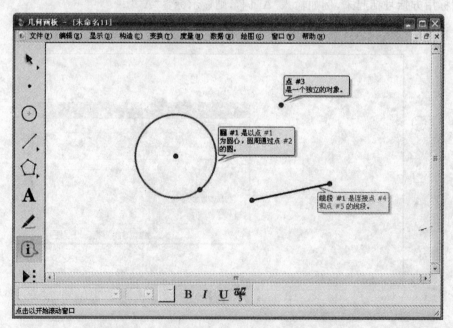

图 6-17　利用信息工具查看对象的属性和关系

9. 自定义工具

在几何画板 5.05 的工具箱中新增了自定义工具。

几何画板只是提供了基本作图规则,没有提供一些常用的几何图形功能。但事实上,复杂的几何图形都是根据一定的数学关系构建的,使用者可以根据自己的需要,事先用自定义工具来制作一些常用的几何图形,保存在自定义工具中,供随时调用。

在几何画板 5.05 中文版中包含了大约 800 个自定义工具,还包含创建新工具、工具选项(制作自定义工具时设置选项)、显示脚本视图(查看工具的制作过程和使用方法)、选择工具文件夹(设定工具来源)等选项,如图 6-18 所示。

6.2.4　绘制图形的基本操作

1. 删除、撤销、重复和隐藏

在几何画板中绘图时,可能会出现错误操作的地方,有以下几种修改错误的方法。

(1) 使用"删除"功能删除错误对象,再构造正确的对象。对于这种删除操作,用户必须要十分小心,因为,如果删除一个对象,那么它的子女对象都会同时被删除。

(2) 使用"撤销"功能(提倡使用此功能)。如果发现某步操作出错,可以反复选择"编辑"→"撤销"命令,或按 Ctrl+Z 组合键,一步一步复原到出错之前的工作状态。"全部撤销"对应的组合键是 Shift+Ctrl+Z。如果是一个新建的文件,则回到空白画板。如果不想"撤销"某步操作了,可以选择"编辑"→"重做"命令,或按 Ctrl+R 组合键恢复该操作。

(3) 使用"隐藏"功能。如果希望删除一个对象而又不影响其他对象,那么应该使用"隐藏"功能。隐藏的方法是,先选中要隐藏的对象,然后选择"显示"→"隐藏"命令,或按 Ctrl+H 组合键。

图 6-18　自定义工具

2. 修改图形的位置、大小和方向

如果画板中的图形位置、大小等不合适,还可以进行修改。无论修改哪种图形元素,都必须在选定移动箭头工具的状态下进行。

1) 改变图形位置

在选定移动箭头工具的状态下选中要移动的对象,按下鼠标左键,拖动已选的对象可以将其在画板中移动。当拖动画板中的图形时,与该图形有关的所有对象也会随之移动。这就是几何画板的精髓——在运动中保持几何关系的不变性。

有时用户需要对选中对象的位置做细微的调整,使用鼠标拖动很难做到,此时可以使用方向键每次将选中对象仅仅上、下、左、右移动一个像素,便于微调。

2) 调整图形的大小和方向

选中图形中的关键点并拖动可以调整该图形的大小和方向。

例如,移动圆心,把鼠标指针移到圆心上,按下左键不放拖动鼠标,圆心也相应移动,移到合适的位置后放开左键即可。在移动过程中,用户会发现圆上的关键点不动,所以圆心移

利用几何画板制作CAI多媒体课件

动时,圆的大小也在改变。

3. 选中对象

在选定移动箭头工具的状态下,选取对象前要用鼠标在工作区空白处单击一下,以释放工作区中原来选中的其他对象,避免误操作。

选中对象有以下几种方法:

1) 选中一个对象

移动鼠标指针到某一个对象上,单击即可选中该对象。

2) 选中两个以上离散的对象

用户只需用鼠标依次单击各对象,即可同时选中若干个离散的对象。

3) 选中一个矩形区域内的所有对象

在适当位置按下鼠标左键不动,向右下方(或左上方)拖曳,会形成一个虚框的矩形区域,当所要选的对象都在区域内时,松开左键,矩形区域内的所有对象即被选中。如果拖动时按住 Shift 键,可以同时选中若干个离散的区域。

4) 选中画板中的所有对象

选择"编辑"→"选择所有"命令,即可选中画板中所有的对象。如果当前工具是画点工具、画线工具或画圆工具,这一项就变成对应的"选择所有点"、"选择所有线"或"选择所有圆"。

4. 选择对象的父对象或子对象

所谓"父对象"和"子对象",是指对象之间的派生关系。

例如,在直线 BC 上取一点 A,过点 A 作线段 AD,则点 A 是线段 BC 的子对象,同时也是线段 AD 的父对象。在点 A 上右击,会打开其属性对话框,如图 6-19 所示。

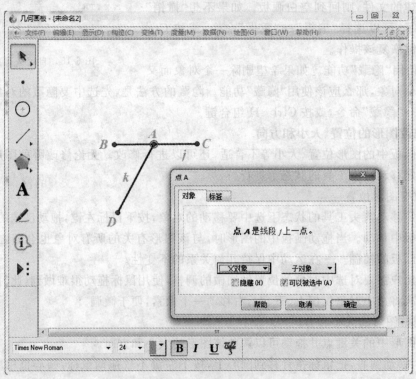

图 6-19　点 A 的属性对话框

单击点 A 的属性对话框中的"父对象"按钮,显示其父对象是线段 j,如图 6-20 所示。

单击点 A 的属性对话框中的"子对象"按钮,显示其子对象是线段 k,如图 6-21 所示。

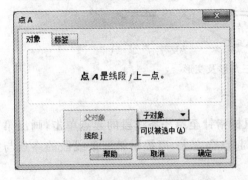

图 6-20　点 A 的父对象是线段 j

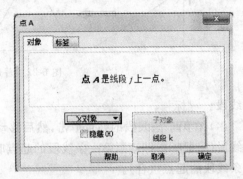

图 6-21　点 A 的子对象是线段 k

选中某对象后,选择"编辑"→"选择父对象"命令,可以把已选中对象的父对象选中。选择"编辑"→"选择子对象"命令,可以把已选中对象的子对象选中。

对于被选中的对象,再次单击会取消选中。如果要取消所有被选中的对象,在画板的空白处单击即可。

6.2.5　基本工具的应用实例

在几何画板中利用基本工具进行图形的绘制,用户应注意以下几方面:

(1) 用几何画板绘制几何图形,首先要考虑对象间的几何关系,而不是基本元素(点、线、圆)的简单堆积。

(2) 点不仅可在画板的空白处绘制,也可以在几何对象(除"内部"外)上绘制。线段以及圆的起点和终点也是如此,即构造"点"与"线"的几何关系。

(3) 移动箭头工具不仅用于选择,还可用来构造交点。

(4) 在画点(或画圆、直线、线段、射线)时,将鼠标指针移到几何对象(点和线)处,几何对象会变为淡蓝色,此时单击才能保证"点"与"点"重合、"点"在"线"上等。

(5) 对于绘制图形的辅助线,一般情况下不能删除,否则相关对象也会被删除。此时,用户只能先选中辅助线,然后按 Ctrl+H 组合键将其隐藏。

下面利用绘图工具来绘制一些组合图形,以帮助用户熟悉绘图工具的使用和一些相关的绘制技巧。

实例 1:绘制"普通三角形"。

拖动三角形的顶点,可以改变三角形的形状和大小,这个三角形是动态的三角形,如图 6-22 所示。

操作步骤如下:

(1) 打开几何画板,建立新文件。

(2) 选择线段直尺工具,将鼠标指针移到工作区,在线段的起点处单击,然后移动鼠标指针至线段的终点单击,画出一条线段。

(3) 在第一条线段的终点单击,然后移动鼠标指针至第二条线段的终点单击,画出第二

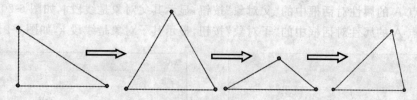

图 6-22　普通三角形及变形

条线段。

（4）在第二条线段的终点单击，然后移动鼠标指针至第一条线段的起点单击，画出第三条线段（当鼠标指针移至第一条线段的起点时，起点会变大，以提示第三条线段的终点与第一条线段的起点重合）。

具体绘制过程如图 6-23 所示。

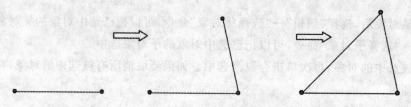

图 6-23　普通三角形的绘制过程

（5）将该文件保存为"普通三角形.gsp"文件。

实例 2：绘制"三线三角形"。

三角形三边所在的线分别是直线、射线和线段，拖动三角形的顶点，可以改变三角形的形状和大小，如图 6-24 所示。

操作步骤如下：

（1）打开几何画板，建立新文件。

（2）选择直线直尺工具，在工作区的空白处画直线。

（3）选择射线直尺工具，以直线上的某点为起点画射线。

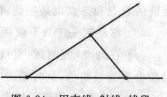

图 6-24　用直线、射线、线段构成的三角形

（4）选择线段直尺工具，以射线和直线上的两个点画线段。

具体绘制过程如图 6-25 所示。

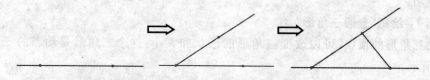

图 6-25　三线三角形的绘制过程

（5）将该文件保存为"三线三角形.gsp"。

实例 3：绘制"圆内接三角形"。

拖动三角形的任意一个顶点，三角形的形状会发生改变，但始终与圆内接，如图 6-26 所示。

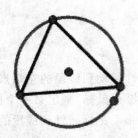

图 6-26 圆内接三角形

操作步骤如下：

（1）打开几何画板，建立新文件。

（2）画圆。选择圆工具，在工作区的空白处单击并拖动鼠标指针到另一个合适位置，松开鼠标，绘制出一个圆。

（3）画三角形。选择线段直尺工具，移动鼠标指针至圆周上，圆会变成红色，并在信息栏左下角提示"构造当前对象起点在圆上"，单击确定起点，然后移动鼠标指针至圆周上的合适位置，信息栏提示"终点落到此圆上"，再次单击，绘制三角形的一条边。依次构造第二条边和第三条边。

具体绘制过程如图 6-27 所示。

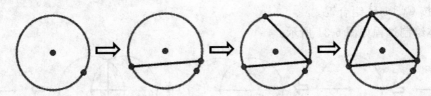

图 6-27 圆内接三角形的绘制过程

（4）将该文件保存为"圆内接三角形.gsp"。

实例 4：绘制"等腰三角形"。

拖动三角形的顶点，三角形的形状和大小会发生变化，但始终是等腰三角形，这就是几何的不变规律，如图 6-28 所示。

操作步骤如下：

（1）打开几何画板，建立新文件。

（2）画圆。选择圆工具，在工作区的空白处单击并拖动鼠标指针

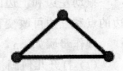

图 6-28 等腰三角形

到另一个合适位置，松开鼠标，绘制出一个圆。

（3）画三角形。选择线段直尺工具，移动鼠标指针到圆周上单击，然后移动鼠标指针至右侧圆周上，再次单击，画出第一条边，再用线段直尺工具把线段的两个端点与圆心相连。

（4）隐藏圆。按 Esc 键（取消画线状态），然后单击圆周，按 Ctrl＋H 组合键。

具体绘制过程如图 6-29 所示。

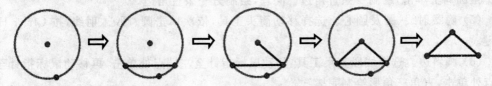

图 6-29 等腰三角形的绘制过程

（5）将该文件保存为"等腰三角形.gsp"。

实例 5：绘制"线段的垂直平分线"。

无论怎样拖动线段，竖直的线永远为水平线段的垂直平分线，如图 6-30 所示。

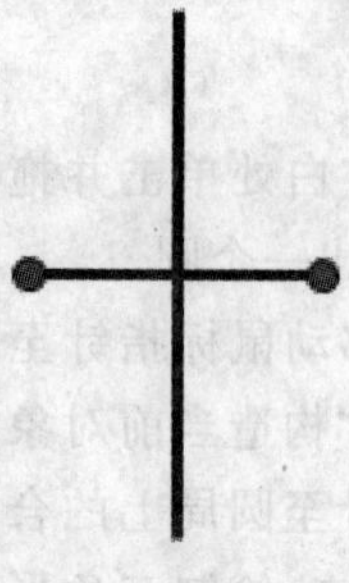

操作步骤如下：

（1）打开几何画板，建立新文件。

（2）画线段。

（3）画等圆。选择圆工具，将鼠标指针移动到线段的左端点单击，然后拖动鼠标指针到线段的右端点，松开鼠标，画出第一个圆。接着在线段的右端点处单击并向左拖动，拖动鼠标指针到线段的左端点，松开鼠标，画出第二个圆。

图 6-30 线段的垂直
平分线

（4）画直线。选择线段直尺工具，移动鼠标指针至两圆相交处单击，再移动鼠标指针至两圆另一个相交处单击。

（5）隐藏两圆及交点。按 Esc 键，取消画线状态，然后单击圆周和交点，按 Ctrl＋H 组合键。

具体绘制过程如图 6-31 所示。

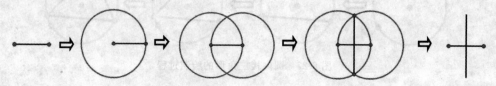

图 6-31 线段垂直平分线的绘制过程

（6）将该文件保存为"线段的垂直平分线. gsp"。

实例 6：绘制"直角三角形"。

拖动左边和上边的点可改变三角形的大小和形状，但三角形始终是直角三角形，拖动右边的点和三边可改变直角三角形的位置，如图 6-32 所示。

操作步骤如下：

（1）打开几何画板，建立新文件。

（2）画射线。选择射线直尺工具，在工作区中单击，然后移动鼠标指针至合适的位置单击，画出一条射线。

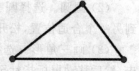

（3）画圆及射线的交点。选择圆工具，以射线上的点为圆心向   图 6-32 直角三角形
左拖动鼠标绘制圆，使圆周在射线的端点上。

（4）画直角边。选择线段直尺工具，移动鼠标指针至射线的端点处单击，然后移动鼠标指针至圆周上单击，绘制一条直角边。同理，绘制另一条直角边。

（5）隐藏射线、圆及圆心。选择移动箭头工具，依次单击圆、圆心、射线，按 Ctrl＋H 组合键。

（6）画斜边。选择线段直尺工具，移动鼠标指针至左端点处单击，再移动鼠标指针至右端点处单击，直角三角形绘制完毕。

具体绘制过程如图 6-33 所示。

（7）将该文件保存为"直角三角形 1. gsp"。

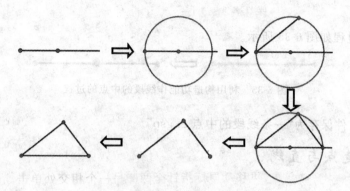

图 6-33　直角三角形的绘制过程

6.3　构　造　图　形

构造是几何画板的重要功能,在作图的过程中大多数步骤都是通过构造功能来完成的,构造功能可以简化作图步骤,提高作图速度和效率。

6.3.1　构造作图的优点

利用工具箱中的各种工具,几乎可以作出所有欧几里得图形,但作图速度太慢,而使用构造功能可以很快地完成作图。

下面通过一个实例,说明利用工具箱中的工具作图与利用构造功能作图的区别。

实例 1:绘制“一条线段的中点”。

1) 利用工具箱中的工具作图

操作步骤如下:

(1) 打开几何画板,建立新文件。

(2) 作两圆。选择圆工具,分别以点 A 和点 B 为圆心,以线段 AB 为半径画圆。

(3) 作两圆的交点。选择点工具,单击两圆相交处,作出两圆的交点 D 和 E。

(4) 作线段 DE。选择线段直尺工具,过两圆的交点作一条线段 DE。

(5) 作中点 C。选择点工具,单击线段 AB 与线段 DE 的交点,得到点 C,点 C 即为 AB 的中点,如图 6-34 所示。

(6) 将该文件保存为“一条线段的中点 1.gsp”。

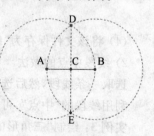

图 6-34　利用工具箱中的工具
作线段的中点

2) 利用构造功能或者快捷键更简单地作出一条线段的中点

具体步骤如下:

(1) 打开几何画板,建立新文件。

(2) 选取线段。使用移动箭头工具,单击线段,即选取线段。

(3) 作中点。选择“构造”→“中点”命令,或者按 Ctrl＋M 组合键,即可得到线段的中点。

具体绘制过程如图 6-35 所示。

图 6-35　利用构造功能作线段的中点的过程

（4）将该文件保存为"一条线段的中点 2. gsp"。

6.3.2　构造点与直线

1. 构造点

几何画板中的点分为三类，即对象上的普通点、中点和交点。

1）对象上的点的做法

选取任何一个对象或多个对象，然后选择"构造"→"对象上的点"命令即可。

几何画板根据用户选取对象的不同，构造出相应的点，点可以在对象上自由拖动。这里的对象可以是"线（线段、射线、直线、圆、弧）"、"内部"、"函数图像"等，但不能是"点"。这是一个动态的菜单，若选取的对象是"线段"，这时菜单上显示的是"线段上的点"，若选取的对象是"轨迹"，这时菜单上显示的是"轨迹上的点"。

实例 2：绘制"线段上的任意一点"。

操作步骤如下：

（1）打开几何画板，建立新文件。

（2）画线段 AB。选择线段直尺工具画线段，并使用文字工具为线段的端点标上字母 A 和 B。

（3）作线段上的任意一点 C。选择"构造"→"线段上的点"命令即可。

具体绘制过程如图 6-36 所示。

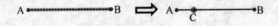

图 6-36　线段上的任意一点的绘制过程

（4）将该文件保存为"线段上的任意一点. gsp"。

2）线段中点的做法

选取一条线段，然后选择"构造"→"中点"命令即可。

利用线段的"中点"，可以制作三角形的中线。

实例 3：绘制"三角形的中线"。

操作步骤如下：

（1）打开几何画板，建立新文件。

（2）画三角形 ABC。选择线段直尺工具，画一个三角形，并使用文字工具为三角形的顶点标上字母 A、B 和 C。

（3）选定边 BC。选择移动箭头工具，单击线段 BC。

（4）作线段 BC 的中点 D。选择"构造"→"中点"命令，或按 Ctrl＋M 组合键。

（5）连接 AD。利用线段直尺工具连接点 A 与点 D，线段 AD 即为三角形的中线。

具体绘制过程如图 6-37 所示。

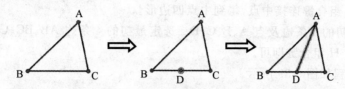

图 6-37　三角形的中线的绘制过程

（6）将该文件保存为"三角形的中线.gsp"。

3）交点的做法

选取两条（当且仅当选取两条）呈相交状态的线（线段、射线、直线、圆、弧）后，选择"构造"→"交点"命令即可。

实例 4：绘制"两相交线段的交点"。

操作步骤如下：

（1）打开几何画板，建立新文件。

（2）画两相交线段 AB 和 CD。选择线段直尺工具，画两相交线段 AB 和 CD，并使用文字工具为两线段的端点标上字母 A、B 和 C、D。

（3）作交点。选中线段 AB 和 CD，选择"构造"→"交点"命令，或按 Shift＋Ctrl＋I 组合键，并标注交点名称 E。

具体绘制过程如图 6-38 所示。

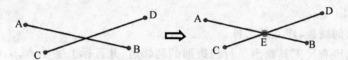

图 6-38　两相交线段的交点的绘制过程

（4）将该文件保存为"两相交线段的交点.gsp"。

2. 构造线

直线型的构造包括构造线段、射线、直线、平行线、垂线和角平分线等。

1）线段、直线、射线的构造

由于"两点确定一条线段（射线、直线）"，所以用户在构造线段、直线、射线时，需要确定两个点。

具体做法：选取两点，然后选择"构造"→"线段"（或"射线"、"直线"）命令。

注意：

（1）如选取点是画射线，则第一个点为射线的端点。

（2）使用 Ctrl＋L 组合键只能快速画线段，不能快速画射线、直线。

实例 5：绘制"中点四边形"。

操作步骤如下：

（1）打开几何画板，建立新文件。

（2）画出 A、B、C、D 共 4 个点，并顺次连接这 4 个点。使用点工具画出 4 个点，并选定，然后按 Ctrl＋L 组合键。

（3）构造中点四边形。选定边 AB、BC、CD 和 DA，按 Ctrl＋M 组合键作出 4 条边的中点，再按 Ctrl＋L 组合键连接中点，得到中点四边形。

（4）隐藏最初的 4 条边及点 A、B、C、D。选定最初的 4 条边 AB、BC、CD、DA 和点 A、B、C、D，按 Ctrl＋H 组合键即可。

具体绘制过程如图 6-39 所示。

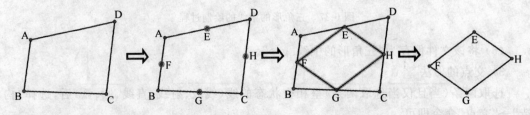

图 6-39　中点四边形的绘制过程

（5）将该文件保存为"中点四边形.gsp"。

2）平行线或垂线的构造

平行线或垂线的构造，即过一点作已知直线（或线段或射线）的平行线或垂线。

具体做法：选定一点和一直线（或选定几点和一直线，或选定一点和几条直线），选择"构造"→"平行线（或垂线）"命令，就能画出过已知点且平行或垂直已知直线的平行线或垂线。

实例 6：绘制"平行四边形"。

操作步骤如下：

（1）打开几何画板，建立新文件。

（2）使用线段直尺工具画出平行四边形的两邻边，并且标上字母 A、B、C。

（3）仅选取点 A 和线段 BC，选择"构造"→"平行线"命令，画出过 A 点且与线段 BC 平行的直线。同理，画出另一条过点 C 且与线段 AB 平行的直线，然后在两条直线的相交处构造交点 D。

（4）隐藏平行线。选取两条平行线，选择"显示"→"隐藏平行线"命令，或按 Ctrl＋H 组合键。

（5）连接线段 AD 和 CD。

具体绘制过程如图 6-40 所示。

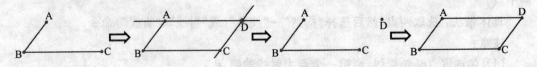

图 6-40　平行四边形的绘制过程

（6）将该文件保存为"平行四边形.gsp"。

实例 7：绘制"三角形的高"。

操作步骤如下：

（1）打开几何画板，建立新文件。

（2）画三角形 ABC。

（3）作垂线。选定点 A 和线段 BC，选择"构造"→"垂线"命令，并构造交点 D（垂足）。

（4）隐藏垂线。选定垂线后，按 Ctrl＋H 组合键。

（5）连接点 A 和 D。

具体绘制过程如图 6-41 所示。

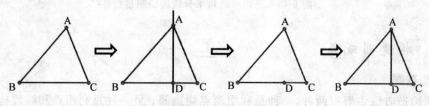

图 6-41　三角形的高的绘制过程

（6）将该文件保存为"三角形的高.gsp"。

实例 8：绘制"直角三角形"。

操作步骤如下：

（1）打开几何画板，建立新文件。

（2）画线段 AB。

（3）作线段 AB 的垂线。选中点 A 和线段 AB，选择"构造"→"垂线"命令。

（4）作斜边 BC。在垂线上找某点 C，连接点 B 和 C。

（5）隐藏垂线。选中垂线，按 Ctrl＋H 组合键。

（6）连接点 A 和 C。

具体绘制过程如图 6-42 所示。

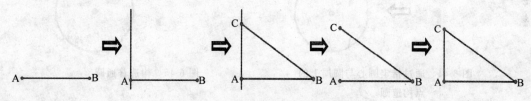

图 6-42　直角三角形的绘制过程

（7）将该文件保存为"直角三角形 2.gsp"。

实例 9：绘制"三角形的角平分线"。

操作步骤如下：

（1）打开几何画板，建立新文件。

（2）画三角形 ABC。

（3）画∠BAC 的平分线与线段 BC 的交点 D。按照顺序选定点 A、点 B、点 C，选择"构造"→"角平分线"命令，即可作出∠BAC 的角平分线 AD 与线段 BC 相交于点 D。

（4）隐藏角平分线 AD。

（5）连接 A 点和 D 点。

具体绘制过程如图 6-43 所示。

（6）将该文件保存为"三角形的角平分线.gsp"。

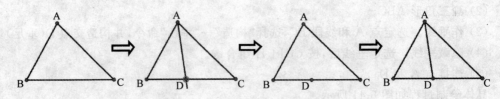

图 6-43　三角形的角平分线的绘制过程

6.3.3　构造圆或弧

1. 构造圆

圆的构造方法主要有两种,一种是利用两点构造圆;另一种是利用点和线段构造圆。

1) 利用两点构造圆

选定两点(有顺序)后,选择"构造"→"以圆心和圆周上的点绘圆"命令,即可构造一个圆。其中,圆心为第一个选定的点,半径为选定两点的距离,如图 6-44 所示。

2) 利用点和线段构造圆

利用点和线段构造圆可以构造普通圆、等圆和同心圆等。

(1) 构造普通圆。选定一个点和一条线段(没有顺序)后,选择"构造"→"以圆心和半径绘圆"命令,即可构造一个圆。其中,圆心为选定点,半径为选定线段的长度,如图 6-45 所示。

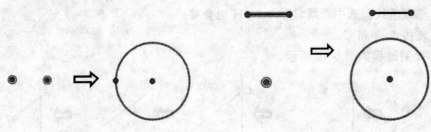

图 6-44　通过指定圆心与圆周上的　　　　图 6-45　构造普通圆
　　　　　　点构造圆

(2) 构造等圆。选定多个点和一条线段(没有顺序)后,选择"构造"→"以圆心和半径绘圆"命令,即可构造多个等圆。其中,圆心分别为选定的点,半径为选定线段的长度,如图 6-46 所示。

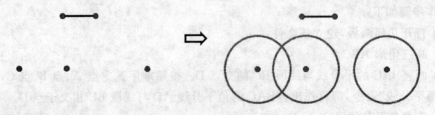

图 6-46　构造等圆

(3) 构造同心圆。选定一个点和多条线段(没有顺序)后,选择"构造"→"以圆心和半径绘圆"命令,即可构造多个同心圆。其中,圆心为选定点,半径分别为选定线段的长度,如

图 6-47 所示。

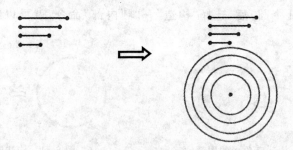

图 6-47　构造同心圆

2. 构造弧

弧的构造方法主要有两种,一种是构造圆上的弧;另一种是构造过三点的弧。

1) 构造圆上的弧

操作步骤如下:

(1) 依次选定一个圆和圆上的两点,选择"构造"→"圆上的弧"命令,就可以绘制出按逆时针方向从选定的第一点到第二点之间的弧。

(2) 选中圆和所有点,按 Ctrl＋H 组合键,使圆和点隐藏。

具体绘制过程如图 6-48 所示。

图 6-48　构造圆上的弧

2) 构造过三点的弧

选定不在同一直线上的三点,选择"构造"→"过三点的弧"命令,就可以绘制出按逆时针方向从选定的第一点过第二点到第三点之间的弧,如图 6-49 所示。

图 6-49　构造过三点的弧

6.3.4　构造图形的内部

构造图形的内部主要包括构造多边形的内部、圆的内部和弧的内部等。

1. 构造多边形的内部

选定三点或三点以上后,就可以构造多边形的内部了。

例如:构造三角形的内部。

选定三点后,选择"构造"→"三角形的内部"命令,就可以绘制出由这三点所决定的三角形的内部,如图 6-50 所示。

2. 构造圆的内部

选定一个圆（或几个圆）后，选择"构造"→"圆内部"命令，就可以绘制出圆的内部，如图 6-51 所示。

图 6-50　构造三角形的内部　　　　　图 6-51　构造圆的内部

3. 构造弧的内部

构造弧的内部主要包括构造扇形内部和弓形内部两种。

1）构造弧的扇形内部

选定一段弧（或几段弧）后，选择"构造"→"弧内部"→"扇形内部"命令，就可以绘制出这段弧所对应的扇形的内部，如图 6-52 所示。

2）构造弧的弓形内部

选定一段弧（或几段弧）后，选择"构造"→"弧内部"→"弓形内部"命令，就可以绘制出这段弧所对应的弓形的内部，如图 6-53 所示。

图 6-52　构造弧的扇形内部　　　　　图 6-53　构造弧的弓形内部

6.3.5　构造点的轨迹

符合某条件的所有点组成的图形称为符合这个条件的点的轨迹。由于在常规的黑板上作的图是静态的画面，学生很难理解当这个点运动之后的轨迹是什么样的，而借助几何画板就能够非常容易地理解这些概念。

常见的平面内点的轨迹有：

- 到定点的距离等于定长的点的轨迹，是以定点为圆心、定长为半径的圆。
- 到已知线段两个端点的距离相等的点的轨迹，是这条线段的垂直平分线。
- 到已知角的两边距离相等的点的轨迹，是这个角的角平分线。
- 到直线 L 的距离等于定长 D 的点的轨迹，是平行于这条直线，并且到这条直线的距离等于定长的两条直线。
- 到两条平行线距离相等的点的轨迹，是和这两条平行线平行且距离相等的一条直线。
- 到两定点距离之和相等的点的轨迹，是以两定点为焦点的椭圆。

实例 10：P 为圆上任意一点，如图 6-54 所示，构造线段 OP 的中点 M 的轨迹。

操作步骤如下：

（1）选定点 P，选择"显示"→"生成点的动画"命令，用户可以观察到点 P 在圆周上运动，点 M 也随之运动，如图 6-55 所示。

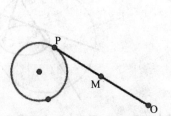

图 6-54　实例 10 题图

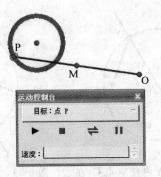

图 6-55　点 P 在圆周上运动,点 M 也随之运动

（2）如果要知道点 M 的轨迹,先单击"运动控制台"对话框中的"停止"按钮,让动画停下,然后选定点 M,再选择"显示"→"追踪点"命令。仅选定点 P 后,单击"运动控制台"对话框中的"播放"按钮,可以观察到点 M 的轨迹也是一个圆,如图 6-56 所示。

但对于这样的轨迹按"Esc"键就能清除掉,不能保存。用户可以采用构造轨迹的方法构造出点 M 的轨迹,这样就不会被擦除掉了。

做法：选定点 P 和点 M,选择"构造"→"轨迹"命令即可,如图 6-57 所示。

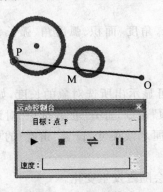

图 6-56　点 M 的轨迹

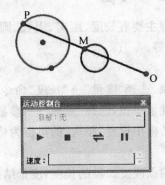

图 6-57　构造点 M 的轨迹

构造轨迹的前提条件是,选定两点,一点是在一条路径上的自由点；另一点是能够跟随自由点运动的点,即被动点。轨迹可以是任何线（线段、直线、射线）或函数图像等。

实例 11：绘制"椭圆"。

根据椭圆的定义可知"到两定点距离之和相等的点的轨迹,是以两定点为焦点的椭圆"。

操作步骤如下：

（1）画一个圆 A,在圆内任取点 C,在圆上任取点 D,然后连接点 C 和 D,并过点 A 和 D 作直线 AD,如图 6-58 所示。

（2）作线段 CD 的垂直平分线与直线 AD 相交于点 E,如图 6-59 所示。

（3）构造点 E 轨迹。选定点 E 和 D,选择"构造"→"轨迹"命令,即可得到点 E 的轨迹,这就是绘制的椭圆,如图 6-60 所示。

（4）隐藏多余的线,则只剩下椭圆了。

（5）将该文件保存为"椭圆.gsp"。

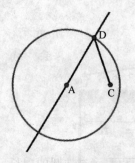

图 6-58　在圆 A 内任取点 C,在
　　　　　圆上任取点 D 并连接

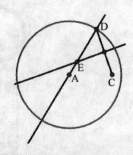

图 6-59　线段的垂直平分线与直
　　　　　线 AD 相交于点 E

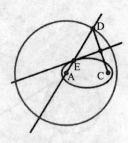

图 6-60　点 E 的轨迹

6.4　度　量　功　能

几何画板的度量功能是用户深入学习几何图形的便利工具,恰当地运用这一功能,能够对几何图形的内在变化和本质内涵有更深一层的表达与理解。

6.4.1　度量的内容

度量的内容主要有长度、距离、周长、圆周长、角度、面积、弧度角、弧长、半径、比例、坐标、斜率和方程等。

1. 长度

选中某对象,选择"度量"→"长度"命令,即可显示出所选对象的长度,如图 6-61 所示。如果要修改其度量单位,选择"编辑"→"参数选项"命令,打开"参数选项"对话框,如图 6-62 所示。在该对话框中设置"距离"的单位为像素、厘米或英寸,设置"角度"的单位为度、弧度或方向度。

拖动线段端点改变线段的长度,度量结果也会随之发生变化。

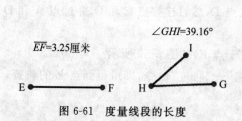

图 6-61　度量线段的长度

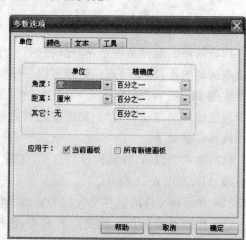

图 6-62　"参数选项"对话框

2. 距离

选择两点或一个点与一直线型对象,选择"度量"→"距离"命令,可以显示出这两个被选对象之间的距离,其单位与"长度"的设置方法相同。拖动任一对象,度量结果会随之发生变化。

3. 周长

选择一个或多个内部,选择"度量"→"周长"命令,可以显示被选内部的边缘周长。

4. 圆周长

选择一个或多个圆或圆内部,选择"度量"→"圆周长"命令,可以显示被选圆的周长。改变圆的大小,度量结果会随之发生变化。

5. 角度

顺序选择三点,选择"度量"→"角度"命令,可以显示以第二点为顶点的角的度数。其单位可以通过"参数选项"对话框设置为度、弧度或方向度。

这里尤其要注意,如果将单位设置为"度",那么第一和第三点的顺序不会影响显示结果;如果选择的单位是"弧度"或者"定向度",那么逆时针方向选择的三点显示为正,顺时针方向选择的三点显示为负。拖动某一点运动,度量结果会随之发生变化。

6. 面积

选择一个或多个圆或内部,选择"度量"→"面积"命令,可以显示被选对象的面积。其单位随着"长度"单位的变化而发生平方变化,改变被选对象的面积,度量结果也会随之发生变化。

7. 弧度角

选择一条或多条弧、扇形内部或弓形内部(或一个圆和圆周上的两点,一个圆和圆周上的三点),选择"度量"→"弧度角"命令,可以显示被选对象的弧所对应圆心角的度数。其单位随"角度单位"的变化而变化。改变图中的弧,度量结果会随之发生变化。

8. 弧长

选择一条或多条弧、扇形或弓形内部,选择"度量"→"弧长"命令,可以显示被选对象的弧的长度。其单位与"长度"单位相同,改变弧的长度,度量结果会随之发生变化。

9. 半径

选择一个或多个圆、弧、圆内部、弓形内部、扇形内部,选择"度量"→"半径"命令,可以显示被选对象所在圆的半径长。其单位与"长度"单位相同,改变圆的大小,度量结果会随之发生变化。

10. 比例

顺序选择两条线段,选择"度量"→"比例"命令,可以显示以第一条线段为分子、第二条线段为分母的两条线段的比值。其不存在单位,改变线段的长度,度量结果会随之发生变化。

11. 坐标、横坐标、纵坐标

选择一个或多个坐标系内的点,选择"度量"→"坐标"(或"横坐标"、"纵坐标")命令,可以显示被选点的坐标、横坐标或纵坐标。其不存在单位,拖动该点或定义点,显示度量结果会随之发生变化。

12. 坐标距离

选择坐标系内的两个点,选择"度量"→"坐标距离"命令,可以显示被选择两点之间的坐标距离,不显示单位,其单位以坐标系中的单位长度为单位。拖动两点中的一点或定义点,显示度量结果会随之发生变化。

13. 斜率

选择一条或几条直线型对象,选择"度量"→"斜率"命令,可以显示被选对象的斜率,其不存在单位。

14. 方程

选择一条或多条直线、一个或多个圆,选择"度量"→"方程"命令,可以显示被选对象的方程。其不存在单位,系统会自动定义以窗口中心为原点的坐标系,或是提前定义一坐标系。

6.4.2 度量的应用实例

这里仅以一个实例来说明度量的功能。

实例:用度量来验证勾股定理

操作步骤如下:

(1) 打开几何画板,建立新文件。

(2) 画线段 AC。

(3) 画过 A 点的 AC 的垂线。

(4) 在垂线上任取一点 B。

(5) 隐藏垂线。

(6) 连接点 A 与点 B、点 B 与点 C。

(7) 度量线段 AC、BA 和 BC 的长度,如图 6-63 所示。

(8) 计算 $AC^2 + BA^2 = BC^2$。

选择"数据"→"计算"命令,打开"新建计算"对话框,如图 6-64 所示。

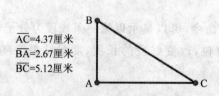

$\overline{AC} = 4.37$厘米
$\overline{BA} = 2.67$厘米
$\overline{BC} = 5.12$厘米

图 6-63 绘制直角三角形,并度量三条边

图 6-64 "新建计算"对话框

单击刚刚度量出的数值"AC=4.37 厘米",然后单击" * "号,再单击"AC=4.37 厘米",接着依此方法输入,得到公式 $AC^2 + BA^2 - BC^2$。最后单击"确定"按钮,对话框消失,画板上

出现算式 AC・AC+BA・BA−BC・BC=0.00 厘米²。

(9) 任意拖动 A、B 或 C 点,可以看到三条边的长度在变化,但最后一个表达式的值总是 0,表明两条直角边的平方和与斜边的平方相等。

(10) 将该文件保存为"勾股定理.gsp"。

6.5 变换功能

数学中所谓的"变换",是指从一个图形(或表达式)到另一个图形(或表达式)的演变。在几何画板中研究的定义变换有旋转、平移、缩放、反射和迭代等,用户还可以利用自定义变换来作图。

几何画板有两种方法来进行变换。一种方法是用"变换"菜单中的命令生成原对象的变换图像;另一种方法是利用不同的选择工具拖动指定对象进行变换。

常用的变换有以下 5 种方式:

(1) 选中一点标记中心,旋转缩放。

(2) 选中两点标记向量,用向量控制平移。

(3) 选中三点标记角度,用角度控制旋转。

(4) 选中一条线段标记镜面,用于反射。

(5) 选中两条线段标记比值,用比值控制缩放。

6.5.1 旋转

旋转的前提条件是有旋转中心、旋转对象和旋转角度。旋转的结果是图形大小没有改变,图形上所有的点围绕旋转中心旋转的角度相同。

实例 1:利用旋转变换绘制"正方形"。

画一个正方形,拖动任一顶点可以改变边长或位置,且能动态地保持图形是一个正方形。

操作步骤如下:

(1) 打开几何画板,建立新文件。

(2) 画一条线段 AB,用来做正方形的一边。

(3) 双击点 A,标记为中心。

(4) 选取线段 AB 和右端点 B,选择"变换"→"旋转"命令,在打开的"旋转"对话框中设置绕标记中心旋转固定角度"90.0"(正值表示逆时针旋转,负值表示顺时针旋转),得到第二条边,如图 6-65 所示。

(5) 双击点 B,标记新的中心。

(6) 选取点 A 和线段 AB,选择"变换"→"旋转"命令,在打开的"旋转"对话框中设置绕标记中心旋转固定角度"−90.0",得到第三条边,如图 6-66 所示。

(7) 连接两个点构成一个正方形,并标注点 C 和 D。

(8) 将该文件保存为"正方形.gsp"。

实例 2:利用旋转变换绘制"中心对称三角形"。

操作步骤如下:

221

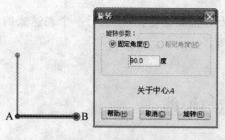

图 6-65　得到第二条边

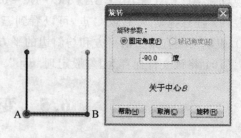

图 6-66　得到第三条边

（1）打开几何画板，建立新文件。

（2）绘制三角形 ABC 及对称中心 O，然后在三角形的右边绘制一条线段 DG，构造线段的中点 E，依次选定中点 E、线段的右端点 D 和左端点 G，选择"构造"→"圆上的弧"命令，在弧上任取一点 F 连接 EF、ED（这样做的目的是使∠DEF 在 0°～180°范围内变化），如图 6-67 所示。

（3）隐藏圆弧、直径和左端点 G。

（4）用移动箭头工具双击点 O，标记为中心。

（5）用移动箭头工具按顺序单击点 D、E、F，选择"变换"→"标记角"命令。如果标记成功，用户会看到一段小动画。

（6）同时选定点 A、B、C 和线段 AB、AC、BC、OA、OB、OC，选择"变换"→"旋转"命令，打开"旋转"对话框，如图 6-68 所示。

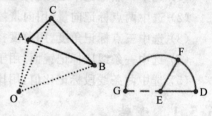

图 6-67　准备工作

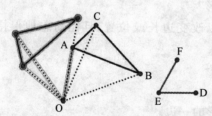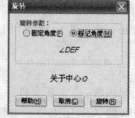

图 6-68　按角度旋转变换

（7）为便于观察，修改按角度旋转所得的对象为红色。单击"旋转"按钮，旋转后的图形处于选中状态，选择"显示"→"颜色"命令，将其修改为红色。

（8）拖动点 F，可以看到中心对称三角形效果，如图 6-69 所示。

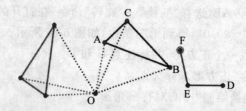

图 6-69　拖动点 F，可以看到中心对称三角形效果

(9) 将该文件保存为"中心对称三角形.gsp"。

6.5.2 平移

对于两个几何图形,如果在它们的所有点与点之间建立一一对应关系,并且以一个图形上的任一点为起点,另一个图形上的对应点为终点作向量,所得的一切向量彼此相等,那么其中一个图形到另一个图形的变换就称为"平移"。平移既是一个保距变换,又是一个保角变换。

在几何画板中,有 3 种方式进行平移。

(1) 极坐标平移变换:在极坐标系中最多可以组合出 4 种方法,即固定距离,固定角度;固定距离,标记角度;标记距离,固定角度和标记距离,标记角度。

(2) 直角坐标平移变换:在直角坐标系中可以组合出 4 种方法,即水平固定距离,垂直固定距离;水平固定距离,垂直标记距离;水平标记距离,垂直固定距离和水平标记距离,垂直标记距离。

(3) 标记向量平移变换:该变换只有一种方法。

1. 极坐标平移变换

利用极坐标平移变换,可以辅助图形的绘制。

实例1:利用极坐标变换,辅助绘制"一个半径为 $\sqrt{2}$ cm 的圆"。

绘制半径为 $\sqrt{2}$ cm 的圆,无论如何移动圆位置,半径保持不变。

操作步骤如下:

(1) 绘制一个点,然后选定该点,选择"变换"→"平移"命令,打开"平移"对话框,选择"极坐标"平移变换,如图 6-70(a)所示。

(2) 把固定距离 1.0cm 改成 $\sqrt{2}$ cm。方法是把输入法调至英文状态下,输入"2^0.5"("^"是指数运算符号),如图 6-70(b)所示。

(a) 设置前

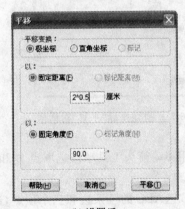

(b) 设置后

图 6-70 极坐标"平移"对话框

(3) 单击"平移"按钮,得到两个点的距离为 $\sqrt{2}$ cm。

(4) 经过两点绘制一个圆。

(5) 将该文件保存为"极坐标平移变换.gsp"。

2. 直角坐标平移变换

利用直角坐标平移变换,可以辅助图形的绘制。

实例 2:利用直角坐标变换,辅助绘制"一个半径为$\sqrt{2}$ cm 的圆"。

绘制半径为$\sqrt{2}$ cm 的圆,无论如何移动圆位置,半径保持不变。

操作步骤如下:

(1) 绘制一个点 A。

(2) 选取点 A,然后选择"变换"→"平移"命令,打开"平移"对话框,选择"直角坐标"平移变换,设置水平方向的固定距离为 1.0cm,垂直方向的固定距离为 1.0cm,单击"平移"按钮,则两个点之间的距离为$\sqrt{2}$ cm,如图 6-71 所示。

(3) 选定这两点(先选的为圆心),构造一个圆。

(4) 将该文件保存为"直角坐标平移变换.gsp"。

3. 标记向量平移变换

利用标记向量平移变换,可以辅助图形的绘制。

实例 3:绘制"全等三角形"。

操作步骤如下:

(1) 绘制△ABC。

(2) 选择线段直尺工具,按住 Shift 键,绘制水平线段 DE,并在 DE 上任取一点 F,如图 6-72 所示。

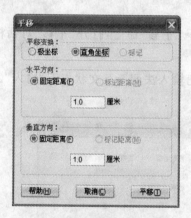

图 6-71 直角坐标"平移"对话框

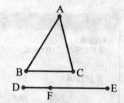

图 6-72 绘制三角形和水平线段

(3) 使用移动箭头工具顺序选取点 D 和 F,选择"变换"→"标记向量"命令,标记从点 D 到 F 的向量。

(4) 选取△ABC 的三条边和三个顶点,选择"变换"→"平移"命令,打开"平移"对话框,如图 6-73 所示。

(5) 标记新三角形的三个顶点。

(6) 拖动点 F,可以改变新三角形的水平位置,最终效果如图 6-74 所示。

(7) 将该文件保存为"标记向量平移变换.gsp"。

6.5.3 缩放

缩放是指对象关于"标记的中心"按"标记的比"进行相似变换。

图 6-73 标记"平移"对话框

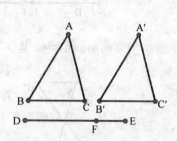

图 6-74 全等三角形最终效果

其中,"标记比"的方法主要有以下几种。

(1) 选定两条线段,选择"变换"→"标记线段比"命令(此命令会根据选定的对象不同而改变),标记以第一条线段长为分子,第二条线段长为分母的一个比。

使用这种方法也可以事先不标记,在打开"缩放"对话框后,依次单击两条线段来标记。

(2) 选定度量的值(无单位)或选定一个参数(无单位),选择"变换"→"标记比"命令来标记一个比。

对于这种方法也可以在打开"缩放"对话框后,单击工作区中的相应数值"现场"标记这个比值。

(3) 选定同一直线上的三点,选择"变换"→"标记比"命令,可以标记以一、三点距离为分子,一、二点距离为分母的一个比。

使用这种方法控制比最为方便,根据方向的变化,比值可以是正、零或负等。

实例: 绘制"相似三角形"

通过拖动控制点,让图形动态发生变化。

操作步骤如下:

(1) 绘制△ABC。

(2) 绘制一条水平直线,并隐藏直线上的两个控制点,如图 6-75所示。

图 6-75 绘制三角形和一条水平直线

(3) 在直线上绘制点 D、E、F,然后用移动箭头工具依次选取点 D、E、F,选择"变换"→"标记比"命令,标记一个比。

(4) 选取三角形的三边和三个顶点,选择"变换"→"缩放"命令,打开"缩放"对话框,单击点 A,确保对话框中的缩放中心为点 A(可以事先双击点 A 标记中心),如图 6-76 所示。

(5) 单击"缩放"按钮,并标记新三角形的顶点。

(6) 拖动点 F 在直线上移动,可以看到相似三角形的变化,如图 6-77 所示。

(7) 将该文件保存为"缩放相似三角形.gsp"。

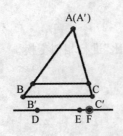

图 6-76　进行"缩放"变换及"缩放"对话框

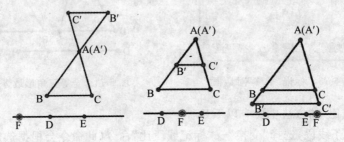

图 6-77　拖动点 F,可以使相似三角形位置变化

6.5.4　反　射

反射是指将选定的对象按标记的镜面(即对称轴,可以是直线、射线或线段)构造轴对称关系。但并不是所有的对象都可以反射,例如轨迹和函数图像等不能反射。选择"反射"命令不会打开相应对话框,在反射前必须标记镜面,否则系统会随机标记一个线段、射线或直线作为反射镜面。

实例:绘制"轴对称三角形"。

拖动三角形顶点改变其位置和形状,用户可以观察到动态保持的对称关系和相关性质。

操作步骤如下:

(1) 绘制一条垂直线。

(2) 选定这条直线,选择"变换"→"标记镜面"(或者直接双击这条线段)命令,标记这条直线为"镜面"。

(3) 在直线的一旁绘制一个△ABC,如图 6-78 所示。

(4) 选取△ABC 的全部(可以使用框选),选择"变换"→"反射"命令,反射所得的三角形的顶点,如图 6-79 所示。

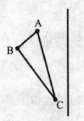
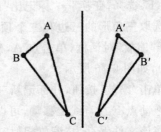

图 6-78　绘制直线和△ABC　　　　　图 6-79　反射变换后的效果

（5）将该文件保存为"轴对称三角形.gsp"。

6.5.5　迭代

迭代是一种特殊的变换，是指按照一定的变换规则，即原像形成初像，然后初像又作为原像形成新的初像，经过多次变换形成的系列变换。迭代的对象可以是点，也可以是参数。

迭代变换的前提条件是，选定一个（或几个）自由的点，即平面上的任一点，或线（直线、线段、射线、圆、轨迹）上的任一点，如上例的 B 点；由选定的点产生的目标点（出现"迭代"对话框后，再选），如线段的中点，或由选定点经过变换产生的点等。

如果选定的对象是路径上的自由点，而且迭代的初像也在路径上，这样的点也可以作为自由点参加迭代，迭代的像也都在这个路径上。

实例：绘制"正十八边形"。

操作步骤如下：

（1）计算"360°÷18"的值为 20°，作为正十八边形的外接圆的每一段弧的圆心角。

（2）绘制点 A 和 B，双击点 A 标记为中心，让点 B 围绕点 A 旋转 20°，得到点 B′，然后连接 BB′，如图 6-80 所示。

（3）选定 B 点，选择"变换"→"迭代"命令，打开"迭代"对话框，在初像高亮区中单击点 B′，指明初像。注意"迭代规则数：3"指图形在原有的基础上增加了 3 条线段，如图 6-81 所示。

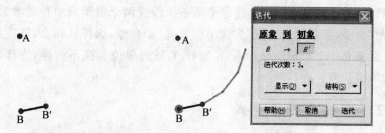

图 6-80　点 B 围绕点 A 旋转 20°　　　图 6-81　"迭代"对话框及作用效果

（4）重复按数字小键盘上的"＋"键，直到迭代规则数变为 17，要注意工作区中图形的变化，如图 6-82 所示。

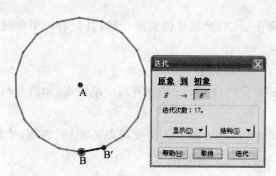

图 6-82　利用"迭代"绘制的正十八边形

（5）单击"迭代"按钮，正十八边形构造完毕。

（6）将该文件保存为"正十八边形.gsp"。

6.6 绘图功能

为了说明质点的位置运动的快慢、方向等，必须选取其参照系。在参照系中，为确定空间一点的位置，按规定方法选取的有顺序的一组数据称为"坐标"。在某一问题中规定坐标的方法，就是该问题所用的坐标系。

6.6.1 定义坐标系

用户要使用坐标系，必须要定义坐标系。

定义坐标系有以下几种情况：

（1）在没有选定任何对象的情况下，选择"绘图"→"定义坐标系"命令，在工作区中会产生一个坐标系。

（2）如果在选择"绘图"前选定了一个点，此时选择"绘图"命令，菜单中会出现"定义原点"子命令，选择该命令，产生的坐标系的原点则由选定的点来决定。

（3）如果在选择"绘图"前选定了一个线段或带距离单位的参数和一个点，此时选择"绘图"命令，菜单中会出现"定义单位长度"子命令，选择该命令，选定的点则变为坐标原点，长度数值则变为坐标系的单位长度。

（4）如果在选择"绘图"前选定了两条线段或两个带距离单位的参数和一个点，此时选择"绘图"命令，菜单中会出现"定义单位长度"子命令，选择该命令，选定的点会变为坐标原点。坐标系是一个矩形的坐标系，X 轴和 Y 轴的单位长度不一样，先选的线段或参数作为X 轴的单位长度。

6.6.2 坐标系网格样式

系统默认的坐标系是方形网格（X、Y 轴的单位长度相同），用户可以通过"网格样式"自行修改坐标系网格样式。

选择"绘图"→"网格样式"命令的子命令，可以选择不同的坐标系网格样式。

1. 方形网格

选择"方形网格"命令后，X、Y 轴单位长度相同，且只有一个单位长度点，在 X 轴上，如图 6-83 所示。

2. 极坐标网格

选择"极坐标网格"命令后，在 X、Y 轴上有两个单位点，如图 6-84 所示。

3. 矩形网格

选择"矩形网格"命令后，X、Y 轴单位长度可以不相同，在 X、Y 轴上有两个单位点，如图 6-85 所示。

4. 三角坐标轴

选择"极坐标网格"命令后，再选择"三角坐标轴"命令，可以得到 X 与 Y 轴上的数字都是 π 的倍数。如果选择"方形网格"或"矩形网格"命令后，再选择"三角坐标轴"命令，则只有X 轴上的数字是 π 的倍数。

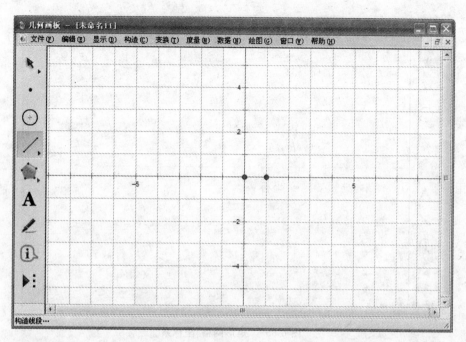

图 6-83 "方形网格"坐标系

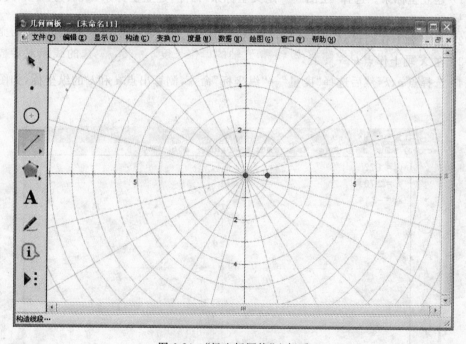

图 6-84 "极坐标网格"坐标系

6.6.3 绘图功能实例

实例：绘制"一元二次函数曲线"。

一元二次函数为 $y=a(x-h)^2-k$，绘制其曲线。

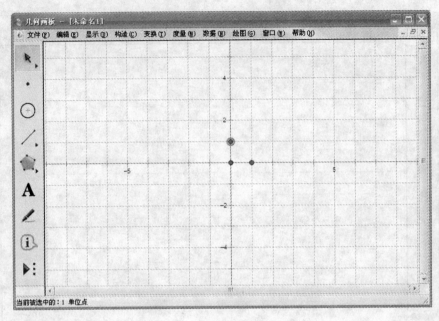

图 6-85　"矩形网格"坐标系

（1）建立坐标系。选择"绘图"→"定义坐标系"命令，建立坐标系，默认为"矩形网格"坐标系。

（2）在 Y 轴上作两点，分别标记为点 a 和点 k。

（3）在 X 轴上作点 h。

（4）选择点 a、k，然后选择"度量"→"纵坐标"命令，测算出点 a 和 k 的纵坐标，如图 6-86 所示。

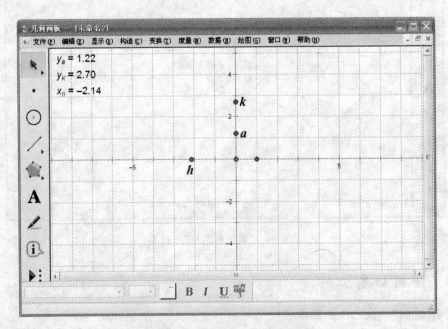

图 6-86　度量点 a、k 和 h 的坐标

（5）选择点 h，然后选择"度量"→"横坐标"命令，测算出点 h 的横坐标，如图 6-86 所示。

（6）选择"数据"→"新建函数"命令，打开"新建函数"对话框，按一元二次函数 "$y=a(x-h)^2-k$"，依次单击"$y_a=1.22$"、" * "、"("、"x"、"$-$"、"$x_h=-2.14$"、")"、"2"、 "$-$"、"$y_k=2.70$"，得到函数"$f(x)=y_a \cdot (x-x_h)-y_k$"。若修改该函数，则打开"编辑函数"对话框，如图 6-87 所示。

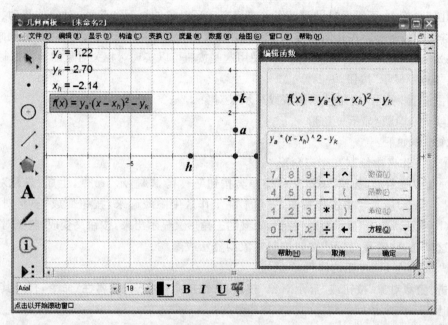

图 6-87　编辑函数

（7）选中该函数，选择"绘图"→"绘制函数"命令，绘制出函数曲线，如图 6-88 所示。

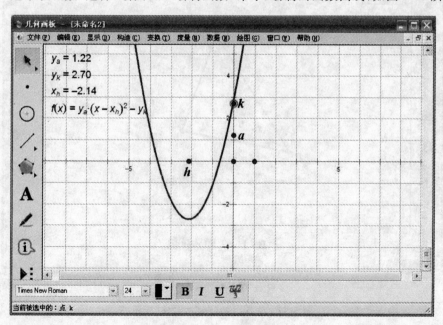

图 6-88　绘制函数曲线

利用几何画板制作 CAI 多媒体课件

(8) 拖动点 a、h 或 k，用户即可体会到抛物线标准方程中各个系数的几何意义。

(9) 将该文件保存为"一元二次函数曲线. gsp"。

6.7 操作类按钮

在几何画板中，可以通过设置操作类按钮来实现对象的显示和隐藏、对象的移动、页面的跳转和链接的控制等。在几何画板 5.05 版本中，操作类按钮主要有"隐藏/显示"、"动画"、"移动"、"系列"、"声音"、"链接"和"滚动"等，使用这些按钮可以实现对相关对象的动作控制。

1. "隐藏/显示"按钮

使用"隐藏/显示"按钮可以隐藏或显示某对象。

1）实例：隐藏/显示三角形

操作步骤如下：

(1) 在工作区中绘制一个三角形。

(2) 选中三角形，选择"编辑"→"操作类按钮"→"隐藏/显示"命令，生成"隐藏对象"按钮，如图 6-89(a)所示。单击该按钮，三角形在工作区中隐藏起来，按钮变成"显示对象"，如图 6-89(b)所示。单击"显示对象"按钮，隐藏的三角形又显示出来，按钮又变成"隐藏对象"。

在这里通过"隐藏/显示"按钮控制对象的显示或隐藏。

2）"隐藏/显示"按钮的属性

右击"隐藏对象"按钮或"显示对象"按钮，在快捷菜单中选择"属性"命令，打开其属性对话框，如图 6-90 所示。

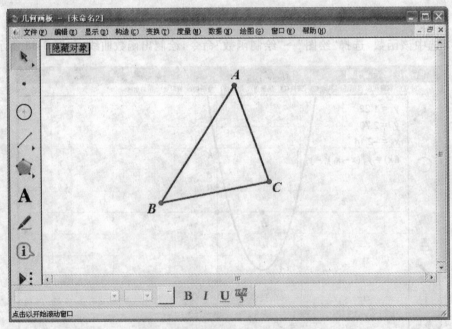

(a) "隐藏对象" 按钮

图 6-89　生成"隐藏/显示对象"按钮

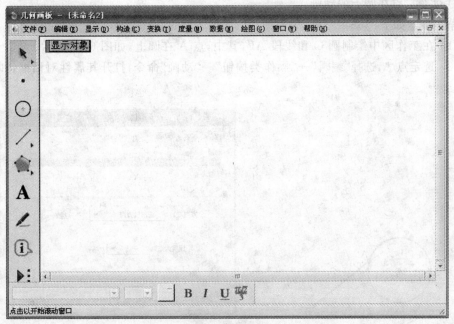

(b) "显示对象" 按钮

图 6-89 （续）

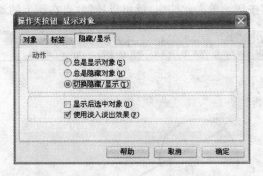

图 6-90 "隐藏/显示对象"属性对话框

- 总是显示对象：此单选按钮只用于"显示"该对象。
- 总是隐藏对象：此单选按钮只用于"隐藏"该对象。
- 切换隐藏/显示：此单选按钮可用于"隐藏"或"显示"该对象。
- 显示后选中对象：选中此复选框，单击"显示对象"按钮后，显示的对象是被选定状态，有粉色的选定显示。在对象比较多时，如果显示出来的对象都是选定状态，整体显示效果不是很好，则可以取消选中"显示后选中对象"复选框。
- 使用淡入淡出效果：选中此复选框，对象的"隐藏"和"显示"切换是慢慢地渐变的。

2. "动画"按钮

使用"动画"按钮实现几何画板的动画效果，实现了动态的几何，是对解析几何的最好诠释。

利用几何画板制作 CAI 多媒体课件

1）实例：点在圆上的动画

操作步骤如下：

（1）在工作区中绘制圆 O 和线段 AB，其中，点 A 在圆上，如图 6-91 所示。

（2）选定点 A，选择"编辑"→"操作类按钮"→"动画"命令，打开其属性对话框，如图 6-92 所示。

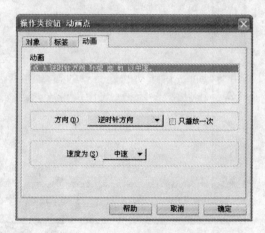

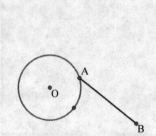

图 6-91　绘制圆 O 和线段 AB　　　　图 6-92　"动画"属性对话框

（3）选择动画方向、动画次数和动画速度，修改按钮的"标签"，单击"确定"按钮后，工作区中出现了一个"动画点"按钮。单击此按钮，就可以控制"点在圆上的动画"了，如图 6-93 所示。

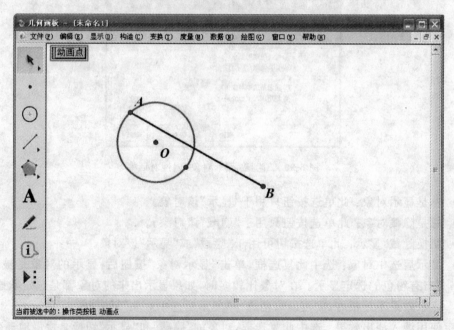

图 6-93　单击"动画点"按钮控制点 A 在圆 O 上运动

2）"动画"按钮的属性

选定某对象（如点、线或参数），选择"编辑"→"操作类按钮"→"动画"命令，或右击"动画点"按钮,在快捷菜单中选择"属性"命令,打开其属性对话框,如图 6-92 所示。

在该属性对话框中可以设置"动画"按钮的属性。

- 标签:按钮显示的名称。
- 方向:设置对象的动画方向,分为逆时针方向、顺时针方向、双向和随机等。
- 次数:设置动画的执行次数,分为只播放一次和一直循环执行两种。
- 速度为:设置动画速度,分为慢速、中速、快速和其他等。

3."移动"按钮

"移动"就是将选定的对象从出发点向目的地发生位移。

使用"移动"按钮移动的最简单的对象是点,如在工作区中依次选定点 A 和点 B,选择"编辑"→"操作类按钮"→"移动"命令,打开相应的属性对话框,根据需要选择适当的速度,单击"确定"按钮后,在工作区中即生成一个"移动点"按钮。单击该按钮,点 A 向点 B 移动,到达点 B 时停止。

想要文本和图片参与移动,则需要将文本和图片合并到点,然后按上面的步骤生成点的"移动"按钮,再隐藏点。这样,通过按钮控制点的移动,就实现了文本和图片的移动。

下面仅以"文本的移动"为例加以说明。

1)实例:文本的移动

操作步骤如下:

(1)在工作区中绘制线段 AB,在线段 AB 上绘制一点 C。

(2)使用文字工具在工作区中输入文本"文字的移动"。

(3)只选定文本和点 C,按住 Shift 键,选择"编辑"→"合并文本到点"命令,文本的复制品就和点 C 合并在一起了,如图 6-94 所示。如果修改原文本内容,复制品会自动跟着变化。

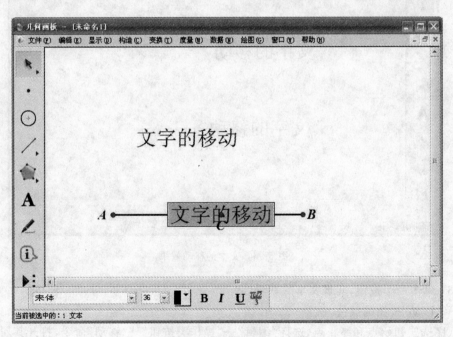

图 6-94　合并文本到点 C

（4）顺序选定点 C 和点 A，选择"编辑"→"操作类按钮"→"移动"命令，打开"移动"属性对话框，如图 6-95 所示。

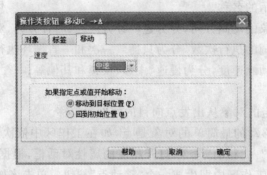

图 6-95　"移动"属性对话框

（5）选择移动速度，指定点或值开始移动的方向，修改按钮的"标签"，然后单击"确定"按钮，工作区中出现了"移动点 C-A"按钮。

（6）同理，顺序选定点 C 和点 B，选择"编辑"→"操作类按钮"→"移动"命令，打开"移动"属性对话框，单击"确定"按钮，在工作区中会出现"移动点 C-B"按钮。

（7）选定点 A、B、C 和线段，按 Ctrl＋H 组合键将它们隐藏，如图 6-96 所示。

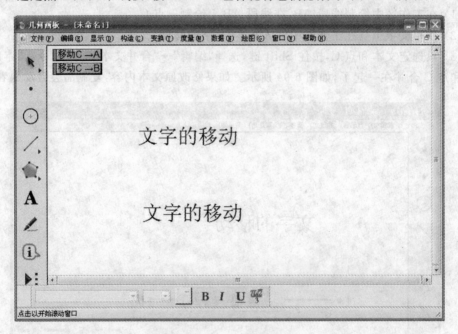

图 6-96　文本的移动效果

（8）单击两个按钮，实现文本的移动。

2）"移动"按钮的属性

顺序选定初始点和终止点，选择"编辑"→"操作类按钮"→"移动"命令，打开其属性对话框，如图 6-95 所示。

在该属性对话框中可以设置"移动"按钮的属性。

- 标签：按钮显示的名称。
- 速度：设置移动速度，分为慢速、中速、快速和高速等。
- 如果指定点或值开始移动：设置移动的方向，分为移动到目标位置和回到初始位置两种。

4. "系列"按钮

单击"系列"按钮可以完成多个操作。

下面以实例加以说明。

1) 实例

实现在隐藏三角形的同时显示正方形，而当隐藏正方形时显示隐藏的三角形的功能。

操作步骤如下：

（1）选定工作区中的△ABC，选择"编辑"→"操作类按钮"→"显示/隐藏"命令，生成一个"隐藏对象"按钮。同样操作，再生成一个"隐藏对象"按钮。

（2）右击其中一个"隐藏对象"按钮，打开相应的属性对话框，选择动作为"总是显示对象"，将"标签"修改为"显示三角形"。

（3）右击另一个"隐藏对象"按钮，打开其属性对话框，选择动作为"总是隐藏对象"，将"标签"修改为"隐藏三角形"。

这时三角形的显示和隐藏通过两个按钮来控制，如图 6-97 所示。单击"显示三角形"按钮，显示△ABC，单击"隐藏三角形"按钮，隐藏△ABC。

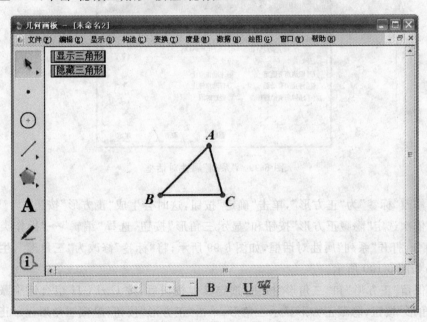

图 6-97　显示/隐藏△ABC

（4）隐藏△ABC 后，在工作区中绘制正方形 ABCD，用上面的方法再制作两个按钮，将属性分别设置成"总是显示对象"和"总是隐藏对象"，如图 6-98 所示。

（5）依次选定"隐藏三角形"按钮和"显示正方形"按钮，选择"编辑"→"操作类按钮"→"系列"命令，打开"系列"属性对话框，如图 6-99 所示。

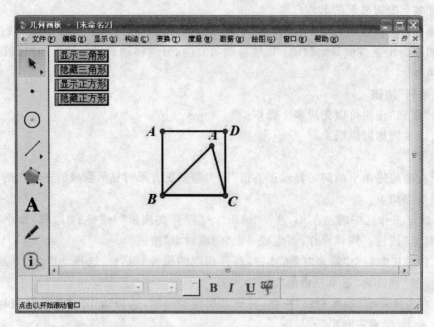

图 6-98　显示/隐藏△ABC 或正方形 ABCD

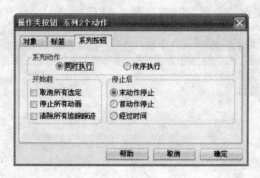

图 6-99　"系列"属性对话框

（6）修改"标签"为"正方形"，单击"确定"按钮，这时会生成"正方形"按钮。

（7）依次选定"隐藏正方形"按钮和"显示三角形"按钮，选择"编辑"→"操作类按钮"→"系列"命令，打开"系列"属性对话框，如图 6-99 所示，将"标签"修改为"三角形"，生成"三角形"按钮，如图 6-100 所示。

（8）保留"正方形"和"三角形"按钮，选定其他按钮后，按 Ctrl＋H 组合键隐藏。此时，单击"三角形"按钮，隐藏正方形显示三角形，单击"正方形"按钮，隐藏三角形显示正方形。

2）"系列"按钮的属性

依次选定两个或两个以上对象，选择"编辑"→"操作类按钮"→"系列"命令，打开"系列"属性对话框，如图 6-99 所示。

在该属性对话框中可以设置"系列"按钮的属性。

- 标签：按钮显示的名称。

- 系列动作：对所有动作顺序的要求，共有两个选项。其中，"同时执行"指所有动作

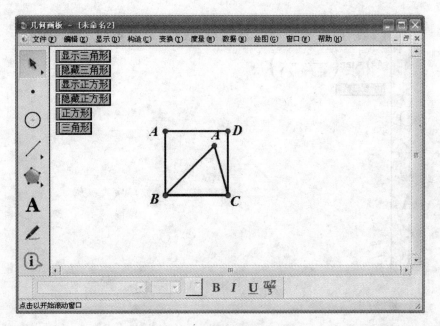

图 6-100　生成两个"系列"按钮

与选择顺序无关。"依序进行"指按照选定动作的前后来执行操作动作。若选中该单选按钮,用户可以调整动作之间的暂停时间。

- 开始前:用户可以根据需要进行选择。其中,"取消所有选定"指释放被选定的对象,使得马上进行的动作对象更加醒目。"停止所有动画"指强调马上要进行的动作。"清除所有追踪踪迹"指清理马上执行动作的环境。

5. "声音"按钮

"声音"按钮的入口条件是一个函数、两个函数或者函数图像,能够产生复杂声音的函数,是变换频率较高的函数。

实例:设置一函数的声音

操作步骤如下:

(1)选择"数据"→"新建函数"命令,打开"新建函数"对话框,输入函数 $f(x) = \tan\left(\dfrac{1}{\sin(10x^2)}\right)$,如图 6-101所示。

(2)单击"确定"按钮,选定该函数,然后选择"编辑"→"操作类按钮"→"声音"命令,会产生一个"听到函数 f"按钮,如图 6-102 所示。单击该按钮,会听到摩托车启动的声音。

如果是选定两个函数,那么第一个函数声音是左声道,第二个函数声音是右声道。

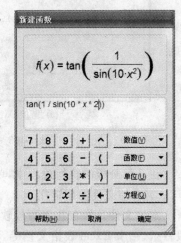

图 6-101　"新建函数"对话框

6. "链接"按钮

使用"链接"按钮,可以将几何画板文件链接到因特网

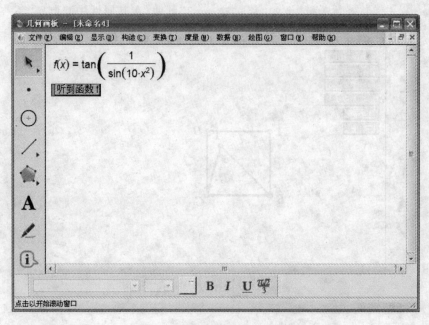

图 6-102　产生"听到函数 f"按钮

上的资源,还可以进行本地文件的超链接及几何画板文件中页面的跳转等。

选择"编辑"→"操作类按钮"→"链接"命令,可以打开"链接"属性对话框。

1)将几何画板文件链接到因特网上的资源

在"链接"属性对话框的"超级链接"文本框中输入网址,链接到因特网上的资源。输入因特网的地址后,单击"确定"按钮,在工作区中会自动出现超链接的按钮,如图 6-103 所示。

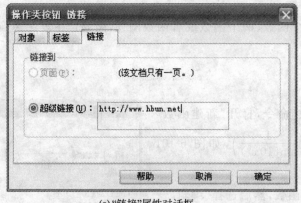

(a)"链接"属性对话框　　　　　　　　　　　　　　　　(b)生成的链接按钮

图 6-103　"链接"属性对话框及生成的链接按钮 1

在几何画板的执行过程中,单击这个按钮,可以自动打开所链接的网页。

2)本地文件的超链接

本地文件是指在几何画板软件中安装计算机中的可执行文件程序,例如,一首歌曲、一段音乐、一个 Excel 表格文档等。在几何画板中,必须将文件的扩展名一起输入,否则链接不会执行。最好的方法是右击该文档,查看其属性,将文件路径复制粘贴到链接的对话框中。例如，对于"J:\经典老歌"下的"梦驼铃.mp3"歌曲，在其属性中复制路径，在文档重命名中复制文件全名，分别粘贴到链接的对话框中，然后单击"确定"按钮，在工作区中会自动出现超链接的按钮，如图 6-104 所示。

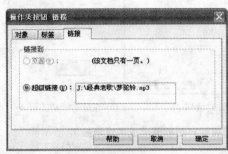

(a) "链接"属性对话框　　　　　　(b) 生成的链接按钮

图 6-104　"链接"属性对话框及生成的链接按钮 2

在几何画板软件的执行过程中，单击这个按钮，可以自动播放音乐。

3）链接到几何画板文件中不同的页面

如果一个几何画板文件有多个页面，可以通过"链接"按钮来实现页面的跳转。在"链接"属性对话框中单击"页面"右侧的下三角按钮，显示本文件中的所有页面，然后单击所要跳转的页面名称，单击"确定"按钮，在工作区中会生成一个按钮，单击该按钮可跳转到所链接的页面，如图 6-105 所示。

(a) "链接"属性对话框　　　　　　(b) 生成的链接按钮

图 6-105　"链接"属性对话框及生成的链接按钮 3

如果选择了"页面上的按钮"，则创建的链接按钮直接链接到跳转页中的按钮上。单击这个链接按钮，不仅视图会跳转到指定的页，而且直接执行那个页中的按钮对应的命令。

7. "滚动"按钮

当一个页面中的内容很多，无法全部显示时，可以通过"滚动"按钮控制整个屏幕的滚动。

具体操作如下：

在工作区中绘制一个点，并选定该点，选择"编辑"→"操作类按钮"→"滚动"命令，打开"滚动"属性对话框。选择滚动方向后，单击"确定"按钮，生成一个"滚动"按钮，如图 6-106 所示。

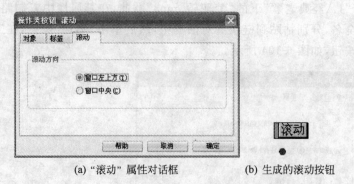

(a) "滚动"属性对话框　　　　　　(b) 生成的滚动按钮

图 6-106　"滚动"属性对话框及生成的滚动按钮

在"滚动方向"中,"窗口左上方"指将选定的点移动到窗口的左上方,而"窗口中央"指将选定的点移动到窗口中央。

单击该按钮,整个屏幕会跟随点进行滚动。

6.8　将几何画板文档转换为可执行文件

将几何画板文档转换为可执行文件就是打包,即将画板文档". gsp"格式转换为". exe"格式的文件。在没有安装几何画板软件的计算机中,也可以执行这个打包后的文件,而且几何画板源文件不会被破坏。

选择"帮助"→"打包机"命令,打开打包机,如图 6-107 所示。

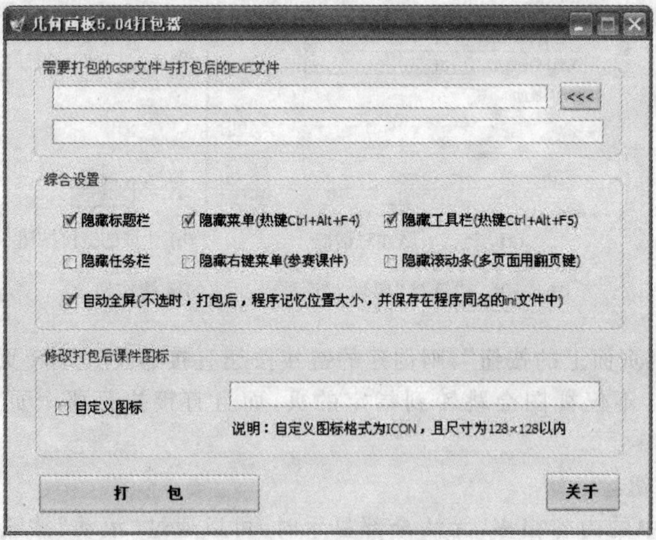

图 6-107　打包器

选择需要打包的 GSP 文件,设定打包后的 EXE 文件,然后单击"打包"按钮,即可生成脱离几何画板软件独立运行的文件。

6.9 综合实例

已知正方形 ABCD 的边长是 2cm，计算图中阴影部分的面积，如图 6-108 所示。
操作步骤如下：

1. 绘制正方形

（1）绘制线段 AB。

（2）双击点 A，把点 A 标记为旋转中心。

（3）选中点 B 和线段 AB，选择"变换"→"旋转"命令，在"旋转"对话框中输入"90.0"，即可得到点 A 和线段 AB 以点 A 为中心按逆时针方向旋转 90 度后的新图形，并标记点 C。

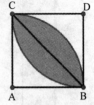

图 6-108　计算图中阴影
　　　　　部分的面积

（4）依次选中点 A 和 C，选择"变换"→"标记向量"命令，标记"A→C"向量。

（5）选中点 B 和线段 AB，选择"变换"→"平移"命令，打开"平移"对话框，单击"确定"按钮，得到点 B 和线段 AB 按向量 AC 平移后的新图形，并标记点 D。

（6）连接线段 BD，得到正方形 ABCD，如图 6-109 所示。

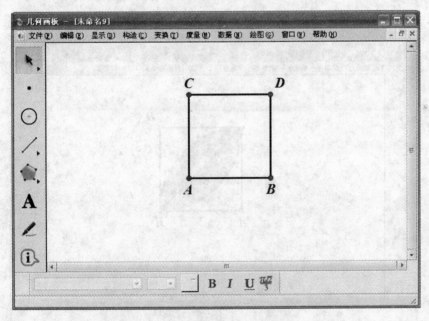

图 6-109　绘制的正方形

2. 绘制阴影部分

（1）绘制以点 A 为圆心的弧 BC。选中点 A，然后依次选中点 B 和 C，选择"构造"→"圆上的弧"命令。再选中弧 BC，选择"构造"→"弧内部"→"弓形内部"命令，得到弓形内部，如图 6-110 所示。

（2）连接点 B 和 C，选中线段 BC，选择"变换"→"标记镜面"命令，标记线段 BC 为镜面。然后选中弧 BC，选择"变换"→"反射"命令，得到弧 BC 的像。再选中弧 BC 的像（弧），选择

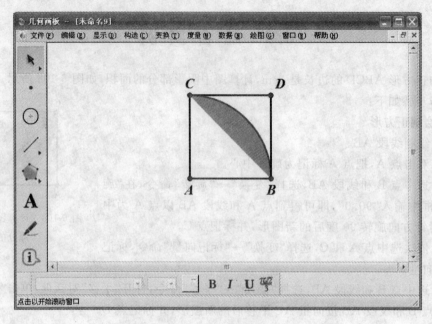

图 6-110　弓形内部

"构造"→"弧内部"→"弓形内部"命令,得到阴影部分,如图 6-111 所示。

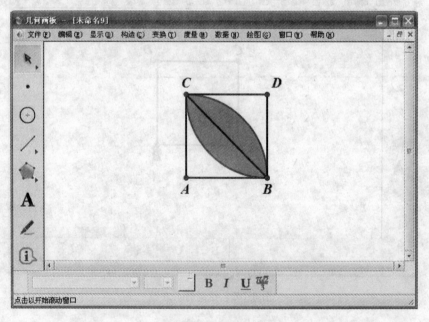

图 6-111　阴影部分

3. 将阴影部分分开

(1) 依次选中点 B 和 A,然后选择"变换"→"标记向量"命令,标记"B→A"向量。

(2) 选中弧 BC 的像和点 C,然后选择"变换"→"平移"命令,把弧 BC 的像和点 C 按"B→A"方向平移过去,并标记点 C',如图 6-112 所示。

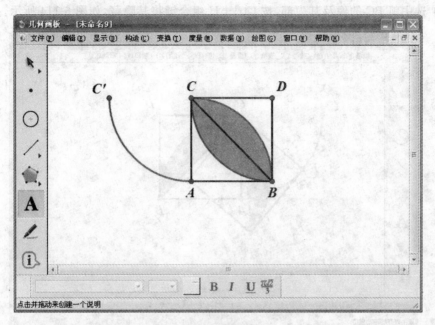

图 6-112 平移变换

（3）作出弧 AC′上的一点 E，再依次选择点 A、C 和 E，然后选择"变换"→"标记角度"命令，标记出角 ACE。

（4）双击点 C，把点 C 标记为旋转中心。

（5）选中点 B、D，线段 AB、BD、CD、AC，弧 BC 的像及弧 BC 的像的内部，然后选择"变换"→"旋转"命令，打开"旋转"对话框，系统询问是否以点 C 为中心，按角 ACE 的方向旋转，单击"旋转"按钮确认，效果如图 6-113 所示。

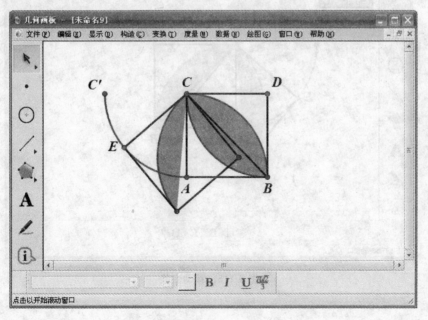

图 6-113 旋转变换

利用几何画板制作CAI多媒体课件

（6）选中弧 BC 的像及其内部，按 Ctrl＋H 组合键将其隐藏，如图 6-114 所示。

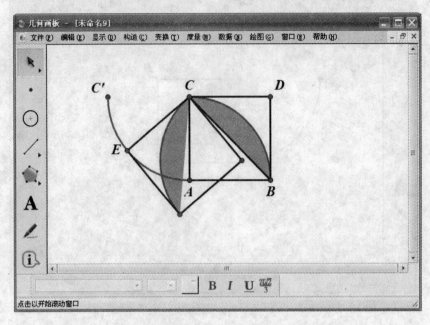

图 6-114　隐藏弧 BC 的像及其内部

（7）选中点 E 和 C′，然后选择"编辑"→"操作类按钮"→"移动"命令，在打开的对话框中单击"确定"按钮，得到按钮"移动 E→C′"。用同样的方法得到按钮"移动 E→A"，如图 6-115 所示。

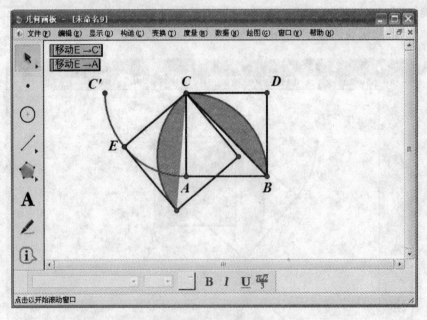

图 6-115　移动变换

（8）选中点 C′和弧 AC′，按 Ctrl＋H 组合键将其隐藏。

（9）修改按钮"移动 E→C′"的标签为"展开"，修改按钮"移动 E→A"的标签为"还原"，则单击"展开"按钮时效果如图 6-116(a)所示，单击"还原"按钮时效果如图 6-116(b)所示。

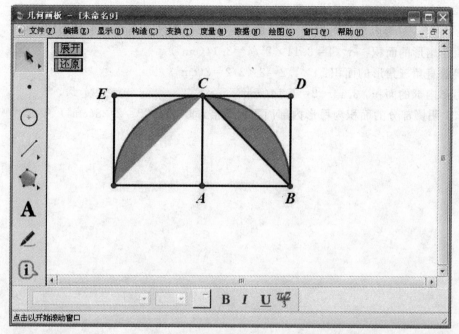

(a) 展开状态

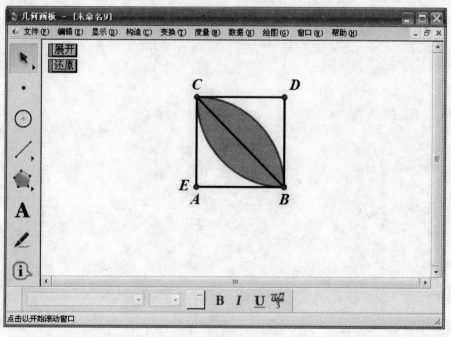

(b) 还原状态

图 6-116　展开状态和还原状态

利用几何画板制作 CAI 多媒体课件

4. 计算阴影部分的面积

(1) 通过上述课件的演示,将阴影部分平均分成两部分,每一部分为一个直角扇形的弓形内部。

(2) 计算一个弓形内部的面积。

$$弓形内部的面积 = 直角扇形的面积 - 等腰直角三角形的面积$$

直角扇形的面积:$\pi r^2/4 = 3.14 \times 2^2/4 = 3.14(cm^2)$

等腰直角三角形的面积:$r \times r/2 = 2 \times 2/2 = 2(cm^2)$

弓形内部的面积:$3.14 - 2 = 1.14(cm^2)$

(3) 阴影部分的面积为弓形内部面积的两倍,即 $1.14 \times 2 = 2.28(cm^2)$

第7章　利用 Dreamweaver CS5 制作 CAI 多媒体课件

Dreamweaver CS5 是美国 Adobe 公司开发的一款集网页制作和管理网站于一身的所见即所得的网页编辑器。Dreamweaver CS5 是第一套针对专业网页设计师特别制作的视觉化网页开发工具,利用它可以轻而易举地制作出跨越平台限制和跨越浏览器限制的充满动感的网页。并且,利用 Dreamweaver CS5 制作 CAI 多媒体课件简单方便,显示效果好,操作简单。

7.1　Dreamweaver CS5 基础

Dreamweaver CS5 是最常用且高效的网页设计工具,设计网页的方法简单,被越来越多的网站设计者所青睐。

经过版本的升级,Dreamweaver CS5 新增了很多功能。

(1) 集成 CMS 支持。该版本尽享对 WordPress、Joomla!和 Drupal 等内容管理系统框架的创作和测试支持。

(2) CSS 检查。该版本以可视方式显示详细的 CSS 框模型,能够轻松切换 CSS 属性,并且无须读取代码或使用其他应用程序。

(3) 与 Adobe BrowserLab 集成。该版本使用多个查看、诊断和比较工具预览动态网页和本地内容。

(4) PHP 自定义类代码提示。该版本为自定义 PHP 函数显示适当的语法,帮助用户更准确地编写代码。

(5) CSS Starter 页。该版本借助更新和简化的 CSS Starter 布局,快速启动基于标准的网站设计。

(6) 与 Business Catalyst 集成。利用 Dreamweaver 与 Adobe Business Catalyst 服务(单独提供)之间的集成,无须编程即可实现卓越的在线业务。

(7) 保持跨媒体一致性。将任何本机上的 Adobe Photoshop 或 Illustrator 文件插入到 Dreamweaver 中,即可创建图像智能对象。之后更改源图像,即可快速、轻松地更新图像。

(8) 增强的 Subversion 支持。借助增强的 Subversion 软件支持,提高协作、版本控制的环境中的站点文件管理效率。

(9) 站点特定的代码提示。该版本可以查看站点特定的代码提示。

7.1.1　Dreamweaver CS5 的工作界面

当 Dreamweaver CS5 正常启动后,即可打开 Dreamweaver CS5 的工作界面,如图 7-1 所示。

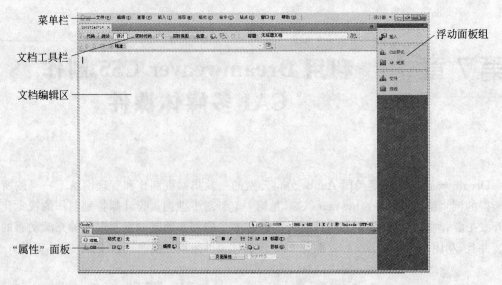

菜单栏
文档工具栏
文档编辑区
浮动面板组
"属性" 面板

图 7-1　Dreamweaver CS5 的工作界面

1．菜单栏

Dreamweaver CS5 主要包括 10 个菜单，其功能如表 7-1 所示，使用菜单栏基本上可以实现程序的所有功能。

表 7-1　Dreamweaver CS5 菜单的功能

菜 单 名 称	功　　　能
文件	用来管理文件，如新建、打开、保存文件，以及导入、导出等
编辑	用来编辑文本，如剪切、复制、粘贴及设置首选参数等
查看	用来切换视图模式及显示或隐藏标尺、辅助线等功能
插入	用来插入各种元素，如图像、表格、表单等
修改	用来实现对页面的修改，如在表格中拆分或合并单元格等
格式	用来设置文本的操作，如设置文本的格式等
命令	该菜单中收集了所有的附加命令项
站点	用来创建和管理站点
窗口	用来显示或隐藏面板等
帮助	用来实现联机帮助功能

2．文档工具栏

文档工具栏主要进行文档的工作布局的切换、预览等操作。

3．文档编辑区

文档编辑区是编辑网页的区域，网页的设计和代码编辑都在文档编辑区中进行。在 Dreamweaver CS5 中，可在"代码"和"设计"两种模式下设计和编辑网页，用户可根据自己的需要选择编辑模式。

4．浮动面板组

浮动面板组是浮动面板的集合，是用于站点管理、事件添加等操作的场所，其位于文档编辑区的右侧。

5. "属性"面板

"属性"面板用于设置和查看所选对象的各种属性。对象不同,"属性"面板中的参数设置项也不同。

7.1.2 站点的管理

在 Dreamweaver 中,站点指属于某个 Web 站点的文档的本地或远程存储位置。站点是一系列文档和文件夹的集合,文档之间通过超链接联系在一起。Dreamweaver 站点提供了一种方法,可以组织和管理所有的 Web 文档,将站点上传到 Web 服务器,跟踪和维护链接以及管理和共享文件,因此应定义一个站点,以充分利用 Dreamweaver 的功能。若要定义 Dreamweaver 站点,只需设置一个本地文件夹;若要向 Web 服务器传输文件或开发 Web 应用程序,还必须添加远程站点和测试服务器信息。

1. Dreamweaver 站点分类

1)本地站点

本地站点存储正在处理的文件,通常位于本地计算机上,也可位于网络服务器上。

2)远程站点

远程站点存储用于测试、生产和协作等用途的文件,通常位于运行 Web 服务器的计算机上。远程站点包含用户从 Internet 访问的文件。

通过结合使用本地文件夹和远程文件夹,可以在本地硬盘和 Web 服务器之间传输文件,这将有助于用户轻松地管理 Dreamweaver 站点中的文件。另外,还可以在本地站点中处理文件,当希望其他人查看这些文件时,再将它们发布到远程站点。

3)测试站点

测试站点是用于处理动态页的文件夹。

2. 创建站点

(1)在本地硬盘上新建一个文件夹或者选择一个已经存在的文件夹作为站点,那么这个文件夹就是本地站点的根目录。如果是新建的文件夹,这个站点就是空的,否则这个站点包含了已经存在的文件。

(2)选择"站点"→"新建站点"命令,或者选择"站点"→"管理站点"命令,在"管理站点"对话框中单击"新建"按钮,打开"站点设置对象"对话框,如图 7-2 所示。

(3)设置"站点"选项。首先在"站点名称"文本框中输入站点的名称。站点名称显示在"文件"面板的"站点"下拉列表框中,不会在浏览器中显示,因此用户可以使用喜欢的任何名称,最好选用英文字符。本例使用的站点名称为"wykj"。

然后在"本地站点文件夹"文本框中输入一个路径和文件夹名,或者单击文本框右边的"文件夹"按钮选择一个文件夹。如果本地根目录文件夹不存在,那么可以在"选择根文件夹"对话框中创建一个文件夹,然后再选择它。当 Dreamweaver CS5 在站点中决定相对链接时,是以此文件夹为标准的。

(4)选择"高级设置"下的"本地信息"选项,如图 7-3 所示。

- 默认图像文件夹:在该文本框中设置存放站点图片的文件夹的默认位置。
- 链接相对于:默认选中"文档"单选按钮。

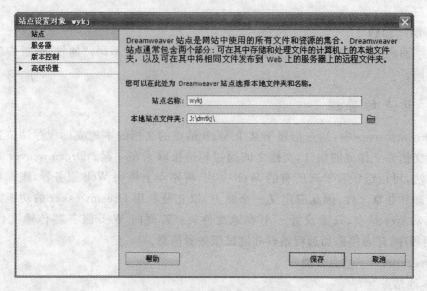

图 7-2　"站点设置对象"对话框

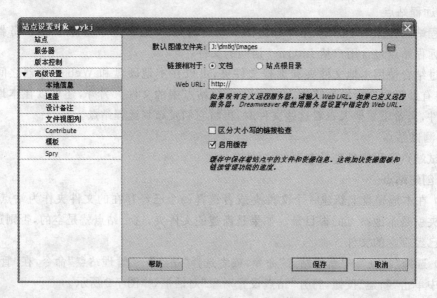

图 7-3　站点设置对象——本地信息

- Web URL：输入网站完整的 URL。
- 区分大小写的链接检查：选中此复选框，在检查链接时，会区分字母大小写，否则不区分字母大小写。
- 启用缓存：选中此复选框，会创建一个缓存以加快"资源"面板中链接管理功能的速度，否则，Dreamweaver CS5 在创建站点时会询问用户是否想创建一个缓存。

提示：其他项可以根据需要设置，也可以在以后选择"站点"→"管理站点"命令，在打开的"管理站点"对话框中单击"编辑"按钮，打开"站点设置对象"对话框进行设置。

（5）设置完毕后，单击"保存"按钮。

(6) 打开"文件"面板，可以看到刚才新创建的站点，如图 7-4 所示。

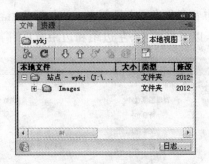

图 7-4　"文件"面板

(7) 若用户还需要创建其他站点，则重复上述步骤。

7.2　Dreamweaver CS5 的基本操作

经过 7.1 节的学习，用户已经初步了解了 Dreamweaver CS5 的基础知识以及如何创建站点等内容，本节将介绍 Dreamweaver CS5 的基本操作。

7.2.1　页面属性的设置

对于在 Dreamweaver CS5 中创建的每一页，都可以使用"页面属性"对话框来指定其布局和格式设置，不仅可以为所创建的每个新页面指定新的页面属性，还可以修改现有页面的属性。

网页的基本属性包括以下几个方面。

1. 外观(CSS)

外观(CSS)用于指定页面中文本的字体、大小、文本颜色、背景颜色、背景图像、重复设置，以及页面的上、下、左、右边距的设置，如图 7-5 所示。

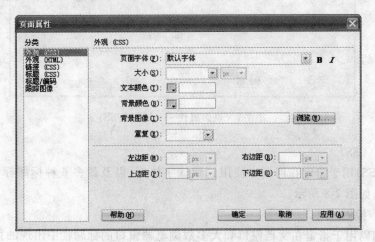

图 7-5　页面属性——外观(CSS)

利用 Dreamweaver CS5 制作 CAI 多媒体课件

2. 外观（HTML）

外观（HTML）用于指定背景图像、背景颜色、文本颜色、链接文本颜色、已访问链接文本颜色、活动链接文本颜色，以及页面上、左边距和边距宽度、高度设置，如图7-6所示。

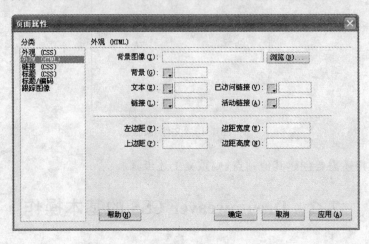

图 7-6　页面属性——外观（HTML）

3. 链接（CSS）

链接（CSS）用于指定链接文本的字体、大小、颜色，以及变换图像链接文本的颜色、已访问链接文本的颜色、活动链接文本的颜色和下划线样式等，如图7-7所示。

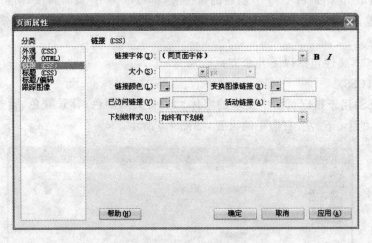

图 7-7　页面属性——链接（CSS）

4. 标题（CSS）

标题（CSS）用于指定在网页中使用的默认字体库，以及最多6种标题标签使用的字体大小和颜色，如图7-8所示。

5. 标题/编码

标题/编码用于指定在文档窗口和大多数浏览器窗口的标题栏中出现的页面标题，以及文档中字符所用的编码，如图7-9所示。

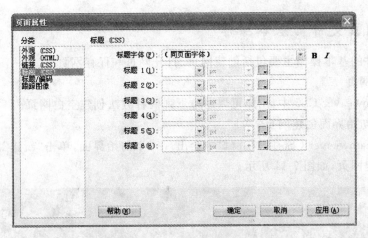

图 7-8　页面属性——标题(CSS)

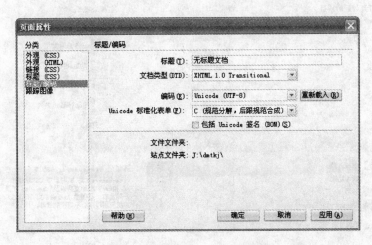

图 7-9　页面属性——标题/编码

6. 跟踪图像

跟踪图像用于指定在复制设置时作为参考的图像和跟踪图像的透明度,如图 7-10 所示。

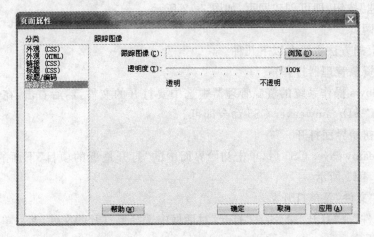

图 7-10　页面属性——跟踪图像

利用 Dreamweaver CS5 制作 CAI 多媒体课件

7.2.2　网页文件的基本操作

网页文件的基本操作主要包括创建网页、打开网页和保存网页等。

1. 创建网页

在 Dreamweaver CS5 中,用户可以通过下列两种方法创建空白网页。

1)通过初始界面创建网页

启动 Dreamweaver CS5 后,在窗口中会出现一个初始界面,单击"新建"下面的 HTML 选项即可创建网页,如图 7-11 所示。

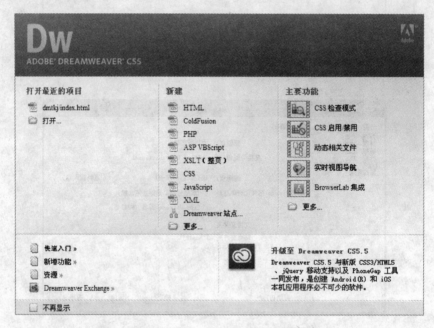

图 7-11　Dreamweaver CS5 初始界面

2)通过"文件"菜单创建网页

选择"文件"→"新建"命令,打开"新建文档"对话框,选择"空白页"下的 HTML 页面类型,单击"创建"按钮,即可创建网页,如图 7-12 所示。

2. 打开网页

打开网页的方法主要有以下几种。

1)通过资源管理器打开

在 Windows 操作系统的资源管理器中选中要打开的文件,然后右击,在快捷菜单中选择"打开方式"→Dreamweaver CS5 命令即可。

2)通过初始界面打开

启动 Dreamweaver CS5 后,单击初始界面中的"打开最近的项目"下面的选项,可以打开文档,如图 7-11 所示。

3)通过"文件"菜单打开

选择"文件"→"打开"命令,在"打开"对话框中选择要打开的文件,然后单击"打开"按钮也可打开网页。

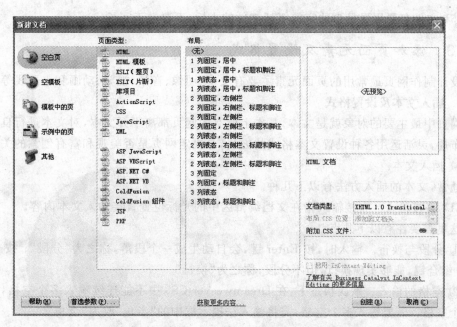

图 7-12 "新建文档"对话框

3. 保存网页及网页的命名原则

1) 保存网页

在 Dreamweaver CS5 中,保存网页的方法主要有以下几种。

(1) 若在网页文档编辑区中打开了多个文档窗口,应先切换到要保存网页的编辑窗口,然后选择"文件"→"保存"命令或按 Ctrl+S 组合键保存网页。

说明:使用"保存"命令,在新建文件后第一次保存文件时会弹出"另存为"对话框,如果该文件已保存过,或该文件为打开的已有文件,单击"保存"命令,则只是将本次修改的内容补存进去,不会打开"另存为"对话框。

(2) 若希望当前文件以另外的路径或文件名保存,可以选择"文件"→"另存为"命令,然后在"另存为"对话框中输入该文件的保存路径和名称,单击"保存"按钮。

(3) 在网页的设计过程中,有时会同时打开多个文档窗口,编辑多个网页文件。若希望保存全部文件,可以选择"文件"→"保存全部"命令,保存所有打开的文件。若某些文件尚未保存过,系统会打开"另存为"对话框,提示用户输入文件的路径和名称,输入后单击"保存"按钮即可。

2) 网页的命名原则

在保存网页时,命名网页的基本原则如下:

(1) 文件名中尽量不使用汉字,最好包含小写英文字母、数字和下划线。

(2) 文件名不要以数字开头。

(3) 在文件名中不要使用空格、标点符号(如冒号、斜杠或句号等)或特殊字符(如 *、§、↑、@等)。

(4) 主页的文件名称通常设定为"index"或"default",如 index. htm、index. asp 或 default. htm、default. asp。

利用 Dreamweaver CS5 制作 CAI 多媒体课件

(5) 文件名要用尽量少的字符概括文件的主旨,不要过于冗长。

7.2.3 添加页面元素及设置格式

设计制作网页最常用的页面元素主要有文本、图像、音频、视频、动画和水平线等。

1. 插入文本及设置格式

网页中最主要的对象就是文本,基本上所有的网页都离不开文本,对文本进行良好地控制和布局,灵活运用各种设置文本格式的方法,是决定网页是否美观和富有创意的关键。

1) 插入文本

通常,文本的插入方法有以下几种。

(1) 直接输入。直接输入指在文档编辑区中的光标位置直接输入文本内容。

这里需要注意以下几点:

① 分段与换行。输入时,按 Enter 键,会自动生成一个段落,称之为"分段";按 Shift+Enter 组合键,能够实现换行,但不分段,称之为"换行"。

② 空格的输入。默认状态下,在 Dreamweaver CS5 中不能连续输入多个空格,只能输入一个空格。若要输入多个空格,需将输入法提示框中的"半角"改为"全角"。

(2) 复制粘贴。复制粘贴指先"复制"要输入的内容,然后在 Dreamweaver CS5 的文档编辑区中"粘贴"。

(3) 导入。若事先已准备好了电子版文本信息,如 XML、表格式数据、Word 文档和 Excel 文档等,可以直接导入到 Dreamweaver CS5 中。导入方法为选择"文件"→"导入"命令中的某一项,从打开的"导入"对话框中选择需导入的文本文件。

2) 设置格式

文本格式一般包括字体、字号、颜色及文本的对齐方式等。

设置文本格式的方法如下:

(1) 选定文本。若未选定文本,更改将应用于随后输入的文本。

(2) 在"属性"面板中单击 CSS 按钮,如图 7-13 所示。

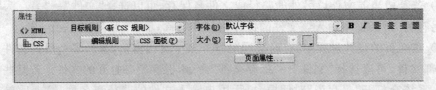

图 7-13 文本"属性"面板

(3) 设置字体、字号、颜色及文本的对齐方式。

2. 插入图像及设置格式

图像是网页充满吸引力的页面元素,不仅可以美化页面,还能直观地表达网页的主题和要传递的信息。

1) 网页图像格式

图像的格式很多,目前,网络上支持的图像格式有 3 种,即 GIF、JPEG 和 PNG。

(1) GIF 格式。GIF(Graphics Interchange Format,图像互换格式)是 CompuServe 公司在 1987 年开发的图像文件格式。GIF 文件的数据是一种基于 LZW 算法的连续色调的无损压缩格式，其压缩率一般在 50％左右，它不属于任何应用程序。目前几乎所有的相关软件都支持它，公共领域有大量的软件在使用 GIF 图像文件。GIF 图像文件的数据是经过压缩的，而且是采用了可变长度等压缩算法。GIF 格式的另一个特点是其在一个 GIF 文件中可以存储多幅彩色图像，如果把存于一个文件中的多幅图像数据逐幅读出并显示到屏幕上，就可以构成一种最简单的动画。GIF 文件最多支持 256 种颜色，还支持透明背景的图像。

（2）JPEG 格式。JPEG（Joint Photographic Experts Group，联合图像专家组）是最常用的图像文件格式，由一个软件开发联合会组织制定，它是一种有损压缩格式，能够将图像压缩在很小的储存空间，图像中重复或不重要的资料会丢失，因此容易造成图像数据的损伤。该格式文件的扩展名为".jpg"或".jpeg"。JPEG 格式压缩的主要是高频信息，对色彩的信息保留较好，适合应用于互联网，可减少图像的传输时间，可以支持 24 位真彩色，也普遍应用于需要连续色调的图像。

（3）PNG 格式。PNG（Portable Network Graphic Format，流式网络图形格式）是一种位图文件存储格式。PNG 用来存储灰度图像时，灰度图像的深度可多达 16 位；存储彩色图像时，彩色图像的深度可多达 48 位，并且可存储多达 16 位的 α 通道数据。PNG 使用从 LZ77 派生的无损数据压缩算法。因为其压缩比高，生成的文件容量小，一般应用于 Java 程序、网页中。

2）插入图像

（1）准备图像素材，将其全部放置在站点文件夹下的"Images"文件夹中。

（2）将光标放到要插入图像的位置。

（3）选择"插入"→"图像"命令或单击"插入"面板中的"图像"按钮，打开"选择图像源文件"对话框，如图 7-14 所示。

图 7-14 "选择图像源文件"对话框

利用 Dreamweaver CS5 制作 CAI 多媒体课件

（4）选中图像文件后，单击"确定"按钮即可。

3）设置格式

选中图像后，可以通过图像"属性"面板进行图像的宽度、高度、替换文本、边框、对齐方式及超链接等格式设置，如图 7-15 所示。

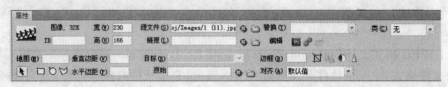

图 7-15　图像"属性"面板

3. 插入音频对象

Dreamweaver CS5 支持的声音文件主要有 MP3、WAV、MIDI、AIF、RA 和 RAM 等。其中，MP3、RA 和 RAM 文件为压缩格式的声音文件；MIDI 是通过计算机软/硬件合成的音乐，文件较小，不能被录制；WAV 和 AIF 文件可以被录制，播放 WAV、AIF 和 MIDI 文件不需要插件。

将音频插入到网页中，可以控制音量、播放器的外观及声音文件播放的起始点和终止点，也可以将音频作为背景音乐。

1）直接插入音频

直接插入音频到网页页面中，只有在访问站点的访问者具有所选声音文件的适当插件后，声音才可以播放。

具体方法如下：

（1）在"设计"视图中将插入点放置在所需位置。

（2）选择"插入"→"媒体"→"插件"命令，打开"选择文件"对话框，如图 7-16 所示。

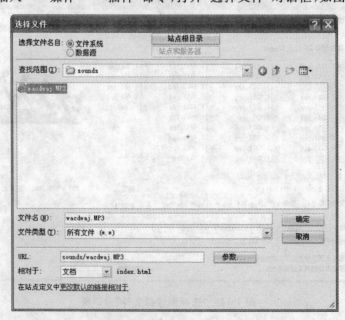

图 7-16　"选择文件"对话框

（3）选择所需的声音文件,单击“确定”按钮,即插入一个插件占位符,用户可以调整插件占位符的大小,以调整播放器的大小。

2）插入背景音乐

插入背景音乐的方法主要有以下几种:

（1）代码设置。切换到“代码”视图,在 HTML 文档中的<head>与</head>或<body>与</body>之间添加一行代码:

< bgsound src = "声音文件" loop = " - 1"/>

注意,“音乐文件”需带有路径,如:

< bgsound src = "sounds\wacdwaj.mp3" loop = " - 1"/>

“loop”的值是音乐循环的次数,可设置为任意正整数,设置为“-1”则音乐将永远循环播放。

（2）插入插件法。

① 在“设计”视图中选择“插入”→“布局对象”→AP Div 命令,插入一个“层”对象。

② 将光标置于“层”内部,选择“插入”→“媒体”→“插件”命令,打开“选择文件”对话框,选中所需的声音文件,单击“确定”按钮插入。

③ 选中“层”,在 AP Div 属性面板中设置“层”的“可见性”为“hidden”,使所插入的插件不可见。

4. 插入视频对象

Dreamweaver CS5 支持的视频文件主要有 WMV、RM/RMVB、ASF、FLV 等。

（1）WMV(Windows Media Video)格式是 Microsoft 公司开发的在 Internet 上实时传播多媒体的一种技术标准。其主要优点是支持本地或网络播放;采用流媒体形式,从而实现影像数据的实时传送和实时播放,压缩率高、影像图像的质量较好,目前在网络在线视频中广泛使用。该格式的视频使用 Windows Media Player 即可播放。

（2）RM/RMVB(Real Media)格式是 RealNetworks 公司开发的一种新型流式视频文件格式。其主要优点是压缩率更高,可以根据网络数据传输速率的不同采用不同的压缩比率,从而实现影像数据的实时传送和实时播放,目前被广泛应用在低速率网络上实时传输活动视频影像。该格式的视频需要使用 RealPlayer 等播放器播放。

（3）ASF(Advanced Streaming Format)格式是 Microsoft 公司推出的高级流媒体格式,是 Microsoft 为了和现在的 RealPlayer 竞争而发展出来的一种可以直接在网上观看视频节目的文件压缩格式。其主要优点是可本地或网络回放、可扩充、压缩率和图像的质量较高。该格式的视频使用 Windows Media Player 等播放器播放。

（4）FLV 格式是一种 Flash 格式的视频文件,通过 Flash Player 传送与播放。FLV 格式文件包含经过编码的音频和视频数据,压缩率和图像的质量较高,可以直接在网上观看,它是目前网络上最为流行的视频文件格式。

插入视频的方法如下:

（1）在“设计”视图中将插入点放置在需要插入视频的地方。

（2）选择“插入”→“媒体”→“插件”命令,打开“选择文件”对话框,选中所需的视频文件,单击“确定”按钮插入。

（3）选择已插入的插件占位符，调整为适当大小，或在"属性"面板的"宽"、"高"文本框中输入宽度和高度值，以适合视频的播放。

5. 插入动画

插入动画主要是指插入 Flash 影片。

（1）将插入点置于要插入影片的位置。

（2）选择"插入"→"媒体"→SWF 命令，打开"选择 SWF"对话框，定位并选取一个 Flash 影片文件（扩展名为.swf）。

（3）单击"确定"按钮。

（4）设置 Flash 影片属性，其"属性"面板如图 7-17 所示。

图 7-17 Flash 影片"属性"面板

- 名称：为脚本程序指定影片的名称。
- 宽和高：指定影片的宽度和高度（单位：像素）。
- 文件：指定 Flash 影片文件的路径。
- 背景颜色：为影片指定背景颜色。
- 编辑：启动 Flash 软件编辑并更新当前所选择的 Flash 影片。
- 循环：选中该复选框影片将连续播放；若未选中该选项，则影片在播放一次后即停止播放。
- 自动播放：选中该复选框，则在加载页面时自动播放影片。
- 垂直边距和水平边距：指定影片上、下、左、右空白的像素数。
- 品质：用于控制影片播放时的抗失真程度。
- 对齐：指定 Flash 影片在页面上的对齐方式。
- 比例：指定 Flash 影片在页面上的显示比例。
- Wmode：指定 Flash 影片在页面上显示透明与否。
- 参数：打开"参数"对话框，用于设置传递给影片的附加参数。

6. 插入 HTML 对象

HTML 对象主要包括水平线、框架、文本对象、脚本对象、文件头标签和特殊字符等。

7.2.4 表格的使用

表格是网页设计制作中用途非常广泛的一种工具，主要用于网页的布局。用户掌握好表格的使用方法及布局方式，就可以制作出精美的个性网页。

1. 表格的插入

在 Dreamweaver CS5 中，如果要插入表格，可以选择"插入"→"表格"命令或单击"插入"面板中的"表格"按钮，也可以按 Ctrl＋Alt＋T 组合键，此时会打开"表格"对话框，如图 7-18 所示。

"表格"对话框中各选项的含义如下。

- 行数和列数：设置表格的行数和列数。
- 表格宽度：设置表格的宽度，并在右侧的下拉列表框中选择表格宽度的单位，分别为"像素"和"百分比"，其中，"百分比"是指表格与浏览器窗口的百分比。
- 边框粗细：设置表格外框线的宽度。若要确保浏览器不显示表格边框，应将边框粗细设置为0。
- 单元格边距：设置单元格的内容与单元格边框之间空白处的宽度。
- 单元格间距：设置表格中各单元格之间的宽度。如果要确保浏览器不显示表格中的边距和间距，应将"单元格边距"和"单元格间距"都设置为0。

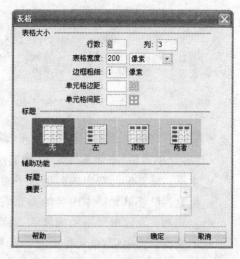

图 7-18 "表格"对话框

- "标题"选项区：该选项区中包括 4 个选项，其中，"无"表示在表格中不使用标题；"左"表示可以将表格的第一列作为标题列，以便为表格中的每一行输入一个标题；"顶部"表示可以将表格的第一行作为标题行，以便为表格中的每一列输入一个标题；"两者"表示能够在表格中输入列标题和行标题。
- "标题"文本框：为表格设置一个标题。
- 摘要：描述表格的说明，该说明在浏览器中不显示。

在此对话框中设置好表格的属性，单击"确定"按钮，即可在指定的位置插入表格。

2. 设置表格和单元格的属性

选中表格或单元格后，可以通过"属性"面板设置其属性。

1）设置表格属性

选中表格后，"属性"面板如图 7-19 所示。

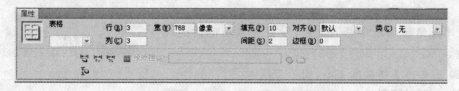

图 7-19 表格"属性"面板

- "表格"下方的文本框：输入表格的名称。
- 行、列、宽、边框：对应"表格"对话框中的"行数"、"列"、"表格宽度"、"边框粗细"。
- 填充：对应"表格"对话框中的"单元格边距"。
- 间距：对应"表格"对话框中的"单元格间距"。
- 对齐：设置表格的对齐方式。

2）设置单元格属性

选中单元格后，"属性"面板如图 7-20 所示。

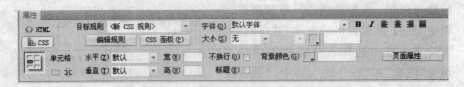

图 7-20　单元格"属性"面板

- "合并单元格"按钮 ⊟：可合并选定的单元格。
- "拆分单元格"按钮 ⊁：可拆分选定的单元格。
- 水平：设置单元格中内容的水平对齐方式。
- 垂直：设置单元格中内容的垂直对齐方式。
- 宽和高：设置单元格的宽度和高度。
- 不换行：选中后，单元格会自动延展以容纳内容。
- 标题：将选定单元格设置为表格的标题栏，其文本居中且以粗体显示。
- 背景颜色：设置单元格的背景颜色。

7.2.5　超链接的设置

超链接是一种标记，它记录了网络中的某个文件或其他 URL（统一资源定位符），通过这个标记，用户可以打开相应的资源。从工作机理的角度看，超链接是一个指向其他网络资源的指针，通过它浏览器可以根据一定的要求载入相应的资源。

1. 超链接的分类

超链接的分类方法很多，这里仅介绍主要的两种。

（1）按链接路径的不同，超链接一般分为内部链接、外部链接和锚点链接等。

（2）按使用对象的不同，超链接可分为文本超链接、图像超链接、锚点链接、电子邮件链接、下载链接和空链接等。

2. 超链接的设置

1）文本超链接

文本超链接是最常见的链接，设置文本超链接的具体方法如下：

（1）选中需要链接的文本，如图 7-21 所示。

（2）在"属性"面板的"链接"文本框中直接输入链接地址，或单击"链接"文本框后面的"浏览文件"按钮，在站点中浏览并选择链接目标，如图 7-22 所示。

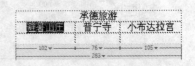

图 7-21　选中文本

图 7-22　"文本超链接"属性设置

2）图像超链接

图像超链接分为一般图像超链接和图像热点超链接两种。

（1）一般图像超链接：其设置方法与文本超链接的设置方法相同，只是选中的对象是图像，而不是文本。

（2）图像热点超链接：用户可以为一幅图像创建多个热点区域，热点区域的形状可以是矩形、圆形或多边形等，不同的热点区域可以连接不同的对象。

具体创建方法如下：

① 选中图像，在"属性"面板左下角的热点按钮 □ ○ ▽ 中，根据需要单击一个按钮，然后拖动鼠标绘制热点区域，如图 7-23 所示。

图 7-23   在图像中绘制热点

② 在"属性"面板的"链接"文本框中直接输入链接地址，或单击"链接"文本框后面的"浏览文件"按钮，在站点中浏览并选择链接目标，如图 7-24 所示。

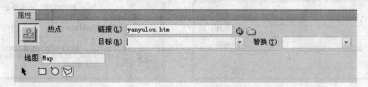

图 7-24   "图像热点超链接"属性设置

3）锚点链接

锚点链接实现的是跳转到某一网页中的指定位置或跳转到当前页面的指定位置。

创建锚点链接的过程如下：

（1）将光标置于链接的目标点处，即要跳转到的位置。

（2）选择"插入"→"命名锚记"命令，打开"命名锚记"对话框，输入锚记名称"a1"，如图 7-25 所示，单击"确定"按钮，在此处添加一个锚点标记。

（3）选中需要单击跳转的源端点的文本或图像。

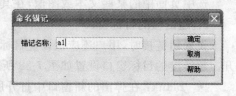

图 7-25   "命名锚记"对话框

利用 *Dreamweaver CS5 制作 CAI 多媒体课件*

- 跳转到当前页面的指定位置：在"属性"面板的"链接"文本框中输入"♯锚记名称"，如"♯a1"，单击"确定"按钮，即创建了锚点链接。
- 跳转到另一个网页中的指定位置：在"属性"面板的"链接"文本框中输入"网页文件名♯锚记名称"，如"yyl.htm♯a1"，单击"确定"按钮，即创建了锚点链接。

4）电子邮件链接

在网页中创建电子邮件链接，可以使浏览者能快速地反馈自己的意见。当浏览者单击电子邮件链接时，可立即打开浏览器默认的邮件处理程序，收件人邮箱地址会自动更新为指定的地址，无须浏览者输入。

创建电子邮件链接的过程如下：

（1）定位插入点的位置或选中某文本。

（2）选择"插入"→"电子邮件链接"命令，打开"电子邮件链接"对话框，输入文本和电子邮件地址，如图 7-26 所示，单击"确定"按钮，即创建了电子邮件链接。

说明：若只放置插入点，未选中文本，则可在"文本"文本框中输入所需文本；若已选中文本，则该文本将在"文本"文本框中显示，不需再输入。

5）下载链接

软件的下载是通过超链接实现的，只不过超链接指向的对象不是一般的 HTML 网页文件，而是".exe"类型的可执行文件或".zip"、".rar"类型的压缩文件及".ppt"、".doc"类型的文档文件等。当用户单击下载链接时，会打开"文件下载"对话框，询问是打开还是保存文件，如图 7-27 所示。

图 7-26 "电子邮件链接"对话框

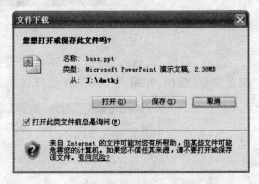

图 7-27 "文件下载"对话框

6）空连接

创建空连接就是创建一个链接，只有链接指向。空连接主要用于页面上的对象或文本附加行为，以便当鼠标指针滑过该链接时，出现一个交换图像或显示层的效果。

创建空连接的过程如下：

选中页面中的某些文本或图像，在其"属性"面板的"链接"文本框中输入"♯"即可。

3. 超链接的目标窗口

设置超链接时，用户还应该设置目标网页的打开方式，若不设置，则默认在当前窗口打开。超链接的目标窗口设置如图 7-28 所示。

- _blank：在弹出的新窗口中打开所链接的文档。
- _new：在弹出的新窗口中打开所链接的文档。

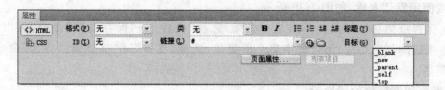

图 7-28 "超链接"目标窗口设置

- _parent：如果是嵌套的框架，会在父框架或窗口中打开链接的文档；如果不是嵌套框架，则与选择 top 选项的效果相同，在整个浏览器窗口中打开所链接的文档。
- _self：浏览器默认的设置，在当前网页所在的窗口中打开所链接的网页。
- _top：在完整的浏览器窗口中打开网页。

7.2.6 框架的使用

框架提供了将一个浏览器窗口划分为多个区域，每个区域都可以显示不同的 HTML 文档的方法。框架最常见的用法是，将一些不需要更新的元素放在一个框架内作为单独的网页文档，这个文档是不变的，将其他需要经常更新的内容放在主框架内。

框架由框架集和单个框架两部分组成。框架集是定义框架结构的 HTML 页面，单个框架是框架集中的单个区域，所以，框架集是单个框架的集合。

1. 创建并保存框架

（1）选择"文件"→"新建"命令，打开"新建文档"对话框，选择"示例中的页"下的"框架页"，在示例页中选择一种框架集页面，如图 7-29 所示。

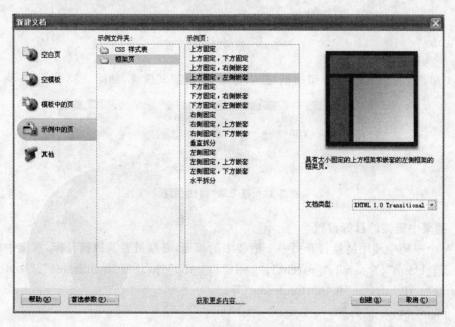

图 7-29 "新建文档"对话框

（2）单击"创建"按钮，即创建了框架集，随后打开"框架标签辅助功能属性"对话框，在该对话框的"框架"下拉列表框中可以选择不同的框架，还可以在"标题"文本框中为各个框

利用 Dreamweaver CS5 制作 CAI 多媒体课件

架命名或使用默认名称,如图 7-30 所示。

(3)保存框架和框架集。单击某一框架,选择"文件"→"保存框架"命令,可以保存框架;单击框架的任意边框,可以选中整个框架集,选择"文件"→"框架集另存为"命令,可以保存框架集。

2. 框架和框架集的属性设置

(1)选择"窗口"→"框架"命令,打开"框架"面板。

(2)单击"框架"面板,显示当前正在编辑的框架结构,如图 7-31 所示。

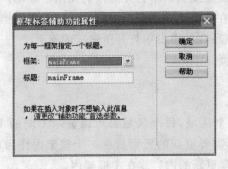

图 7-30 "框架标签辅助功能属性"对话框   图 7-31 "框架"面板

(3)单击面板中的某一框架,设置其属性,如图 7-32 所示。

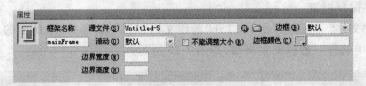

图 7-32 框架"属性"面板

(4)单击面板中的任意框架边框,选中框架集,设置其属性,如图 7-33 所示。

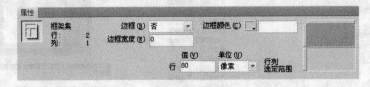

图 7-33 框架集"属性"面板

3. 框架中链接的目标设置

在一个框架中使用链接打开另一个框架中的页面,必须设置其链接目标,框架中的链接目标除了"_blank"、"_new"、"_parent"、"_self"和"_top"外,还有"mainframe"、"topframe"、"leftframe"、"rightframe"和"bottomframe"等。

- mainframe:主框架。
- topframe:上框架。
- leftframe:左框架。
- rightframe:右框架。

- bottomframe：下框架。

7.2.7 行为的使用

网页行为在网页中是比较多见的，如弹出窗口、下拉菜单等。当发生某事件时，执行某动作的过程称为行为，行为是事件和动作的组合。

1. 行为的构成

行为有 3 个最重要的构成部分，分别为对象（Object）、事件（Event）和动作（Action）。

1）对象

对象是产生行为的主体。网页中的很多元素都可以作为对象，如网页中插入的图像、一段文字、一个多媒体文件等。对象也是基于成对出现的 HTML 标签的，在创建时用户要首先选中对象的标签。

2）事件

事件是触发动态效果的条件。

3）动作

动作是指对象经过事件的触发完成的功能。

在此用一个实例来概括三者的关系：

对于"交换图像"这一行为，可以用三要素来解释：图像（对象）在鼠标放置在其上（事件）时，更换为另一张图像（动作）。

2. 行为的创建

在创建行为时，三者的顺序为选择对象→添加动作→调整事件。

具体操作过程如下：

（1）选择对象。选择要添加行为的对象，如图像、文本等。

（2）添加动作。单击"标签检查器"面板中的"行为"标签，切换到"行为"选项卡，如图 7-34所示。

（3）单击"添加行为"按钮，弹出"添加行为"菜单，如图 7-35 所示。其中包含了可以附加到当前所选对象上的所有行为，若某行为灰显，说明该行为不能附加到所选对象上。

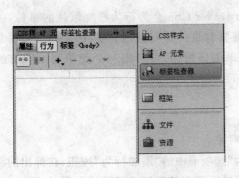

图 7-34 "行为"选项卡

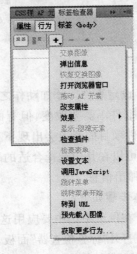

图 7-35 "添加行为"菜单

（4）选择某一行为，将打开一个对话框，在该对话框中可以指定附加行为的相关参数。

3. 应用实例

Dreamweaver CS5 支持的行为很多，这里仅列举几个，对于其他行为不再介绍。

1）"交换图像"和"恢复交换图像"

具体步骤如下：

（1）准备两幅图片，如图 7-36 所示。

(a)图片1   (b)图片2

图 7-36　准备的图片

（2）选中对象。网页上应该有正常状态的图像，如图 7-36(a)所示，选中该图像。

（3）添加动作。在"标签检查器"面板上单击"行为"选项卡中的"添加行为"按钮，在弹出的菜单中选择"交换图像"命令，打开"交换图像"对话框，设置"设定原始档为"的图像文件，如图 7-37 所示。

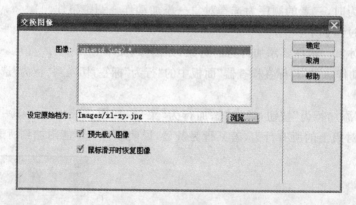

图 7-37　"交换图像"对话框

（4）设定事件。添加动作之后，Dreamweaver CS5 会为行为添加默认的事件，一般情况下，这些事件不需要改变，但有的时候也需要对事件进行修改。选中"行为"选项卡中的行为，在事件项目的旁边会出现下三角按钮，单击该按钮，会弹出一个菜单列出所有的可选事件，用户可以在其中选择合适的事件。

2）弹出信息

具体步骤如下：

（1）在网页中选中要应用这个行为的对象。

（2）打开"标签检查器"面板，单击"行为"选项卡中的"添加行为"按钮，在弹出的菜单中选择"弹出信息"命令，打开"弹出信息"对话框，输入要在信息框中显示的文字，如图 7-38 所示。

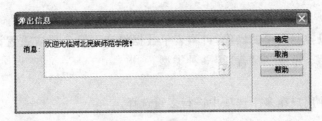

图 7-38 "弹出信息"对话框

(3) 输入完毕后单击"确定"按钮。

(4) 在"行为"选项卡中确认激活该行为的事件是否正确。

3) 打开浏览器窗口

具体步骤如下：

(1) 选中应用行为的对象(通常是图像)或不选中任何对象(这样当网页打开时会先打开一个小的浏览器窗口)。

(2) 打开"标签检查器"面板，单击"行为"选项卡中的"添加行为"按钮，在弹出的菜单中选择"打开浏览器窗口"命令，打开"打开浏览器窗口"对话框，设定内容，如图 7-39 所示。

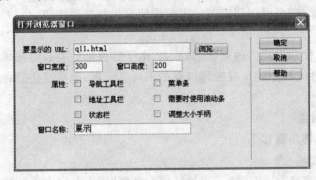

图 7-39 "打开浏览器窗口"对话框

(3) 设定完毕后单击"确定"按钮。

7.2.8　表单的使用

表单用于获取 Web 站点访问者的信息。访问者可以使用文本域、列表框、复选框及单选按钮等表单对象输入信息，然后单击"提交"按钮提交信息，这些信息会被特定的程序及时处理。

1. 表单对象

在 Dreamweaver CS5 中，表单对象用于接受用户输入的数据和选择选项，其主要有以下几种：

1) 文本域

在文本域中可以输入任何类型的文本、字母或数字。文本域有单行文本域、多行文本域和密码域 3 种类型，其中，在密码域中输入的文本将以"·"显示。

2) 文本区域

文本区域就是多行文本域。

3）按钮

通过按钮可以控制表单的操作，可将表单数据提交到服务器或重置该表单。标准表单按钮通常有"提交"、"重置"和"普通"3 种类型。

4）复选框

复选框可以使用户在多个选项中进行多重选择。

5）单选按钮

使用单选按钮，用户只能从一组选项中选择一个选项。

6）选择（列表/菜单）

用户可以在滚动列表或下拉菜单中进行选择，在滚动列表中可以选择多个选项，在下拉菜单中只能选择一个选项。

7）文件域

通过文件域用户可以选择其计算机上的文件，并将该文件上传到服务器。用户可以手动输入要上传的文件路径，也可以单击"浏览"按钮定位并选择文件。文件域由一个文本框和一个按钮组成，单击其按钮可浏览磁盘文件，在文本框中显示打开文件的路径。

8）图像域

通过使用"图像域"可以创建精美的图像按钮来代替普通按钮。

9）隐藏域

隐藏域用于存储用户输入的信息，如姓名、电子邮件地址等。隐藏域对于访问者来说是不可见的，是放置在文档中收集或发送信息的不可见元素，隐藏域信息在表单提交时被传送给服务器。

2. 插入表单对象

插入表单的具体步骤如下：

1）插入表单区域

在插入表单对象之前，应先插入表单区域。选择"插入"→"表单"→"表单"命令，在插入点会出现红色的虚线矩形框，即为表单区域，如图 7-40 所示。

2）插入表单对象

将插入点置于红色虚线框内，选择"插入"→"表单"中的某一个表单对象。

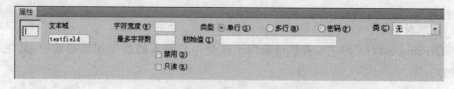

图 7-40   表单区域

3）设置表单对象的属性

选中某表单对象（以"文本域"为例），设置其属性，如图 7-41 所示。

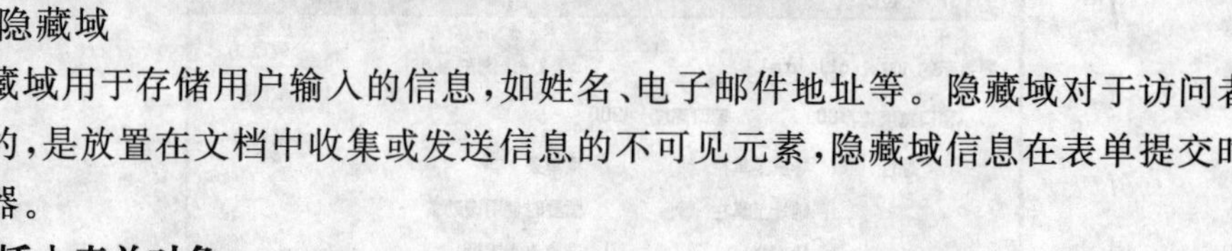

图 7-41   文本域"属性"面板

3. 应用实例

利用表单设计一个注册页面。

（1）新建一个 HTML 页面，保存为"zhuce. htm"。

(2) 选择"插入"→"表单"→"表单"命令,在插入点处插入表单区域。

(3) 在表单区域内插入1行1列、13行2列和1行2列共3个表格,宽度均为700像素,居中对齐,边框粗细、单元格边距、单元格间距均为0。

(4) 设置表格,输入文本和表单对象,如图7-42所示。

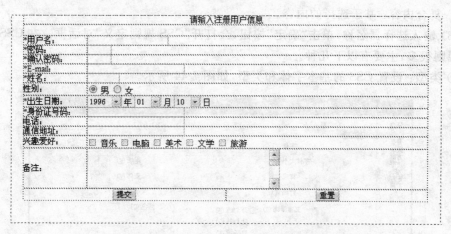

图 7-42 设置表格,输入文本和表单对象

7.2.9　CSS 的使用

CSS(层叠样式表)是一系列格式设置规则,用于控制 Web 页内容的外观,如页面的布局、文本、段落、表格和其他效果等,并且实现了网页内容与样式的分离,可应用于多个网页,当 CSS 更新或修改时,所有应用此 CSS 的页面将自动更新。

1. 创建 CSS

(1) 选择"格式"→"CSS 样式"→"新建"命令或单击"CSS 样式"面板中的"新建 CSS 规则"按钮,打开"新建 CSS 规则"对话框,如图7-43所示。

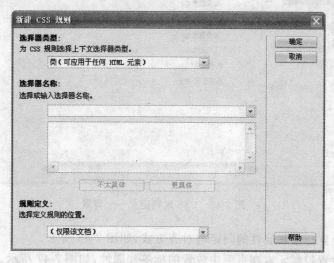

图 7-43 "新建 CSS 规则"对话框

（2）为 CSS 规则选择上下文选择器类型。

- 类：可用于任何 HTML 元素。
- ID：仅应用于一个 HTML 元素。
- 标签：重新定义 HTML 元素。
- 复合内容：基于选择的内容。

（3）输入选择器名称，单击"确定"按钮，会打开"CSS 规则定义"对话框。在 CSS 中可定义的规则很多，主要有以下几种。

① 类型：设置 CSS 的基本字体和类型，如图 7-44 所示。

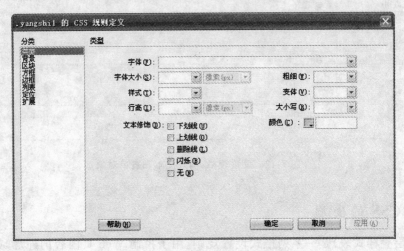

图 7-44　CSS 规则定义——类型

② 背景：设置 Web 页面中任何元素应用的背景，如图 7-45 所示。

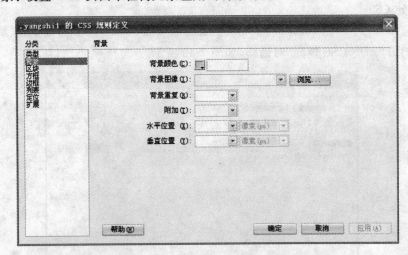

图 7-45　CSS 规则定义——背景

③ 区块：设置标签和属性的间距与对齐方式，如图 7-46 所示。

④ 方框：设置控制元素在页面中放置的标签和属性，如图 7-47 所示。

⑤ 边框：设置元素周围的边框，如图 7-48 所示。

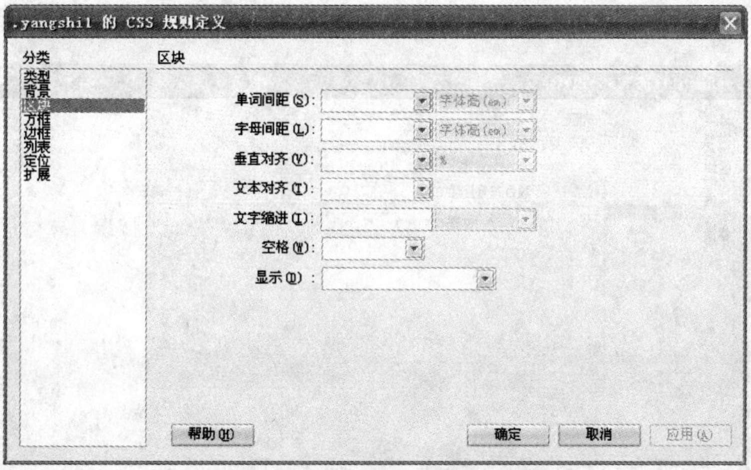

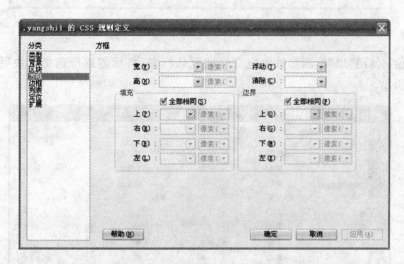

图 7-46　CSS 规则定义——区块

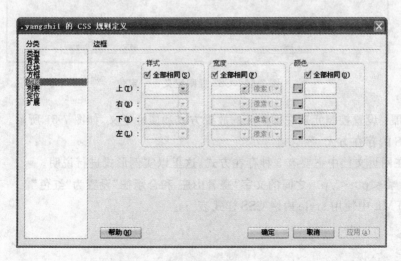

图 7-47　CSS 规则定义——方框

图 7-48　CSS 规则定义——边框

利用 Dreamweaver CS5 制作 CAI 多媒体课件

⑥ 列表：设置列表标签，如图 7-49 所示。

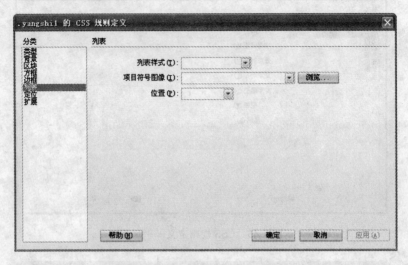

图 7-49　CSS 规则定义——列表

⑦ 定位：使用"层"首选参数中定义层的默认标签，将标签或所选文本块更改为新层，如图 7-50 所示。

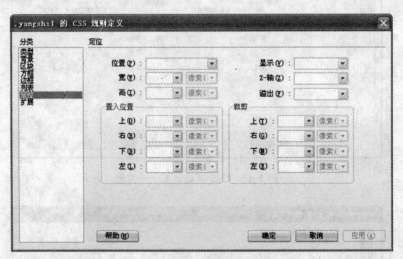

图 7-50　CSS 规则定义——定位

⑧ 扩展：设置控制元素在页面上的放置方式和属性定义，如图 7-51 所示。

2. CSS 的存在方式

CSS 在网页文档中主要有 3 种存在方式，这里以实例形式进行说明。

实例：将\<p>\</p>之间的文字"避暑山庄 和合承德"设置为"红色"。

1) HTML 中使用 style 内嵌 CSS 样式表

```
< html >
< head >
< title >CSS 存在方式: HTML 中使用 style 内嵌 CSS 样式表</title>
```

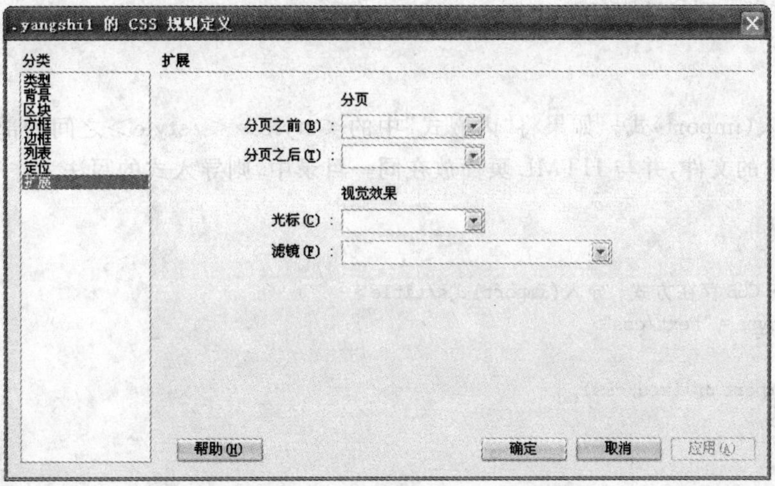

图 7-51   CSS 规则定义——扩展

```
< style type = "text/css">
    <! —
    p{color:red;}
    -->
</style>
</head>
< body >
<p> 避暑山庄 和合承德</p>
</body>
</html>
```

2) 标签行内直接使用 CSS 样式

```
< html >
< head >
<title> CSS 存在方式：标签行内直接使用 CSS 样式</title>
</head>
< body >
< p style = "color:red;">避暑山庄 和合承德</p>
</body>
</html>
```

3) 引用外部 CSS 文件

引用外部 CSS 文件有两种方式。

（1）链接(link)式。如果将"内嵌式"中的<style></style>之间的部分存为一个名为 red.css 的文件，并与 HTML 页面放在同一目录中，则链接式的写法为：

```
< html >
< head >
<title> CSS 存在方式：链接(link)式</title>
< link href = "red.css" type = "txt/css" rel = "stylesheet">
</head>
< body >
```

利用 Dreamweaver CS5 制作 CAI 多媒体课件

```
<p>避暑山庄 和合承德</p>
</body>
</html>
```

（2）导入（import）式。如果将"内嵌式"中的＜style＞＜/style＞之间的部分存为一个名为 red. css 的文件，并与 HTML 页面放在同一目录中，则导入式的写法为：

```
<html>
<head>
<title> CSS 存在方式：导入（import）式</title>
<style type = "text/css">
    <!—
    @import url(red.css);
    -->
</style>
</head>
<body>
<p>避暑山庄 和合承德</p>
</body>
</html>
```

7.2.10　模板和库的使用

通常，一个网站中有几十乃至上百个风格基本相似的页面，如果每个页面都要逐个制作，不仅效率低，而且十分乏味。在 Dreamweaver CS5 中，模板和库很好地解决了这个问题。

模板是一种预先设计好的网页样式，用于设计网页布局，在制作风格相似的页面时，用户只要套用这个模板即可设计出风格一致的网页。模板最强大的用途在于可以一次更新多个页面，由于从模板创建的文档与该模板保持连接状态（除非以后分离该文档），因此修改模板可立即更新基于该模板的所有文档中的设计。

库将具有相同内容的部分存储为库元素，在库中可以存储各种各样的页面元素，如图像、表格、声音或动画文件等，在需要时，将它们作为一个整体进行调用即可。库中存储的资源称为库项目，库项目可以在多个网页中重复使用。当更改某个库项目的内容时，可以更新所有使用该项目的页面。

1. 模板的基本操作

1）模板的基本特点

（1）可以生成大批风格相近的网页。模板可以帮助设计者把网页的布局和内容分离，快速制作出大量风格布局相似的 Web 页面，使网页设计更规范，制作效率更高。

（2）一旦模板修改将自动更新使用该模板的一批网页。从模板创建的文档与该模板保持连接状态（除非以后分离该文档），当模板改变时，所有使用该模板的网页都将随之改变。

2）模板的创建方法

模板的创建方法如下：

（1）通过菜单创建。

① 在"文件"面板中选择要创建模板的站点。

② 选择"文件"→"新建"命令，打开"新建文档"对话框，选择"空模板"中的"HTML 模

板"选项,然后选择一种布局方式,如图 7-52 所示。

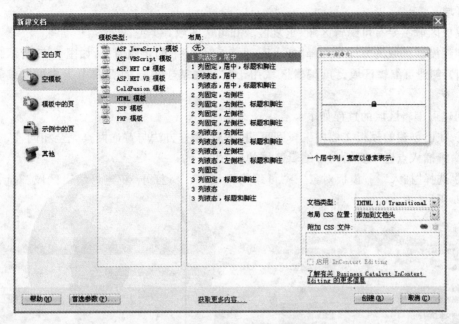

图 7-52 "新建文档"对话框

③ 单击"创建"按钮,即可创建一个空白模板。

(2) 通过"资源"面板创建模板。

① 在"文件"面板中选择要创建模板的站点。

② 选择"窗口"→"资源"命令,打开"资源"面板,单击"模板"按钮,然后单击"新建模板"按钮,在打开的文本框中输入模板名称,即可创建模板,如图 7-53 所示。

(3) 利用现有网页创建模板。

① 选择"文件"→"打开"命令,打开要作为模板的网页。

② 选择"文件"→"另存为模板"命令,打开"另存模板"对话框,输入模板名称"moban1",如图 7-54 所示。

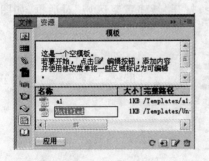

图 7-53 "资源"面板

图 7-54 "另存模板"对话框

③ 单击"保存"按钮,即可创建一个模板。

3) 创建模板区域

用户在创建模板时可指定模板的哪些区域可编辑,哪些区域被锁定。创建模板时,可编

利用 Dreamweaver CS5 制作 CAI 多媒体课件

280

辑区域和锁定区域都可以更改。在基于模板的文档中，用户只能更改可编辑区域，无法修改锁定区域。

模板区域主要有可编辑区域、重复区域和可选区域等类型。

创建模板区域的方法是选择"插入"→"模板对象"下的相应命令，如图 7-55 所示。

（1）创建可编辑区域。可编辑区域用于控制在基于模板的页面中用户可以编辑哪些区域。

创建可编辑区域的过程如下：

① 在已创建的模板文档中编辑网页，其布局、制作方法与普通网页完全相同。

② 将插入点置于要插入可编辑区域的地方。

③ 选择"插入"→"模板对象"→"可编辑区域"命令，打开"新建可编辑区域"对话框，如图 7-56 所示。

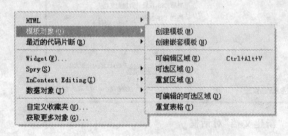

图 7-55　利用"插入"菜单创建模板区域　　　图 7-56　"新建可编辑区域"对话框

④ 输入该区域的名称，单击"确定"按钮，即创建了一个可编辑区域。

可编辑区域在模板中由高亮度显示的矩形边框围绕，该边框使用在参数选择中设置的高亮颜色，该区域左上角的选项卡显示了该区域的名称，如图 7-57 所示。

（2）创建重复区域。重复区域是可以根据需要在基于模板的页面中复制任意次数的模板部分。重复区域通常用于表格，也可以为其他元素定义重复区域。

创建重复区域的过程如下：

① 在文档窗口中选择要设置为重复区域的文本（或其他内容），或将插入点置于文档中要插入重复区域的地方。

② 选择"插入"→"模板对象"→"重复区域"命令，打开"新建重复区域"对话框，如图 7-58 所示。

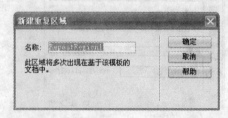

图 7-57　"可编辑区域"图示　　　图 7-58　"新建重复区域"对话框

③ 输入该区域的名称，单击"确定"按钮，即创建了一个重复区域。

重复区域在模板中由高亮度显示的矩形边框围绕，该边框使用在参数选择中设置的高亮颜色，该区域左上角的选项卡显示了该区域的名称，如图 7-59 所示。

（3）创建可选区域。使用可选区域可以控制不一定在基于模板的文档中显示的内容。例如，如果可选区域中包含图像或文本，模板用户可以设置该内容是否显示，并根据需要对该内容进行编辑。可选区域是由条件语句控制的。

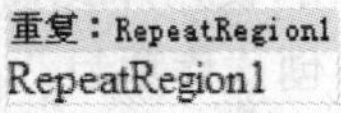

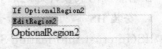

图 7-59　"重复区域"图示

可选区域分为一般可选区域和可编辑的可选区域两种类型。

① 创建一般可选区域。在文档窗口中选择要设置为可选区域的元素，然后选择"插入"→"模板对象"→"可选区域"命令，打开"新建可选区域"对话框，如图 7-60 所示。

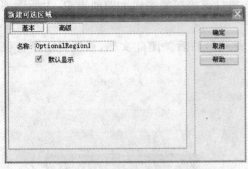
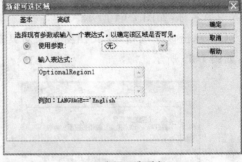

(a) "基本" 选项卡　　　　　　　　　　(b) "高级" 选项卡

图 7-60　"新建可选区域"对话框（1）

输入该区域的名称，单击"确定"按钮，即创建了一个可选区域，如图 7-61 所示。

② 创建可编辑的可选区域。在文档窗口中将插入点置于要插入可选区域的地方，然后选择"插入"→"模板对象"→"可编辑的可选区域"命令，打开"新建可选区域"对话框，如图 7-62 所示。

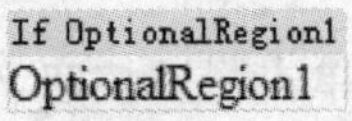

图 7-61　"一般可选区域"图示

(a) "基本" 选项卡　　　　　　　　　　(b) "高级" 选项卡

图 7-62　"新建可选区域"对话框（2）

输入该区域的名称，单击"确定"按钮，即创建了一个可编辑的可选区域，如图 7-63 所示。

2. 库的基本操作

Dreamweaver CS5 中的库项目与模板一样，可以规范网页格式，避免用户对此重复操作。二者的区别是模板对网页的整体页面起作用，库项目只对网页的部分区

图 7-63　"可编辑的可选区域"图示

利用 *Dreamweaver CS5* 制作 *CAI* 多媒体课件

域起作用,使用库比使用模板更灵活。

1)创建库项目

网页文档 body 部分中的文本、表格、表单、插件、ActiveX 元素、导航条和图像等元素都可添加为库项目。

创建库项目的过程如下:

(1)选择"窗口"→"资源"命令,打开"资源"面板,然后单击面板左侧的"库"按钮,打开"库"资源。

(2)单击"新建库项目"按钮,则一个新的库项目被添加到面板上的列表中,为新库项目输入一个名称,如图 7-64 所示。

(3)双击该库项目,在文档窗口中对其进行编辑,然后关闭此文档,系统提示是否保存库,如图 7-65 所示。

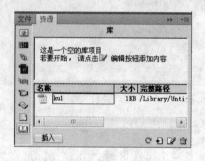

图 7-64　创建空白库项目

图 7-65　提示是否保存库

(4)单击"是"按钮,保存库项目。

2)插入库项目

当向页面添加库项目时,将把实际内容以及对该库项目的引用一起插入到文档中。

插入库项目的过程如下:

(1)将光标置于文档窗口中。

(2)在"资源"面板中,将一个库项目拖曳到文档窗口中,或选择一个库项目,单击面板底部的"插入"按钮,把一个库项目插入到文档中。

插入库项目后,在文档窗口的下方会出现库项目"属性"面板,如图 7-66 所示。

图 7-66　库项目"属性"面板

7.3　站点的设置和上传

在站点及网页设计好之后,如果要进行测试和上传,必须设置本地的站点。

1. 安装 IIS

IIS(Internet Information Server,Internet 信息服务)是 Microsoft 公司出品的一种 Web 服务组件,其中包括 Web 服务器、FTP 服务器、NNTP 服务器、SMTP 服务器等,其捆绑在

Windows 2000/XP 中。

安装 IIS 的过程如下：

（1）单击"开始"按钮，选择"设置"→"控制面板"命令，打开"控制面板"窗口。单击"添加/删除程序"链接，在打开的"添加或删除程序"对话框中单击"添加/删除 Windows 组件"按钮，打开"Windows 组件向导"对话框，如图 7-67 所示。

图 7-67　"Windows 组件向导"对话框

（2）选中"Internet 信息服务（IIS）"复选框，依次单击"下一步"按钮，依据"Windows 组件向导"进行安装。

2. 设置站点

站点的设置过程如下：

（1）单击"开始"按钮，选择"设置"→"控制面板"命令，打开"控制面板"窗口。单击"性能和维护"链接，然后单击"管理工具"选项，接着双击"Internet 信息服务"快捷方式，打开"Internet 信息服务"窗口，如图 7-68 所示。

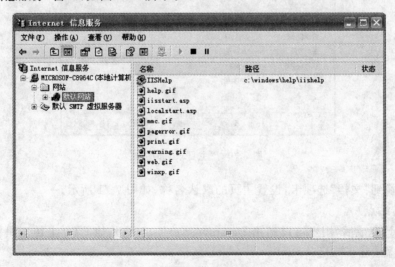

图 7-68　"Internet 信息服务"窗口

利用 Dreamweaver CS5 制作 CAI 多媒体课件

（2）右击"默认网站"，在快捷菜单中选择"属性"命令，打开"默认网站 属性"对话框，切换到"网站"选项卡，如图 7-69 所示，此选项卡内容默认。

图 7-69 "网站"选项卡

（3）切换到"主目录"选项卡，设置 Web 站点所在的位置，例如设置主目录为"J:\dmtkj"，其他采用默认，如图 7-70 所示。

图 7-70 "主目录"选项卡

（4）切换到"文档"选项卡，设置主页的默认名称，如图 7-71 所示。

3. 上传站点

网站设计完成后，用户可以利用 Dreamweaver CS5 或其他 FTP 上传工具将其上传至相应的服务器。

图 7-71 "文档"选项卡

7.4 综 合 实 例

在前 3 节中主要介绍了 Dreamweaver CS5 的工作界面和基本操作方法,本节将以"古诗文欣赏"网站为例介绍利用 Dreamweaver CS5 制作多媒体课件的具体方法。

主要制作步骤如下。

1. 创建站点

选择"站点"→"新建站点"命令,或者选择"站点"→"管理站点"命令,在"管理站点"对话框中单击"新建"按钮,打开"站点设置对象"对话框,输入站点名称"gswxs"及本地站点文件夹路径"J:\gswxs\",如图 7-72 所示。

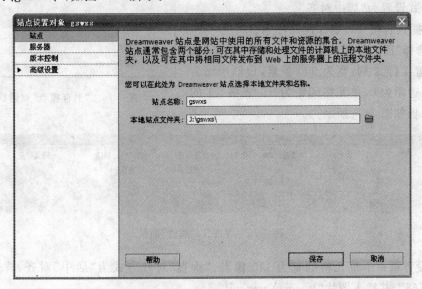

图 7-72 "站点设置对象"对话框

2. 新建文件夹

新建"Images"图像文件夹，用于存放图像素材。

3. 创建模板

1）基本页面设计

（1）在站点中新建页面，选择"修改"→"页面属性"命令，打开"页面属性"对话框，设置页面标题为"古诗文欣赏"、背景颜色为"♯CCF"、文本颜色为"♯00F"，如图 7-73 所示。

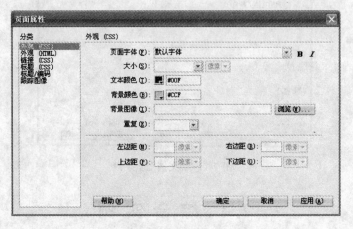

图 7-73 "页面属性"对话框

（2）单击"确定"按钮，确认页面设置。

（3）选择"文件"→"另存为模板"命令，打开"另存模板"对话框，设置文件名为"page"，注意，文件的扩展名由系统自动添加，如图 7-74 所示。

单击"保存"按钮，系统将模板保存到站点根目录下的"Templates"文件夹中。

（4）将光标定位在页面中，设置模板的属性，将对齐方式设置为"居中对齐"。

（5）插入表格 T1，制作网站标志。

① 选择"插入"→"表格"命令，打开"表格"对话框，设置 1 行、2 列，宽为 900 像素，边框粗细为1，单元格边距为 0，单元格间距为 5。表格 T1 的"属性"面板如图 7-75 所示。

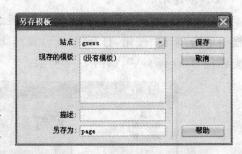

图 7-74 "另存模板"对话框

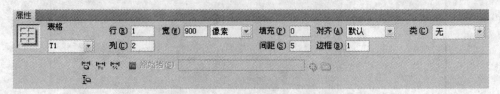

图 7-75 表格 T1"属性"面板

② 设置第一个单元格的宽为 115 像素、"垂直"对齐方式为"居中"对齐、背景颜色为"♯CCCC66"，并插入图片"Images\gsw.gif"。

③ 设置第二个单元格的"垂直"对齐方式为"顶端"对齐、背景颜色为"♯CCCC66",并插入图片"Images\gswxs.gif",如图 7-76 所示。

图 7-76 设置"表格 T1"

(6) 插入表格 T2,制作导航栏。

另起一行,插入 1 行、1 列的表格,宽为 900 像素,边框粗细为 1,单元格边距为 0,单元格间距为 5,并设置单元格的背景颜色为"♯DECEFF"。

在单元格中,设置对齐方式为"居中对齐",输入古诗文标题,中间用竖线间隔,将文本设置为宋体、14 像素。由于模板中的古诗文内容尚未确定,暂时用"添加古诗文标题"代替,等后面再作修改,如图 7-77 所示。

图 7-77 添加古诗文标题

(7) 插入表格 T3,制作间隔行。

另起一行,插入 1 行、1 列的表格,宽为 900 像素,边框粗细为 0,单元格边距为 0,单元格间距为 0。

(8) 插入表格 T4,制作古诗文内容。

另起一行,插入 3 行、1 列的表格,宽为 900 像素,边框粗细为 1,单元格边距为 0,单元格间距为 5,设置单元格背景颜色为"♯DECEFF"。

将 T4 表格的第 1 行拆分成 3 列,将第 1 列和第 3 列宽度分别设置为 150 像素、180 像素,然后选中这 3 个单元格,设置对齐方式为"居中对齐",在第 1 单元格中输入"古诗文题目",第 3 单元格中输入"诗人:",并将文本设置为宋体、12 像素。

设置 T4 表格的第 2 行的"垂直"对齐方式为"顶端"对齐。

T4 表格的第 3 行用于设置"重复区域"显示图片,稍后进行设置。

(9) 插入表格 T5,制作间隔行。

另起一行,插入 1 行、1 列的表格,宽为 900 像素,边框粗细为 0,单元格边距为 0,单元格间距为 0。

(10) 插入表格 T6,制作版权信息。

另起一行,插入 1 行、1 列的表格,宽为 900 像素,边框粗细为 1,单元格边距为 0,单元格间距为 1,设置单元格背景颜色为"♯DECEFF"。

在单元格中输入版权信息，将文本设置为宋体、12 像素，如图 7-78 所示。

图 7-78　版权信息

2）面板区域设计

（1）创建可编辑区域。

① 将光标置于 T4 表格的第 1 行第 2 个单元格中，选择"插入"→"模板对象"→"可编辑区域"命令，打开"新建可编辑区域"对话框，输入名称为"title"，如图 7-79 所示。

② 同理，创建可编辑区域"author"和"content"，如图 7-80 所示。

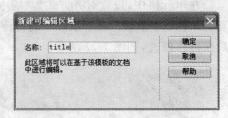

图 7-79　"新建可编辑区域"对话框

图 7-80　创建好的可编辑区域

（2）创建重复区域。

① 插入表格 T7，用于设置重复区域。

将光标置于 T4 表格的第 3 行单元格中，插入 1 行、8 列的表格，宽为 98%，边框粗细为 0，单元格边距为 0，单元格间距为 0。

② 在表格 T7 的每个单元格中分别插入 1 行、1 列的表格，宽为 98%，对齐方式为"居中对齐"，并插入图片和文本，如图 7-81 所示。

图 7-81　设置表格 T7 的内容

③ 选中表格 T7，选择"插入"→"模板对象"→"重复区域"命令，打开"新建重复区域"对话框，输入名称为"tupian"，如图 7-82 所示。

④ 分别选中表格 T7 各单元格中的内容，将它们设置为"可编辑区域"，名称分别为"tupian1"、"tupian2"、"tupian3"、"tupian4"、"tupian5"、"tupian6"、"tupian7"和"tupian8"，如图 7-83 所示。

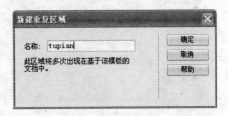

图 7-82　"新建重复区域"对话框

图 7-83　创建重复区域和可编辑区域

（3）选中"文件"→"保存"命令，保存模板文件。

4. 利用模板创建网页

1）创建页面

新建页面，打开"资源"面板，单击左侧的"模板"按钮，然后选中模板"page. dwt"，将其拖入页面编辑窗口中，此时页面周围是黄色的边框，除可编辑区域外，其他区域都不能进行任何编辑操作。

2）添加元素

① 在可编辑区域中添加元素。

将光标定位在名称为"title"的可编辑区域中，输入文本"暮江吟"；将光标定位在名称为"author"的可编辑区域中，输入文本"白居易"；将光标定位在名称为"content"的可编辑区域中，输入下列文本：

暮江吟

白居易

一道残阳铺水中，

半江瑟瑟半江红。

可怜九月初三夜，

露似珍珠月似弓。

利用 Dreamweaver CS5 制作 CAI 多媒体课件

将该网页保存为"index.html",如图 7-84 所示。

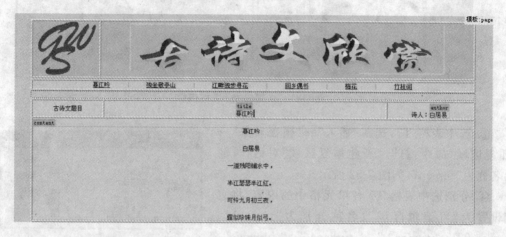

图 7-84　在可编辑区域中添加元素

② 在重复区域中添加元素。

单击"重复：tupian"处的"＋"号按钮,添加一个表格,由于该表格同时定义了可编辑性,所以用户可以修改其内容,修改后的结果如图 7-85 所示。

图 7-85　在重复区域中添加元素

保存"index.html"网页文档。

③ 同理,设计制作"p1.html"、"p2.html"、"p3.html"、"p4.html"和"p5.html"页面,古诗文题目分别为"独坐敬亭山"、"江畔独步寻花"、"回乡偶书"、"梅花"和"竹枝词",诗人分别为"李白"、"杜甫"、"贺知章"、"王安石"和"刘禹锡"。

5. 编辑修改模板及更新

在模板"page.dwt"中,表格 T2 中的导航栏还没有输入古诗文的标题及设置链接,下面介绍模板的编辑修改及更新方法。

(1) 在"资源"面板中,选中"page.dwt"模板,双击打开模板的编辑状态。

(2) 将导航栏中的"添加古诗文标题"替换成各古诗文的标题,分别为"暮江吟"、"独坐敬亭山"、"江畔独步寻花"、"回乡偶书"、"梅花"和"竹枝词",并分别创建超链接至网页文档 "index. html"、"p1. html"、"p2. html"、"p3. html"、"p4. html"和"p5. html",如图 7-86 所示。

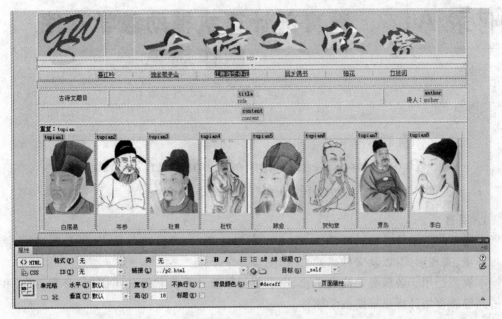

图 7-86　编辑修改模板

　　(3) 保存该模板文件,打开"更新模板文件"对话框,系统询问"要基于此模板更新所有 文件吗?",如图 7-87 所示。
　　(4) 单击"更新"按钮,则 Dreamweaver CS5 自动更新所有用到该模板的网页文件。
　　(5) 更新完成后,会打开"更新页面"对话框,显示更新页面情况,如图 7-88 所示。

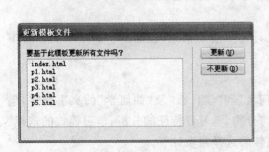

图 7-87　"更新模板文件"对话框

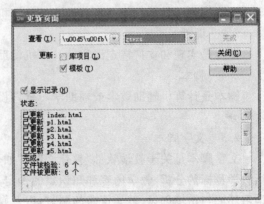

图 7-88　"更新页面"对话框

6. 上传站点或直接浏览网页

　　在"古诗文欣赏"网站设计完成后,用户可以利用 Dreamweaver CS5 或其他 FTP 上传 工具将其上传至相应的服务器,或直接打开站点文件夹浏览网页。

利用 Dreamweaver CS5 制作 CAI 多媒体课件

附录 A 教育部计算机辅助教学软件制作规范

2007 年 12 月 18 日

Production Regulation of Computer Assisted Instruction（CAI）Software

1. 引言

本规范规定了计算机辅助教学（CAI）软件的术语、硬件运行环境、软件运行环境、网络运行环境、表现形式，以及文件格式、文档编写要求等。

本规范适用于各级各类高等学校、出版单位以及计算机软件公司研制、开发、推广和使用的高等教育用计算机辅助教学软件。

2. 术语

2.1 计算机辅助教学

计算机辅助教学是指以数字方式将表现学科教学内容和教学过程的图、文、声、像、动画及活动影像等信息通过计算机系统存储、加工、传输和呈现，用户可通过人机交互方式使用，以便辅助教师教和学生学。

2.2 计算机辅助教学软件

计算机辅助教学软件是实现和支持计算机辅助教学过程或辅助学习过程的软件。

2.3 课件

课件是实现和支持特定课程的计算机辅助教学软件及配套的教学资料。

2.4 脚本

脚本是计算机辅助教学或辅助学习软件设计与实现的依据，包括文字脚本和制作脚本两部分。

2.5 文字脚本

文字脚本是关于教学软件"教什么"及"如何教"和"学什么"及"如何学"的文字描述，包括教学目标的分析、教学内容和知识点的确定与分类、学习者特征的分析、学习模式的选择、学习环境与情境创设、教学策略的制订，以及媒体的选择与设计等。

2.6 制作脚本

制作脚本是在文字脚本的基础上，依据先进的教育科学理论和教学设计思想，将文字脚本改编成适于计算机表现的形式，完成交互式界面的设计和媒体表现方式的设计。

3. 硬件运行环境

对于一个计算机辅助教学（CAI）软件，必须指定其相应的硬件运行环境，其具体内容（必须给出最低配置，也可同时给出推荐配置）如下：

机型：如 IBM PC 系列，Macintosh 机型，工作站系列。

CPU 类型：如 80386X/33、486DX/66、5x86/75、AMD K5/166、Pentium（586）/166、Pentium Pro/200、Pentium II（MMX）、Sun Spare140 等。

RAM（内存）大小：如 2MB、4MB、8MB、16MB、32MB。

HD（硬盘）空间：指所需占用的硬盘空间大小，如 4MB、8MB。

FD（软盘）驱动器：1.2MB 或 1.44MB。

CD（光盘）驱动器：2 倍速、4 倍速或 8 倍速等。

是否需要鼠标。

显示分辨率与色彩：如 640×480×16 色、640×480×256 色、800×600×16 色等。

声卡与音频输出：如 8bit 声卡或 16bit 声卡，以及是否需要立体声输出。

是否需要 MPEG 视频解压播放卡，若需要，必须指明规格型号。

是否需要图形加速卡，若需要，必须指明规格型号。

4. 软件运行环境

对于一个计算机辅助教学（CAI）软件，必须指明其相应的软件运行环境。

4.1　操作系统与中文环境

应指明的内容如下。

操作系统及其版本号：如 DOS 3.1 以上，中文 Windows 3.2、Windows 95、OS/2、UNIX。

中文环境：如中文 Windows 3.2，外挂"中文之星"，自带汉字系统等。若自带汉字系统，其内码必须符合国标。

4.2　CAI 软件的安装、运行与卸载

4.2.1　必须给出安装程序文件（Install 或 Setup），其安装目录应允许用户自行决定，但可以给出默认目录供用户参考。

4.2.2　安装过程要有明确的提示。

4.2.3　安装过程不应更改原系统的"显示分辨率"和"色彩数"这两个参数的设置。

4.2.4　在 CAI 软件的运行过程中，若需修改系统参数（包括"显示分辨率"和"色彩数"）和系统文件（包括动态链接库等），应提示用户所要修改的内容，并提供保存原系统参数的手段。当 CAI 软件运行结束并正常退出时，应该自动恢复原先设置的系统参数和系统文件（当用户在 CAI 软件运行过程中切换到了其他任务进程时，要提醒用户采用"堆栈"式切换，即逆着进程切换方向逐级切换返回，否则无法正确恢复原先设置的系统参数）；若遇到用户非正常退出，应提醒用户"非正常退出，无法正确恢复原先设置的系统参数"。

4.2.5　当硬件配置高于所推荐的配置时，内容（字符、动画等）呈现速度的变化应不影响正常教学效果。

4.2.6　无论是采用计算机编程语言、数据库语言或写作工具开发的 CAI 软件都应能脱离开发环境运行。

4.2.7　应该给出卸载程序文件（Uninstall），以便于用户进行卸载处理。

5. 网络运行环境

5.1　网络操作系统

5.1.1　能充分支持各种客户工作站（如运行 DOS、Windows、OS/2、UNIX 等各种操作系统的计算机),在局域网和互连的局域网内,正确运行相应系统的 CAI 软件。

5.1.2　能将 CAI 文件服务器同时作为 WWW 服务器使用,可以接入 CERNET 和 Internet 网。

5.1.3　能支持网络目录服务(NDS)功能,在大范围的互联网上,使用户一次登录即可透明地检索、查询和使用全网的 CAI 软件。

5.2　CAI 软件的安装、运行与其他

5.2.1　必须指明所适用的网络类型,例如局域网(NoVell-NetWare 或 Windows NT)、跨路由器(Router)访问的局域网、CERNET、Internet 等。

5.2.2　必须指明相应的网络工作方式,如"文件共享"、"客户/服务器"(Client/Server)、"WWW 浏览器"等。

5.2.3　应该指明是否支持"无盘工作站"方式,若不支持,要指明所需写入的本地硬盘容量。

5.2.4　必须按照"4.1"款的要求来指明客户端的操作系统与中文环境。

5.2.5　若需在客户端安装部分软件,必须提供安装程序。

5.2.6　不论是在客户端,还是在服务器端,都应该符合"4.2"款中"安装、运行与卸载"的要求。

5.2.7　不允许以加密为由影响文件网络属性的设置。

6. 出版要求

6.1　内容要求

软件内容应无科学性、政治性错误并符合社会道德规范。

6.2　量和单位

量和单位采用国家规定的法定计量单位,见中华人民共和国国家标准《国际单位制及其应用》GB 3100—93、GB 3101—93 至 GB 3102—93。

6.3　自然科学名词

自然科学名词采用全国自然科学名词委员会审定的各学科《名词》,如数学名词和术语见《数学名词》。

6.4　文字和符号

用简体字不用繁体及异体字。

符号用法应遵循各学科的规范用法。

标点符号用法见 GB/T 15834—1995《标点符号用法》。

6.5　数字的用法

数字用法见 GB/T 15835—1995《出版物上数字用法的规定》。

7. CAI 表现形式要求

7.1　软件界面与呈现形式。

7.1.1　应该提供"联机帮助"功能。

7.1.2　"F1"键特定为"联机帮助"键,"Esc"键特定为"退出"键。

7.1.3　若无特殊需要,"显示分辨率"与"色彩数"应首选为 640×480×256 色。

7.1.4　文字和字符的大小(上、下角标除外),在"显示分辨率"为 640×480 时不应小于"小四"号字。

7.1.5 成段文字的行距不应小于字高的 1.5 倍。

7.1.6 程序的运行过程需要用户等待时,若等待时间超过 3 秒钟,应给出提示信息。

7.2 文件命名规则

对于使用光盘为载体的 CAI 软件,文件系统应符合 ISO 960 标准,即文件名和扩展名长度为 8+3 个字符,目录名长度为 8 个字符,目录层次最高为 8 层,文件及目录名中不得使用除 A~Z、a~z、0~9、_(下划线)以外的字符。

7.3 文件格式

CAI 软件中如有自定义的文件格式,应在文档中详细说明。

8. 文档编写

CAI 软件的文档包括以下几方面的内容:

8.1 文字脚本

参见"2.5"款。

8.2 系统分析规格说明书

应包括软件背景说明、术语定义、功能概括、系统定义、性能需求等。

8.3 制作脚本

参见"2.6"款。

8.4 系统设计规格说明书

应包括软件结构、模块设计说明等。

8.5 测评报告

在 CAI 课件制作完成之后,应对该课件进行测评,看其是否能达到教学软件需求和预期的教学效果,并将测评的具体情况加以记录、总结,写成测评报告作为标准文档留存。

8.6 用户手册编写要求

8.6.1 用户手册应包括的部分。

8.6.2 整个软件系统和子系统的概述(包括使用对象、适用范围、功能特点等方面的说明)。

8.6.3 硬件(如需要)与软件安装过程描述。

8.6.4 用户级命令的功能和用法。

8.6.5 教学指导说明(包括如何达到教学目标、如何与教学内容配合以及有关的教学参考资料等)。

8.6.6 对题库应分别编写教师用户手册和学生用户手册。教师用户手册中除上述各项内容外,还应包括题目设定的类型、方式、时间限制、测试结果的输出等特殊操作的描述,以及某些对于学生来说是保密部分的操作描述;学生用户手册包括答题的方式、测试时间的显示以及如何获得进一步的反馈等。

9. CAI 软件开发规程

计算机辅助教学软件应按软件工程原则进行研制、开发和管理,使之规范化、系统化和工程化。

附加说明:

本规范由国家教委"计算机辅助教学软件制作规范研究"项目组负责起草。

本规范委托国家教委高等教育文、理、工、农、医 CAI 与试题库协作组共同解释。